Kohlhammer

Psychologische Beratung in der Praxis

Herausgegeben von Christoph Steinebach

Das Editorial Board: Markus Hackenfort, Stefan Kammhuber, Hansjörg Künzli, Frieder R. Lang, Eric Lippmann, Christoph Negri, Bernd Röhrle, Christel Salewski, Marcel Schär, Marc Schreiber, Birgit Spinath, Daniel Süss, Agnes von Wyl

Eine Übersicht aller lieferbaren und im Buchhandel angekündigten Bände der Reihe finden Sie unter:

 https://shop.kohlhammer.de/psychologische-beratung

Die AutorInnen

Claudia Beutter ist Beraterin, Dozentin und Lehrsupervisorin. Marion Jonassen ist Beraterin und Dozentin. Prof. Dr. Volker Kiel ist Berater, Dozent und Lehrsupervisor. Prof. Dr. Eric Lippmann ist Berater, Dozent, Lehrsupervisor und ehemaliger Leiter des Zentrums Leadership, Coaching & Change Management am Institut für Angewandte Psychologie an der ZHAW Zürcher Hochschule für Angewandte Wissenschaften. Alle AutorInnen sind an der ZHAW tätig.

Claudia Beutter
Marion Jonassen
Volker Kiel
Eric Lippmann

Beraten im Organisationskontext

Coaching, Team- und Organisationsentwicklung

Verlag W. Kohlhammer

Dieses Werk einschließlich aller seiner Teile ist urheberrechtlich geschützt. Jede Verwendung außerhalb der engen Grenzen des Urheberrechts ist ohne Zustimmung des Verlags unzulässig und strafbar. Das gilt insbesondere für Vervielfältigungen, Übersetzungen und für die Einspeicherung und Verarbeitung in elektronischen Systemen.

Pharmakologische Daten verändern sich ständig. Verlag und Autoren tragen dafür Sorge, dass alle gemachten Angaben dem derzeitigen Wissensstand entsprechen. Eine Haftung hierfür kann jedoch nicht übernommen werden. Es empfiehlt sich, die Angaben anhand des Beipackzettels und der entsprechenden Fachinformationen zu überprüfen. Aufgrund der Auswahl häufig angewendeter Arzneimittel besteht kein Anspruch auf Vollständigkeit.

Die Wiedergabe von Warenbezeichnungen, Handelsnamen und sonstigen Kennzeichen berechtigt nicht zu der Annahme, dass diese frei benutzt werden dürfen. Vielmehr kann es sich auch dann um eingetragene Warenzeichen oder sonstige geschützte Kennzeichen handeln, wenn sie nicht eigens als solche gekennzeichnet sind.

Es konnten nicht alle Rechtsinhaber von Abbildungen ermittelt werden. Sollte dem Verlag gegenüber der Nachweis der Rechtsinhaberschaft geführt werden, wird das branchenübliche Honorar nachträglich gezahlt.

Dieses Werk enthält Hinweise/Links zu externen Websites Dritter, auf deren Inhalt der Verlag keinen Einfluss hat und die der Haftung der jeweiligen Seitenanbieter oder -betreiber unterliegen. Zum Zeitpunkt der Verlinkung wurden die externen Websites auf mögliche Rechtsverstöße überprüft und dabei keine Rechtsverletzung festgestellt. Ohne konkrete Hinweise auf eine solche Rechtsverletzung ist eine permanente inhaltliche Kontrolle der verlinkten Seiten nicht zumutbar. Sollten jedoch Rechtsverletzungen bekannt werden, werden die betroffenen externen Links soweit möglich unverzüglich entfernt.

1. Auflage 2023

Alle Rechte vorbehalten
© W. Kohlhammer GmbH, Stuttgart
Gesamtherstellung: W. Kohlhammer GmbH, Stuttgart

Print:
ISBN 978-3-17-036012-9

E-Book-Formate:
pdf: ISBN 978-3-17-036013-6
epub: ISBN 978-3-17-036014-3

Inhalt

Vorwort zur Buchreihe 9

Einleitung 13

1 **Grundverständnisse von Organisation und Beratung** 15
   1.1 Strömungen in den Theorien zu Organisation 17
       1.1.1 Klassische Organisationstheorien 18
       1.1.2 Neoklassische Organisationstheorien 20
       Human-Relations-Bewegung 20
       1.1.3 Moderne Organisationstheorien 22
   1.2 Einfluss systemtheoretischer Ansätze auf die
      Organisationstheorie 25
       1.2.1 Kybernetik, Konstruktivismus und
             Autopoiese 26
       1.2.2 Bedeutung von Organisation 28
       1.2.3 Zentrale Prämissen systemtheoretischer
             Erklärungsmodelle für Organisation 28
   1.3 Erklärungsmodelle und deren Auswirkung auf die
      Organisationsberatung 32
       1.3.1 Modelle zur Betrachtung von
             Organisationen 32
       1.3.2 Modelle für die Betrachtung »Psychischer
             Systeme« 37
       1.3.3 Rollen in der Beratung 41

2	Beratung im Spannungsfeld von Person – Rolle(n) – Organisationen: Coaching	54
2.1	Grundlagen des Coachings	54
	2.1.1 Anliegen und Anlässe für Coaching	55
	2.1.2 Typische Phasen eines Coachings	58
	2.1.3 Evaluation von Coachingprozessen	73
2.2	Der Hypnosystemische Beratungsansatz	74
2.3	Methoden im Coaching	76
	2.3.1 Generelle Überlegungen zum Einsatz von Methoden im Coaching	76
	2.3.2 Methoden von A bis Z	80

3	Teamberatung gestalten	112
3.1	Wann reden wir von einer Gruppe, wann von Teams?	113
3.2	Formen der Teamberatung	116
3.3	Auftrags- und Rollenklärung	119
	3.3.1 Auftragsklärung als Prozess	120
	3.3.2 Rollenklärung zwischen Auftraggebern, Führung, Team und Beraterin	127
3.4	Kontrakte (Verträge)	130
	3.4.1 Soziale oder auch psychologische Kontrakte in der Teamberatung	131
	3.4.2 Soziale Kontrakte mit den Auftraggebern bzw. vorgesetzten Instanzen	133
3.5	Teamberatungsprozesse gestalten	133
	3.5.1 Die Initialphase	134
	3.5.2 Die Arbeitsphase	137
	3.5.3 Die Abschlussphase	138
3.6	Ausgewählte gruppendynamische und systemische Grundannahmen für die Arbeit mit Teams	139
	3.6.1 Bedeutung des Feedbacks für gruppendynamische Prozesse	139
	3.6.2 Systemische Ordnungsprinzipien als zentrale Grundannahmen in der Beratung	142

	3.7	Systemisch-lösungsorientierte Strukturaufstellungen in der Teamberatung	153
		3.7.1 Phasen	154
		3.7.2 Wie funktionieren Aufstellungen mit oder für Teams?	156
		3.7.3 Aufstellungen mit Symbolen	157
		3.7.4 Aufstellungen mit Repräsentanten	158
		3.7.5 Aufstellungen mit den Teammitgliedern	161
	3.8	Zusammenfassung und Quintessenz	162
	3.9	Ausblick auf die Zukunft der Teamberatung	164
4	**Das Feld der Organisationsberatung betreten**		**165**
	4.1	Wozu Organisationen und Menschen ganzheitlich betrachten und entwickeln?	165
		4.1.1 Systemischer Ansatz als Metakonzept	166
		4.1.2 Einführung neuer Arbeitsformen	167
		4.1.3 Sinn und Zweck von ganzheitlicher Organisationsentwicklung	168
	4.2	Der Fokus auf das soziale System: die Kultur als Wesenskern entwickeln und stärken	169
	4.3	Werte als Ansatz der Kulturentwicklung: Zugang zu den mentalen Modellen finden	171
	4.4	Systemtheoretische Ansätze der Organisationsberatung: das Handeln im Praxisfeld orientieren und begründen	176
		4.4.1 Autonomie lebender Systeme: die Eigenart und Eigenlogik achten und würdigen	176
		4.4.2 Strukturelle Kopplung lebender Systeme: einen gemeinsamen sprachlichen Bereich schaffen und Entwicklung fördern	179
		4.4.3 Die Perspektive des Beobachters bestimmt sein Erleben: die gegebenen Sichtweisen erkunden und erweitern	183

4.5		Prinzipien der Selbstorganisation in psychischen und sozialen Systemen	190
	4.5.1	Selbstorganisation in sozialen Systemen: sich in Bescheidenheit üben und die wirksamen Einflüsse erkennen	193
	4.5.2	Selbstorganisation in psychischen Systemen: sich der Wirkung des emotionalen Erlebens bewusst sein	196
4.6		Praktisches Vorgehen systemischer Organisationsberatung	200
	4.6.1	Schritte bei der Einführung des Entwicklungsprozesses: ganzheitlich und iterativ vorgehen	200
	4.6.2	Struktur des Entwicklungsprozesses: kontinuierliche Verbesserung und Selbststeuerung langfristig etablieren	202
	4.6.3	Rolle, Aufgabe und Haltung der Führung: sich dem Entwicklungsvorhaben verpflichtet fühlen und aktiv unterstützen	207
	4.6.4	Rolle, Aufgabe und Haltung der Berater: den Blick auf vorhandene Ressourcen richten und die Selbstoptimierung fördern ..	210
4.7		Handlungsprinzipien systemischer Organisationsberatung	213
4.8		Zusammenfassende Kernaussagen	220

Literatur **222**

Stichwortverzeichnis **231**

Vorwort zur Buchreihe

Über Beratung lässt sich durchaus streiten. Was ist Beratung? Wann und unter welchen Bedingungen ist sie ein professionelles Angebot? Welchen Beitrag leisten einzelne Fachwissenschaften für ein besseres Verständnis von Beratung? Wann ist Beratung eher Coaching? Wie ist sie von Training oder Therapie abzugrenzen? Und welchen Beitrag kann die Psychologie als Wissenschaft leisten, um diese und ähnliche Fragen zu beantworten?

Die Fragen sind so komplex wie ihr Gegenstand – die Beratung – selbst. Diese Buchreihe vermittelt Wissen und Kompetenzen in der professionellen, auf psychologischen Theorien und Konzepten basierenden Beratung. Dabei wird Beratung als ein bevormundungsfreier Prozess verstanden, in dem Probleme der Ratsuchenden in ihrem Verhalten, Handeln und Erleben geklärt werden. Zur Klärung der anstehenden Fragen und zur Reflexion des Beratungsprozesses werden psychologische Theorien herangezogen. Professionelle Beratung findet in einem entsprechend ausgewiesenen und damit geschützten Setting statt. Im Dialog werden Informationen ausgetauscht, Bedingungen und Möglichkeiten reflektiert und Lösungsversuche begleitet. Im Transfer von fachwissenschaftlichen und subjektiven Theorien zeigt sich die professionelle Beratungskompetenz. Dabei kommt der kritischen Reflexion der eigenen Praxis zur Entwicklung der eigenen Kompetenzen wie auch der theoretischen Grundlagen eine besondere Bedeutung zu. Mit Blick auf die sehr unterschiedlichen Praxisfelder psychologischer Beratung sollen der Buchreihe als Ganzes eher allgemeine Theorien der Beratung zugrundeliegend. Allgemeine Theorien verweisen auf übergreifende Wirkfaktoren psychologischer Beratung und erleichtern eine Abgrenzung der Beratung von der Psychotherapie.

Damit werden (1) persönliche Kompetenzen der Beratenden, (2) die Fokussierung auf Ressourcen und (3) die Förderung einer optimalen

Entwicklung in der jeweils individuellen Lebenswelt angesprochen. Konkretisiert wird dies in der Orientierung auf persönliche Bedürfnisse und Stärken der Ratsuchenden in ihren Lebenswelten, auf die Kompetenzen der Beratenden und die Stärken der Beratungssettings sowie auf das Anliegen einer nachhaltigen Resilienzförderung über das Beratungssystem.

Je nach Zielgruppe mit ihren unterschiedlichen Lebenswelten und Lebenslagen gewinnen unterschiedliche Beratungskonzepte an Bedeutung. Wenn es also in den verschiedenen Bänden dieser Reihe um unterschiedliche Zielgruppen (Jugendliche, Familien, Paare, Menschen im hohen Alter), unterschiedliche Orte (Schule, Hochschule, Unternehmen), unterschiedliche Anlässe (Migration, Erkrankung) und unterschiedliche Themenfelder (Mobilität und Verkehr, Sport) geht, dann haben wir einen weiten theoretischen Rahmen, der jeweils gegenstandsbezogen konkretisiert wird. Damit Details und Ganzes sich auch über die Buchreihe stimmig zusammenfügen, wird jeder einzelne Band von zwei Herausgebern betreut. So sichern die Mitglieder das Editorial Boards, dass sich in dem von ihnen betreuten Band Theorie und empirische Befunde eine wissenschaftsbasierte Praxis verdeutlichen.

Als »Editor in Chief« möchte ich allen Mitgliedern des Editorial Bords für ihre aktive Mitwirkung danken. Im Namen des ganzen Beirats danke ich den Autorinnen und Autoren für ihre Beiträge zur Buchreihe. Sie ermöglichen einen differenzierten Blick auf Theorie und Praxis, auf Konzepte und Erfahrungen in ganz unterschiedlichen Feldern der Beratung.

Danken möchte ich Frau Annika Grupp, Verlag Kohlhammer, die mit großer Kompetenz und Tatkraft die Arbeit an der Buchreihe begleitet. Mein Dank gilt auch Frau Flurina Hefti, ZHAW Angewandte Psychologie, die als Lektorin und Redakteurin das Projekt unterstützt.

Beratung ist ein buntschillernder Begriff und damit schwer zu fassen. Es ist aber fachlich und ethisch unverzichtbar, professionelle Beratung von unprofessionellen Angeboten und von Alltagsgesprächen abzugrenzen. Dies kann nur gelingen, wenn die Beratungspraxis theoretisch und empirisch begründet ist. Mit diesem Anspruch wird jede Beschreibung von Beratungspraxis anspruchsvoll. Wir sind aber sicher, dass jeder einzelne Band der Reihe Theorie und Praxis zielführend verbindet – ansprechend und gut nachvollziehbar. Damit stehen die Chancen gut, dass jeder Band eine Hilfe ist zur Orientierung in einem für sich anspruchsvollen und herausfordernden Beratungsfeld.

Christoph Steinebach, Zürich im Januar 2020

Einleitung

Und noch ein Buch zu Organisationsberatung? Das Institut für Angewandte Psychologie (IAP) – als Teil des Departements Angewandte Psychologie der Zürcher Hochschule für Angewandte Wissenschaften (ZHAW) – hat seinen Ursprung in der Weiterentwicklung der Bürokratie-Theorie von Max Weber (1864–1920). Angesichts der Industrialisierung wird damals nach Antworten gesucht, um rasches Wachstum zu ermöglichen und gleichzeitig die Qualität der Arbeit der Menschen hochzuhalten. Die Suche nach der technisch und strukturell perfekten Organisation wird durch die sogenannte Human-Relations-Bewegung und deren neue Perspektive ergänzt: Bedürfnisse der Menschen müssen in der Organisation mitberücksichtigt werden, um gute Resultate zu ermöglichen. Damit werden die Fragen der Integration von Individuum und Organisation aufgenommen. In Zürich wird auf dem Hintergrund dieser Frage 1923 das damalige Psychotechnische Institut gegründet, welches 1935 zum Institut für Angewandte Psychologie unbenannt wurde. Seit 1947 bietet dieses Institut Aus- und Weiterbildungen für Verantwortliche in Organisationen: Für Führungskräfte, Coach*innen und Supervisor*innen.

Seit rund 75 Jahren haben sich in Verbindung von Psychologischen und Organisationstheorien und der Praxis in Organisationen am IAP Erkenntnisse und Erfahrungen in Organisationen reflektiert. Die Verknüpfung ist bis heute nicht nur aufgrund der Geschichte ein geförderter und praktizierter Ansatz der Dozierenden und Beratenden. So tragen die Beratungen in Organisationen zur Aktualisierung von Wissen und Erfahrung der Dozierenden bei. Andererseits wird aus dieser Verbindung auch das Weiterbildungsangebot bereichert und weiterentwickelt. Im Zentrum dieses Buches stehen deshalb Fragestellungen aus der Praxis von Organisationen. Aus der Perspektive erfahrener Beraterinnen und Berater werden Schwerpunkte der Beratung von Einzelpersonen, Teams und Organisationsentwicklung thematisiert. Für professionelle Organisationsberater*innen wird zudem ein theoretischer Rahmen zu systemischen Organisationstheorien und zum Beratungsverständnis zusammengefasst und die Herkunft der Konzepte und Ansätze aktueller, systemisch konstruktivistischer Beratung in Organisationen in einen Kontext gestellt.

Mit diesem Buchbeitrag geht es den Autorinnen und Autoren darum, grundlegende Aspekte der Beratung im Kontext von Organisationen aufzugreifen. Sie wollen damit einen Beitrag zur Orientierung für (angehende) Beratende leisten. Beratende und auch Beratene sollen hier den durch uns geprägten Einblick in ausgewählte Theorien und Verständnisse über Organisation erhalten. Weiter versuchen wir, zentrale Psychologische Schulen und daraus hervorgegangene Ansätze zu Individualberatung, zu Beratungsrollen und zu Prinzipien zugänglich zu machen.

Die Auswahl der thematisierten Grundlagen, Beratungsansätze und Methoden ist durch die Praxis der Autorinnen und Autoren geprägt. Sie sind selbst in der Individual-, Team- und Organisationsberatung, in angewandter Forschung und in der Aus- und Weiterbildung von Beraterinnen und Beratern tätig.

Das erste Kapitel thematisiert Grundfragen der Organisation entlang dem geschichtlichen Zeitgeschehen, wobei sich das Hauptaugenmerk auf die in unserer Arbeit genutzten Ansätze richtet. Der Abschnitt zur Systemtheorie leitet über zu ausgewählten Aspekten systemtheoretisch fundierter Beratung wie wir sie reflektieren. In den Kapiteln zwei, drei und vier stellen wir zentrale Fragen aus der Beratung von Einzelpersonen, Teams und schließlich von ganzen Organisationen oder Organisationsbereichen vor. Dabei basiert die Auswahl der Beiträge auf der Praxis der eigenen Beratungen und aus den Erfahrungen aus der Aus- und Weiterbildung in unseren Beratungsqualifizierungsangeboten.

1 Grundverständnisse von Organisation und Beratung

In diesem Kapitel werden Entwicklungsstränge von Organisationstheorien skizziert. Die Theorieansätze veranschaulichen dabei Strömungen, die sich gegenseitig beeinflusst und auch zeitlich überlagert haben. Forschungsfragen dokumentieren Fokusse, die die Entwicklung der Theorien bestimmt haben. Zentrale Elemente der Systemtheorie sind Basis für viele der heute angewandten Organisationsberatungsmodelle und der systemischen Beratung von Einzelpersonen und Gruppen. Systemtheoretische Prämissen bilden den Abschluss des Abschnitts über Theorien und führen zu Implikationen für die Beratungstätigkeit.

Ein Verständnis für *Organisationsberatung* setzt Kenntnisse über Organisation und Beratung voraus. Es lohnt sich deshalb, die Perspektiven der Organisationstheorie sowie jene der Beratungsansätze zu betrachten. Beratung ist als Aufgabe inzwischen in allen Arten von Organisationen und im Alltag von Individuen präsent. Die dabei zur Anwendung kommenden Beratungsarten und die genutzten Beratungsansätze sind zahlreich. Unterschiedliche Beratungsmodelle und -spezialitäten werden angeboten und zunehmend auch kombiniert. Das bezieht sich im Besonderen auf Trends zu Fragestellungen, die zu neuen, spezifischen Beratungsmodellen führen. Ein aktuelles Beispiel ist die »Agilitätsberatung«. Verschiedene Beratungsarten werden kombiniert, um Modelle für die Bearbeitung der Fragestellungen zu entwickeln. Dabei ist die theoretische Fundierung nicht immer nachvollziehbar, die Definition der verwendeten Begriffe oft kaum ausgeführt. Für professionelle Beratende (und auch für die Organisationen selbst) ist es umso relevanter, Trends und neue Begrifflichkeiten zu fassen und im eigenen Beratungsverständnis verorten zu können.

Organisationstheorien untersuchen *Organisation* auf unterschiedliche Weise. Sie fokussieren beispielsweise auf strukturelle Bedingungen, auf die

Kultur oder auf die Strategie. Damit ermöglichen sie, Organisationen aus einer bestimmten Perspektive zu charakterisieren. Unterscheidungsmöglichkeiten ergeben sich zudem, wenn die Aufgabe der Organisation betrachtet wird, die Art und Weise der Kommunikation oder die Verteilung von Macht in der Organisation. Letztlich sind auch die Größe, bauliche Erscheinung oder finanzielle Ressourcen der Organisation mögliche Differenzierungsmerkmale. Welches auch immer die Merkmale sind, mit denen wir sie verstehen wollen, sie beeinflussen unser Bild, das wir uns von Organisationen machen.

Wie Organisationen betrachtet werden, hat Einfluss darauf, was gesehen und erkannt wird. So macht es Sinn, sich als Beraterin die ganz persönliche »Theorie« über Organisationen bewusst zu machen. Jede Wahrnehmung ist ein Ergebnis selektiver Prozesse, denn wir können nie alles wahrnehmen. Das Bewusstmachen der vorhandenen Sicht auf Organisationen deckt somit auch die Grenzen der eigenen Betrachtungsweise auf. Das ermöglicht es uns, unsere Sicht und Position zu betrachteten Ereignissen zu hinterfragen. Damit ist die Basis für eine professionelle Weiterentwicklung in der Beratung gelegt. Modelle über Organisation sind immer auch Vereinfachungen, die eine Erfassung erleichtern und gleichzeitig blinde Flecke erzeugen. Dies gilt in gleicher Weise auch für das vorliegende Kapitel: Die Auswahl und Ausführung von zitierten Beiträgen sind subjektiv. Es geht uns nicht darum, die Subjektivität auszuschalten. Wir wollen dazu beitragen, eingenommene Perspektiven auf Organisationen und Beratung zu reflektieren und sich das eigens gemachte Bild bewusst zu machen (Kiel, 2020).

Es geht in diesem Kapitel darum, Grundannahmen über Organisationen und Beratung darzustellen, um den bewussteren Umgang mit möglichen Auswirkungen einer eingenommenen Perspektive zu fördern. Dabei werden Grundfragen über »gute Organisation« aus einem von der Theorie geleiteten Standpunkt entlang der Geschichte dargestellt. Anschließend ergänzt die hier gewählte Beratungsperspektive den systemisch-konstruktivistischen Blick auf Organisationen und deren Entwicklung. Letztlich wird eine metatheoretische Perspektive vorgestellt, die ein Beobachtungsmuster für Organisationsdynamiken anstelle von Bewertungen vorschlägt. Sie scheint uns geeignet, da sie als integrativer Ansatz auch die psychischen und die Teamdynamiken (und andere mehr) integriert und sich Schlussfolgerungen für die Beratung ergeben, die der Komplexität der Welt angemessener scheinen als isolierte Modelle.

1.1 Strömungen in den Theorien zu Organisation

Wer Veränderungen und Entwicklungen von Organisationen verstehen und professionell begleiten will, ist aufgefordert, sich mit deren aktueller, entstandener Logik zu befassen. Jede Veränderung oder Entwicklung einer Organisation setzt bei einem *Ist* an. Zu verstehen, wie sich eine aktuelle Situation aufrecht hält bzw. bis anhin nicht verändert hat, ermöglicht Organisationen bewusster mit den Auswirkungen von angestrebten Änderungen und deren Nebenwirkungen umzugehen. Gleiches gilt für die Entwicklung einer persönlichen Organisationstheorie für Beratende. Wie Organisation definiert wird, hängt vom persönlichen Verständnis, von der eigenen »Theorie« ab. Diese persönliche Theorie in einen Kontext stellen und deren Herleitung im Rahmen von Beratungen erläutern zu können, ist Ausdruck einer vertieften Auseinandersetzung mit dem eigenen Verständnis über Organisation und Organisationsveränderung. Ohne eine solche – durchaus auch theoretische – Erarbeitung können aktuelle Organisationtheorien und Strömungen neuer Organisationsverständnisse nicht im eigenen Konzept verortet und begutachtet werden.

Die Betrachtung der Organisationen hat sich in den letzten rund 100 Jahren verändert. Wie in vielen anderen Disziplinen sind auch in der Organisationstheorie philosophische Strömungen und wirtschaftliche Entwicklungen miteinander verbunden. In den folgenden Unterkapiteln werden zentrale Themen der Organisationsforschung skizziert, die jeweils zu einer Verschiebung im Verständnis von Organisation beigetragen haben. Um die Disziplin der Organisationstheorie zu verstehen, schlagen Schreyögg und Geiger (2016) vor, die geschichtliche Entwicklung zu betrachten. Sie folgen dabei der Gliederung von Scott (1961) in die drei

Phasen: klassische, neoklassische und moderne Organisationstheorien. Zeitlich überlagern sich die Theorien. Strömungen aus unterschiedlichen Wissenschaftsdisziplinen wie Philosophie, Entscheidungsforschung und Biologie sind in die Weiterentwicklungen eingeflossen. Bis heute sind wesentliche Überlegungen und Organisationsprämissen in der Gestaltung von Unternehmen und Organisationen sichtbar.

Innerhalb der Disziplin der Organisationstheorie besteht kein Einheitsparadigma über Gegenstand und methodisches Grundverständnis zur Organisationstheorie. Die Forschungsperspektive ist somit maßgebend, sie basiert bereits auf einem »Weltbild« (Schreyögg & Geiger, 2016, S. 437).

Anfang des 20. Jahrhunderts interessieren Fragen, die zur Systematisierung von Organisationen beitragen. Die Industrialisierung, das Aufkommen von Großunternehmen und die Anlehnung an das technisch Machbare prägen die Theorien und Konzepte über Organisationen. Die erste der drei erwähnten Entwicklungslinien, *die klassischen Organisationstheorien*, stellen die Organisation und das »Organisiert-Sein« in den Mittelpunkt. Die Menschen werden in eine gut vorbereitete, nachvollziehbare und transparente Struktur guten Funktionierens eingegliedert: Einerseits gelingt dies aufgrund der Akzeptanz dieser guten Struktur, da sie Disziplin bei den Angestellten erzeugt. Andererseits wird Macht so eingerichtet, dass auch sie selbst den dafür eingerichteten Regeln folgt.

1.1.1 Klassische Organisationstheorien

Zu den klassischen Organisationstheorien zählen die Bürokratieansätze von Weber und von Fayol und der Arbeitswissenschaftsansatz von Taylor. Folgende zentrale Punkte sind allen drei Ansätzen gemeinsam:

- Der organisatorischen Regelung als Steuerungselement wird vertraut.
- Das Verhalten der Menschen ist vor allem regelbestimmt.
- Leitbild der Gestaltung ist eine reibungslos funktionierende Maschine.
- Regelabweichungen führen zu Störungen; Kontrollmechanismen helfen, diese möglichst gering zu halten.

- Die Bedingungen und Anforderungen der Arbeit werden als gleichbleibend angenommen. Sie sind somit planbar und in Regeln darzustellen.
- Es geht um die innere Gestaltung und Optimierung der Organisation und ihrer Strukturen. Der Bezug nach außen wird nicht besprochen.
- Die Mitarbeitenden besiegeln mit dem Arbeitsvertrag ihre Zustimmung zu den Vorgaben.
- Befehl und Gehorsam ist das vorherrschende Beziehungsmuster.
- Emotionen oder emotional geladene Haltungen sind potenzielle Störfaktoren.

Max Weber (1864–1920) immer wieder als »*Vater der Organisationstheorie*« bezeichnet, hat mit seiner Untersuchung über »bürokratische Herrschaft« Grundlagen erstellt, die bis heute für das Verständnis von Großorganisationen wichtig sind. Die Industrialisierung hat rasch wachsende, große Organisationen hervorgebracht. Die Frage nach der idealen Organisationsform ist auf *Effizienz, Transparenz* und *Spezialisierung* der Mitarbeitenden ausgerichtet. Diese stark auf Aufteilung ausgelegte Strukturierung der Aufgaben ermöglicht ein rasches Wachstum durch kurze Einarbeitungszeiten für die eng definierten Funktionen. Die hierarchische Struktur sorgt dafür, dass die Einzelteile richtig erstellt und somit richtig zusammengesetzt werden können. Bereits bei Weber stellen sich damit die praktische und die theoretische Frage, wie stark Aufgaben zergliedert werden sollen und ab welcher Hierarchisierungsstufe die Hierarchie zu viel kostet beziehungsweise diese nicht mehr effizient ist. Diese technisch orientierte Erforschung ist nicht nur im Sinne der Optimierung der betrieblichen Organisation gedacht. Sie soll auch Erklärungen für ein reibungsloses Zusammenwirken der Handlungen Einzelner in kapitalistischen Großorganisationen ermöglichen. Die Idealvorstellung von Herrschaft geht hier nicht einher damit, die Person mit Macht auszustatten. Eine personenunabhängige, ideale, betriebliche Organisation ermöglicht gerade die Legitimation der Vorgesetzten. Die Funktion für die betriebliche Organisation wird mit den Kompetenzen ausgestattet, sie ist nicht aus der Position der Macht der Person entstanden. Generelle Regeln strukturieren die Organisation und die Organisationsmitglieder akzeptieren die festgelegte Ordnung. Über die Regeln werden also die Verhaltenserwartungen gegen

innen und außen stabilisiert. So gelingt es gemäß Weber, auch ein Großunternehmen berechenbar und beherrschbar zu machen.
Die Bürokratie hat sich Anfang des 20. Jahrhunderts rasch ausgebreitet. Weber selbst hat auf die negativen Konsequenzen einer zu starken Verbreitung des Ansatzes hingewiesen und davor gewarnt, eine Welt von »Ordnungsmenschen« zu schaffen. Bis heute hat sich die Überzeugung der Spezialisierung (Aufgabenteilung) gehalten und lässt sich aktuell in Verwaltungen und Unternehmen als Grundlage für rasches Wachstum beobachten.

> Bürokratie wird heute ja geradezu als Synonym für Ineffizienz verwendet. Die wesentlichen Einwände [...] beziehen sich auf die Dys-Funktionalitäten starrer Regeltreue, die verengte Perspektive organisationaler Beziehungen und die unterlegte stabile Welt gleichförmiger Aufgaben. (Schreyögg & Geiger, 2016, S. 442)

In einer technischen Betrachtung der Organisation als optimale, geregelte Strukturierung von Aufgaben, Abläufen und Macht, wie sie in den klassischen Organisationstheorien vorhanden ist, stellen sich die Fragen der Integration von Organisation und Individuum nicht. Es ist jedoch gar nicht so lange her, dass dem Problem der genannten Integration Beachtung geschenkt wird (Schreyögg & Geiger, 2016, S. 123). Es ist damit auch nicht gesagt, wie der Ansatz einer Integration zu werten ist.

1.1.2 Neoklassische Organisationstheorien

Human-Relations-Bewegung

Die Hawthorne-Experimente von 1924 bis 1932 begründen den *Wendepunkt und die Abkehr von der klassischen Sichtweise*. Die als Erforschung physikalischer Einflüsse ausgelegte Experimentalstudie führte zur Erkenntnis, dass nicht die Beleuchtungsveränderung für die Produktivitätssteigerung in den Fertigungsstätten verantwortlich war. Experimente zum Einfluss von Lohnanreizen kamen zu ähnlich unerklärlichen Ergebnissen. Als Konsequenz rückten die sozio-emotionalen Faktoren als Bedingungen für die Produktivität in den Fokus. Weitere Kritiker haben Hinweise dafür eingeführt, dass nicht die hierarchische Ordnung pauschal als Basis einer effektiven Integration des Individuums zu sehen ist. Daraus ist die Erforschung der Beziehungsfaktoren »Mensch und Arbeit« hervorgegangen. Die Human-Relations-Bewegung hat sich auf die Einflüsse, welche die Arbeitsbedingungen auf den Menschen ausüben, konzentriert. Durch diese Forschung werden die Beiträge von Beziehung und Emotionalität nunmehr als entscheidende Produktivitätsfaktoren erkannt. Damit entsteht die neue Forschungsfrage der Integration von Individuum und Organisation. Simon (1945) behandelt die nicht im Voraus planbaren, komplexen Aufgaben. Zudem erachtet er das Erfahrungswissen der Angestellten für das Funktionieren von Organisationen als bedeutend. Kritik an den strukturellen Ansätzen basiert auch auf dem aufkommenden Wettbewerbsvorteil »Innovation«. Innovationen ergeben sich nach Deci und Ryan (1985) nicht aus Regelgehorsam oder Vertragserfüllung. Vielmehr ist dafür ein Eigeninteresse an den Problemstellungen (beziehungsweise intrinsische Motivation) notwendig.

Cherster Barnard (1938, in Roethlisberger & Dickson, 1975) knüpft mit seiner Anreiz-Beitrags-Theorie an die Human-Relations-Bewegung an. Seinen Arbeiten ist jedoch ein neuer Fokus des Interesses eigen. Der Bezug zur Umwelt wird Teil der Organisationsgestaltung. Barnard versteht die Unternehmung als System aus Handlungen, deren Aufgabe es ist, ein per se fragiles Gleichgewicht aufrecht zu erhalten: zwischen formellen und informellen Beziehungen, zwischen Ansprüchen von intern und extern und zwischen Anreizen (der Organisation) und Beiträgen (der Individuen und Gruppen). Mit seiner Beschreibung von Organisationen als *kooperative Systeme* löst er sich von der bisher gewählten Innenbetrachtung von Organisationen. Durch die Prämisse einer bewussten und absichtlichen Bereitschaft von Menschen und Gruppen zur Kooperation ergibt sich die Frage nach den Erwartungen, die diese erfüllen muss, um Kooperationen einzugehen. Die Idee eines sogenannten *Anreiz-Beitrags-Gleichgewichts* führt dazu, dass die Ziele der Kooperationspartner im Management bekannt sein müssen. Unter anderem wird der Stolz auf die Arbeit und die Einflussnahme auf die Arbeitsumgebung als wichtig erachtet.

Das Thema der Mitgliedschaften und Grenzen des Systems wird damit komplex. Wie später bei Luhmann sind nicht Personen-Systeme, sondern Handlungen Teil der Organisation.

Die 1950er Jahre können gemäß Vogel (2012) zur Fokusänderung hin zu den Verhältnissen von Individuum und Organisation erklärt werden. Sie sind damit Auslöser für die Beachtung der verhaltenswissenschaftlichen Perspektive in Managementlehre und Organisationstheorie. Die Jahre danach bringen sehr heterogene und einander konkurrenzierende Ansätze hervor.

1.1.3 Moderne Organisationstheorien

Als Weiterentwicklung der Human-Relations-Bewegung bezieht der *Human-Ressourcen-Ansatz* die formale Organisationsgestaltung als gestaltbaren Rahmen mit ein (Schreyögg & Geiger, 2016, S. 458 ff.). Es gilt, die Strukturen und Prozesse im Sinne der Motivation neu zu gestalten. Motivation und Selbstverwirklichung des Menschen sollen in Einklang mit ökonomischen Zielen gebracht werden. Die Humanistische Psychologie mit der Idee von Menschen, die nach persönlicher Reife streben, prägt ihrerseits die Gestaltung der Strukturen und Führungsprinzipien. Partizipation an Entscheidungsprozessen, Möglichkeiten zur Entfaltung und offene Informationswege, Arbeitsgruppen und weitgehende Selbstkontrolle sind zentrale Aspekte der Organisationsmodelle, die versuchen, individuelle Ziele mit Organisationszielen in Einklang zu bringen.

Gemäß dem Human-Ressourcen-Ansatz treten Probleme dann auf, wenn das Reifungsstreben der Menschen nicht zur Organisationsgestaltung passt. Die Folgen sind dann innerlicher Rückzug (Fehlzeiten, Tagträume), Kündigung, passiver Widerstand (sich dumm stellen, sich gegen Neuerungen wehren), Abwehrbildung (Materialverschleiß), Kampf um höhere Entlohnung. In der Folge werden die negativen Konsequenzen insbesondere durch stärkere Bürokratie und Kontrolle, durch Fragmentierung (und Standardisierung) der Arbeitsprozesse zugespitzt.

Bennis (1969) schließlich beschäftigt sich in der Folge mit dem dazu notwendigen Wandel der bürokratischen Organisationen. Unter dem Namen der »Organisationsentwicklung« werden unterschiedliche Methoden entwickelt, um Strukturen veränderbar zu machen und Angst vor Neuem zu mindern. Zu den Pionieren gehört Likert (1903–1981). Er entwickelt das »Survey Feedback«, das dem Wandelprozess – durch regel-

1.1 Strömungen in den Theorien zu Organisation

mäßige Befragung der Mitglieder der Organisation und durch Arbeitsgruppengespräche – die Richtung für den Prozess gibt. Nachfolgende Ansätze kommen zum Beispiel von Kotter (1996). Sie ent-psychologisieren den Wandelprozess zugunsten einer Gesamtbetrachtung der Gestaltung von Orientierungsmustern in der Organisation. Die Bedeutung des Problems von Wandel wird ein zentrales Thema der Gestaltung von Organisationen.

Mit dem Aufkommen der Human-Relations-Bewegung stehen die Mitglieder einer Organisation im Fokus. Ihre Motivation, Kreativität und Kooperationsfähigkeit werden zu Schlüsseln des Erfolgs. Ein komplexeres Menschenbild wird benötigt und die Frage der Integration von Individuum und Organisation wird zentral.

Bedürfnisse und Erwartungen der Menschen an ihre Arbeit münden in *das Bedürfnis-Befriedigungs-Konzept*. Damit wird es nicht nur notwendig, das Menschenbild zu revidieren, sondern auch das Verhältnis des Menschen zur Arbeit. Arbeit wird nicht mehr als Entgelt für erfahrenes Leid (Verlust an Wohlfahrt, Freizeit, Bedürfnisbefriedigung) verstanden. Arbeitsfreude wird zum zentralen Thema, der Arbeitsort wird als Gegenstand von Bedürfnisbefriedigung verstanden. In der Organisationslehre hat deshalb die *Bedürfnispyramide* nach Maslow (1954) großen Einfluss auf die Organisations- und Führungsliteratur, auch wenn diese aus einem sachfremden Kontext stammt und es ihr an empirischer Fundierung fehlt.

Douglas McGregor (1960) beobachtet »... dass die Gestaltung organisatorischer Maßnahmen wesentlich dadurch geprägt ist, welches Bild von Mitarbeitenden bei den Führungskräften einer Organisation vorherrschend ist« (ebd., S. 131). Damit führt die Frage weg vom Optimum der Gestaltung der Organisation hin zum Menschenbild der Führungskräfte und dessen Auswirkungen auf die Gestaltung der Organisation.

> Nicht das fehlende Interesse, nicht das Streben nach Bequemlichkeit und »Opportunismus« (Drückebergerei und Betrügereien) sind der Grund für eine solche Art der Organisationsgestaltung, sondern umgekehrt, diese Art der Organisationsgestaltung und das dahinter liegende Menschenbild (Theorie X) sind die eigentliche Ursache genau dieser Verhaltensweisen. Passivität und Opportunismus sind also keine (unabhängigen) Konstanten, sondern (abhängige) Variablen, ihre Ausprägung wird wesentlich von dem organisatorischen Umfeld bestimmt, d. h. vor allem auch von der Organisationsgestaltung. (McGregor, 1960, S. 133).

Wird das unbewusste (ungünstige) Menschenbild bewusst gemacht und durch ein angemesseneres Menschenbild (Theorie Y) abgelöst, können die darauf basierenden Gestaltungsmaßnahmen den menschlichen Bedürfnissen besser gerecht werden. Die Auswirkungen zeigen sich dann im Verhalten der Mitarbeitenden: Interesse und Engagement, Verantwortungsübernahme und Freude an Herausforderungen. Unternehmensziele und persönliche Bedürfnisse der Mitarbeitenden werden gleichermaßen berücksichtigt – in diesem Zusammenhang hat sich der Begriff *Integrationsprinzip* etabliert. Auch wenn keine klaren Organisationsprinzipien von McGregor erstellt werden, nennt er doch Gestaltungskriterien: Selbstkontrolle fördern, Einbindung in Entscheidungsprozesse, Delegation von Verantwortung, Gruppenentscheidungen fördern, Aufgaben definieren und intrinsische Motivation ermöglichen.

Argyris (1964) postuliert ein innerliches Reifungsstreben, das er aus der menschlichen Entwicklung ableitet. Diese daraus entstehende psychologische Energie wird zur Antriebskraft für die Erfüllung von Wünschen, Zielen und Bedürfnissen. Der Reifungsprozess vom Kind zum Erwachsenen konkretisiert sich für Argyris entlang von sieben Dimensionen: Aktivität, Unabhängigkeit, Verhaltensmuster, Interessen, Zeitperspektive, Rang (Stellung) und Selbst-Bewusstsein.

In derselben Zeit ebenfalls hervorgegangenen sind weitere Ansätze, die Teil anderer Wissenschaftszweige sind und auf die hier nicht näher eingegangen wird. Sie zeigen jedoch die fehlende Kontinuität der Entwicklung zu Theorien der Organisation auf. Einige werden hier deshalb kurz erwähnt.

Der strukturalistische *Ansatz* ist aus den klassischen Organisationstheorien direkt hervorgegangen und erfasst die Organisationsstruktur systematisch empirisch, um Aussagen über ein Optimum machen zu können. Im Unterschied zur klassischen Organisationstheorie werden Messinstrumente für eine Naturwissenschaft nahe Forschung der Strukturdimensionen entwickelt. Die daraus hervorgegangene Kontingenztheorie der Organisation sucht nicht mehr eine universelle, »beste Organisationsstruktur«: »There is no best way of organizing« (Lawrence & Lorsch, 1969, S. 45). Der Kontext von Organisationen wird nun einbezogen. Beziehungen zwischen dem Kontext und der Struktur werden untersucht und unter anderem in Zusammenhang mit dem jeweiligen Erfolg der Organisation analysiert. Die situative Organisationstheorie (Child, 1972) untersucht im Anschluss daran die Organisationsspielräume als Aspekte der Wahlfreiheit in der Organisationsgestaltung. Entscheidungsprozessanalysen zeigen auf, wo Macht in der Struktur möglich ist und wie sie Entscheidungen beeinflusst. Der Frage nach dem Einfluss organisatorischer Aspekte auf die Entscheidungen ist die Entscheidungsforschung nach gegangen (z. B. Ressourcenbegrenzung, Kontrollspanne, parallel existierende Problemlöseprozesse). Fehlende Erkenntnisse zu Ablaufschemas führten zur Annahme, dass in den Strukturen und Prozessen liegende Aspekte die Entscheidungsabläufe überformen. Mathematische Modelle und formallogische Operationen sollen die Suche nach der optimalen Lösung bei der Bildung von Abteilungen, Kompetenzallokation etc. unterstützen: Organisation als System aus vernetzten Entscheidungen. Organisatorische Regeln und Verhaltensnormen rücken dadurch als Steuerungskräfte der Organisation in den Fokus.

Im Rahmen der Theorien zu Entscheidung ist auch Luhmanns Ansatz zu Organisation und Entscheidung (2011) zu beachten. Organisationen sind autopoietische Systeme (sich selbst immer wieder erzeugende Systeme), die sich von anderen autopoietischen Systemen durch Entscheidung unterscheiden. Daraus ergibt sich eine Struktur-›Lösung‹ die rein organisationsspezifisch ist. Organisationsmitglieder entscheiden aus dieser Betrachtung nicht autonom, sie werden in vielfacher Art und Weise von den Strukturen und Dynamiken der Organisation beeinflusst (Luhmann, 2011).

1.2 Einfluss systemtheoretischer Ansätze auf die Organisationstheorie

Simon (1945) identifiziert drei Generationen systemischer Ansätze, die Organisation als Gegenstand aus einer jeweils unterschiedlichen Perspektive beleuchten: technische Systeme, komplexe Systeme und autopoietische Systeme.

1.2.1 Kybernetik, Konstruktivismus und Autopoiese

Ausgang der Betrachtung von *technischen Systemen* (auch von Organisationen) ist die Frage, wie es Systemen gelingt, sich selbst zu regulieren. Diese Ansätze erwiesen sich als zu statisch. Anfänglich ist das System, seine Subsysteme (Elemente) und die Verknüpfung dieser Gegenstand der Betrachtung. Aus der Kybernetik (Wiener, 1963) wurde die Organisationstheorie insofern bereichert als sie das Verhältnis von System und Umwelt als Problem der Stabilität definierte (viable systems, s. Beer, 1974).

Dem gegenüber steht die Sicht auf Organisationen als komplexe Systeme, deren Verhaltensmöglichkeiten nicht bestimm- oder berechenbar sind. Konkret wird davon ausgegangen, dass sich der innere Zustand des Systems (der Organisation) ändert und damit ein Input nie in seiner Auswirkung bestimmt werden kann. Identische Inputs zu unterschiedlichen Zeitpunkten wirken unterschiedlich (oder auch gar nicht). Der jeweils produzierte Output hängt demzufolge vom vorherigen inneren Zustand, also von der Vergangenheit ab (von Foerster, 1962).

Organisation und Umwelt

Funktionalistische Ansätze begreifen Organisationsstrukturen als Mittel der Lösung ihres Erhaltensproblems. Strukturen helfen, Komplexität in einer Art zu reduzieren, die Handlungsfähigkeit ermöglicht. Nach Luhmann (1973) schaffen es Systeme als Handlungseinheiten auf diese Weise, die Probleme der Komplexität in einem kollektiven arbeitsteiligen Leistungsprozess zu bewältigen. Durch die Veränderungen in der Umwelt gibt es keine einmalige Lösung für Bestandserhalt des Systems. Die Theorie selbstreferenzieller Systeme nimmt die interaktionale Natur der System-Umwelt-Beziehung an. Das System nimmt Beziehungen mit der Umwelt auf und geht damit Abhängigkeiten ein. So betrachtet sind Abhängigkeit und Unabhängigkeit von der Umwelt sich nicht mehr ausschließende Merkmale eines Systems.

1.2 Einfluss systemtheoretischer Ansätze auf die Organisationstheorie

Systemgrenze als Konstruktion

In Verbindung mit der Philosophie (von Foerster, 1973) wird in der Systemtheorie nach der Auswirkung der konstruierten Wirklichkeiten auf Systeme gefragt. Es wird davon ausgegangen, dass Wirklichkeiten nicht objektiv sind. Vielmehr sind diese die Repräsentationen dessen, was aus der Umwelt vom Menschen subjektiv ausgewählt und verarbeitet wird. Nun wird der Bezug zur aus der Biologie stammenden Theorie der Autopoiesis (Maturana, 1985; Varela, 1987) gemacht. Systeme erzeugen sich, ihre Teile und Strukturen selbst. Damit sind auch die Möglichkeiten gegeben, mit denen das System Umweltbeziehungen eingehen kann. Luhmann (1984) überträgt das Konzept auf soziale (Gesellschaft, Organisation und soziale Interaktion) und psychische Systeme (Wirkungsgefüge der Gedanken einer Person).

Die Suche nach »optimalen« Strukturen der Organisation orientiert sich (auch heute noch) an deren Anpassungsfähigkeit an ihre relevanten Umwelten und an deren Veränderbarkeit. Henry Mintzberg begründet 1979 die Dezentralisierung und Ent-Hierarchisierung mit dem Umstand, dass auf diese Weise rascher auf lokale Bedingungen reagiert werden kann. Unter anderem versucht der Ansatz der »Agilität« eine Antwort zu geben für einen adäquaten Umgang mit der Unvorhersehbarkeit der Zukunft in einem sich zunehmend rasch ändernden Umfeld. Gemeinsam ist den Ansätzen die Delegation von Entscheidungen an die Kontaktstellen der Organisation mit dem Markt. Die Herausforderungen von Transformationen klassischer Organisationen hin zu agilen Organisationen zeigen sich damals wie heute bereits im Vorhaben selbst: Wie wird die Transformation einer Organisation entschieden, eingeführt und organisiert? – In den zu verabschiedenden Strukturen (meist hierarchisch) oder bereits in neuen, sich entwickelnden Strukturen. Häusling (2018) strukturiert die definitorische Vielfalt des Agilitätsbegriffs in der Literatur für eine orientierte, systematische Diskussion, Beratung und Forschung.

1.2.2 Bedeutung von Organisation

Wir verbinden heute in unserem Alltag den Begriff Organisation mit ganz vielen und unterschiedlich gearteten Verständnissen. So gehört im weiteren Sinn alles dazu, was in irgendeiner Art und Weise organisiert wird oder eine gewisse Struktur hat, die erkennbar wird. Wie tragend Organisationen und die Zugehörigkeit zu Organisationen für unser Leben ist, führt Kühl (2020) für alle Phasen unseres Lebens und unserer Zugehörigkeit zu Gesellschaften sehr anschaulich aus: »Aber dieser Begriff (Organisation) ist für vertiefende Analysen ungeeignet, weil damit letztlich nichts anderes bezeichnet wird als eine Ordnung, die dazu genutzt wird, um etwas zu erreichen.« (Kühl, 2020, S.5). Er schlägt in der Folge vor, im wissenschaftlichen Kontext »Organisation« enger zu fassen und diesen auf die Organisationen in der modernen Gesellschaft zu fokussieren, die Luhmann durch drei zentrale Merkmale skizziert (Luhmann, 1974): Zum einen, dass Organisationen über die *Mitgliedschaft von Personen* und damit auch über den Ein- und Austritt bestimmen können. Zweitens dienen Organisationen Zwecken beziehungsweise decken Bedürfnisse der Bevölkerung ab und erstellen Dienstleistungen. Drittens sind Organisationen – im Rahmen des geltenden Rechts- und Politsystems – in ihren Entscheidungen autonom (Kühl, 2020, S. 13).

1.2.3 Zentrale Prämissen systemtheoretischer Erklärungsmodelle für Organisation

Nach Luhmann (1987) sind *soziale Systeme* Prozesse. Systeme grenzen sich mithilfe innerer Strukturen (die diese Prozesse wiederholbar machen) gegenüber der Umwelt ab.
   Autopoietische Systeme verhalten sich selbstbezogen, reproduzieren sich also innerhalb ihrer Strukturmöglichkeiten selbst. Interventionen von außen werden nur dann aufgenommen, wenn eine dafür vorgesehene Struktur vorhanden ist. Auch genetische Interventionen sind somit nur dann erfolgreich, wenn es dafür angelegte Strukturen gibt. Ein Huhn kann also nicht durch kontinuierliche Reproduktion zu einem Nilpferd werden.

Autopoietische Systeme können somit nicht zielgerichtet verändert werden. Sie können jedoch zerstört werden.

Die Prozesse sind autopoietisch, das heißt, sie stellen ihre Strukturen und damit ihre Grenzen immer aus sich selbst heraus her. Am Beispiel biologischer Systeme lässt sich die Bedeutung dieses Umstands zeigen: Über die Dauer von zirka sieben Jahren ist in einem biologischen System jede Zelle neu und sieht in der Erscheinung dennoch gleich aus.

Aus Systemtheorieperspektive sind es die wiederholten *Prozesse des Organisierens* (Organisation), welche die Stabilität von »Organisation« herstellen. Dies geschieht durch aufeinanderfolgende Kommunikationsprozesse (Watzlawick, 2011). Organisation braucht demnach Menschen, die für die systemerhaltenden Kommunikations- beziehungsweise Entscheidungsprozesse sorgen.

Organisationen als Prozesse (Weick, 1989)

Organisationen sind keine (toten) Dinge, sie sind Prozesse (des Organisierens). Organisierende Prozesse sind immer Prozesse, die aus einer Unmenge an Möglichkeiten Auswahlen treffen. Und damit auch Nicht-Auswahlen. Etwas zu organisieren, bedeutet nicht, eine simple Selektion zu tätigen. Für das Organisieren sind Entscheidungsprozesse notwendig. Entscheidungen werden benötigt, wenn gleichwertige Alternativen vorliegen. Entscheidungsprämissen helfen, die Komplexität für die Mitglieder zu reduzieren, weil sie bestimmte Dinge als gegeben erachten. Allerdings schaffen sie damit auch innere Komplexität, in Form von Widersprüchlichkeiten und Paradoxien. Um diesen gewachsen zu sein, braucht es »das Dritte«, die Perspektive, aus der etwas beobachtet wird (u. a. Simon, 2018, S. 52). Für die Beeinflussung der Entscheidungsprozesse stellt sich also weniger die Frage nach Verbesserung oder Veränderungen, sondern die Frage: »Durch welche Entscheidungsprämissen werden die Pole (eines Widerspruchs, Gegensatzes) einer Entscheidung aktuell stabilisiert?« oder »Wie gelingt es der Organisation, die aktuelle Lage durch die Wiederholung der Prozesse aufrecht zu erhalten?«.

1 Grundverständnisse von Organisation und Beratung

Organisationen als Viel-Zweck-Instrumente

Organisationen erfüllen viele Zwecke für unterschiedliche Anspruchsgruppen (Kunden, Inhaberinnen, Mitglieder, der Staat …). Für ihr Überleben müssen sie die für sie relevanten Umwelten bedienen können. Damit sind sie in einem Geflecht aus unterschiedlichsten Funktionssystemen der Gesellschaft (Recht, Politik, Wissenschaft, Erziehung u. a.) eingebunden.

»Organisationen kultivieren Konflikte«

Eidenschink und Merkes (2021, S. 14) betonen gerade die Wichtigkeit der Konflikte für Organisationen. Organisationen müssen sich in Unvereinbarkeiten bewegen. Sie können Wertpolaritäten (die zumindest Teil unserer westlichen Erkenntniswelt sind), die den Entscheidungen innewohnen, nicht gleichzeitig realisieren. Das zeigt sich gut an der Polarität Vertrauen versus Kontrolle. Sie brauchen immer beide Pole, um einerseits Stabilität und andererseits Anpassungsfähigkeit – und damit ihr Überleben – zu sichern. Dadurch schaffen sie auch Widersprüchlichkeiten und Dynamiken.

Organisationen als Kommunikationsprozesse über Entscheidungen

Um sich in und mit den Umwelten orientieren zu können, brauchen Organisationen Stabilität. Das heißt, sie müssen die gleichzeitig vorhandene Vielfalt an Möglichkeiten (was könnten wir alles herstellen), Dynamiken (mit möglichst allen innerhalb und außerhalb in Austausch sein) und damit Komplexität (im Sinne von Ungewissheiten) reduzieren. Unsicherheitsreduktion geschieht über Entscheidungen. Diese schaffen dabei über einen gewissen Zeitraum, für bestimmte Mitglieder zu einer bestimmten Sachfrage Sicherheit. Auch für Eidenschink und Merkes (2021) bestehen Organisationen darum aus Kommunikation von Entscheidungen (ebd., S. 16). Entscheidungen rufen kontinuierlich weitere Entscheidungen nach sich. Auf diese Weise verstricken sich Organisationen in Paradoxien. Es ist nicht möglich, widerspruchsfrei mit der gesamten (restlichen) Organisa-

1.2 Einfluss systemtheoretischer Ansätze auf die Organisationstheorie

tion abgestimmte Entscheide zu treffen. Es braucht »das Managen von nicht geplanten, nicht erwarteten und von in Kauf genommenen Nebenfolgen« (Fritz, 2000, S.16).

»Nur in und über die Zeit können Paradoxien in Organisationen bearbeitet werden.« (Eidenschink & Merkes, 2021, S. 17). Reflexion der Zeitdimension ist demnach eine Bedingung für *das Verständnis der Organisationsdynamik*. Diese komplexere Vorstellung von Zeit weicht von der Naturwissenschaft ab. Organisationen können nach Luhmann et al (2003) nicht mit »richtig« und »falsch« gelenkt werden. Vielmehr könnte die Frage sein: »[w]elche Entscheidung über ein Problem für wen zu einem gewählten Zeitabschnitt im Hinblick auf welchen Kontext für welchen Zeitraum mit welchen Nebenfolgen und mit welchen Zielsetzungen auf welche Weise kommuniziert passen und unpassend ist?« (Eidenschink & Merkes, 2021, S.17 ff.).

Mit Kommunikation sind hier nicht unsere alltäglichen Vorstellungen von menschlicher Kommunikation gemeint. Es geht um die Gestaltung des Austausches der Systemteile, die aufeinander abgestimmt sind. Organisationen werden demnach nicht als »Verbunde von Menschen« betrachtet. Organisationen sind Prozesse, die immer wieder aufs Neue durchgeführt werden (Luhmann, 1987, S. 49). Die Rollen in Organisationen sind Erwartungsstrukturen. Diese leiten die Handlungen der Menschen, die eine Rolle einnehmen und stimmen Handlungen aufeinander ab. Menschen koppeln sich an Organisationen, indem sie sozusagen zustimmen, die Kommunikationsprozesse einer Rolle für eine begrenzte Zeit durchzuführen. Damit können Organisationen die Menschen überdauern. Das benötigte Personal ist austauschbar, ohne dass dies die Prozesse beendet.

Das ist ein zentraler Unterschied zum Verständnis von Bateson, bei dem soziale Systeme aus den Menschen und ihren Beziehungen bestehen (König & Volmer, 2000, S. 37). Soziale Systeme überdauern demnach die Menschen nicht. Der Wechsel von Personen in einem sozialen System, beispielsweise der Therapeutin in einem Therapeutin-Klient-System oder das Verschwinden der Mutter in einem bestimmten Familiensystem, bedeutet das Ende dieses sozialen Systems.

1.3 Erklärungsmodelle und deren Auswirkung auf die Organisationsberatung

Mit diesem luhmannschen Verständnis sozialer Systeme ergeben sich für die Beratung von Organisationen aus systemischer Sicht konkrete Schlussfolgerungen:

- Aus systemischer Sicht sind Organisationen komplexe Systeme. Ein bestimmter Input – auch eine Beratung – kann in der Wirkung (Output) nicht vorhergesagt werden.
- Wechselwirkungen zwischen Teilen des Systems führen zu dieser inneren Dynamik. Die Aufnahme und Verarbeitung eines Inputs folgen somit nicht der Beziehung von Ursache und Wirkung.
- Weiter beinhaltet die System-Perspektive eine Grenzziehung des Systems gegenüber seinen Umwelten. Die Grenzen sichern einerseits den Erhalt des Systems (seinen Unterschied zu Umwelten), andererseits ermöglichen sie die Koppelung der relevanten System-Umwelten an das System.
- Die innere Struktur des Systems ist geschlossen. Demnach können nur Prozesse durchgeführt werden, die in der inneren Struktur vorgesehen sind. Es kann nichts von außen in das System eingeführt werden.
- Veränderungsvorhaben sollten demnach mit der Frage beginnen, wie sich das System gerade in der Art aufrechterhält, die es anscheinend als dysfunktional betrachtet und darum verändern möchte.

1.3.1 Modelle zur Betrachtung von Organisationen

Wer versucht, Organisationen zu verstehen und zu beraten, wendet dabei immer auch ganz persönliche »Überzeugungen« oder »selbst entwickelte Theorien« an. Jedes Modell, das der Betrachtung der Organisation zugrunde gelegt wird, hilft zwar, die Komplexität zu reduzieren. Gleichzeitig vergrößert dieser Wahrnehmungsfilter auch die blinden Flecke, also die Aspekte, die vom gewählten Modell nicht abgebildet werden.

1.3 Erklärungsmodelle und deren Auswirkung auf die Organisationsberatung

Als Beratende sind wir gleichzeitig einer professionellen, sprachlichen Differenzierung verpflichtet, die uns im Beratungsprozess mit Kundinnen überhaupt in die Lage versetzt, Verständigung und Unterschiedsbildung systematisch als Entwicklungsprozess gestalten zu können. Ohne sprachliche Klärung gemeinsamer und differierender Bedeutungszuschreibungen ist die Arbeit der Organisationsberatung sicherlich weniger langfristig ausgelegt. Als sogenannte Prozess-Beratende sind die Expertinnen für die Gestaltung des Prozesses der Kunden verantwortlich, nicht für die Lösung selbst. Die geforderte Expertise für diese Art der Beratung ist somit auf (das Anliegen bezogen) nicht inhaltlich-fachlich. Vielmehr sind Beratende gefordert, an das Erleben unterschiedlichster Organisationsrealitäten – von autokratischen über bürokratische bis zu soziokratischen Selbstverständnissen anknüpfen zu können, um als kompetente Beratende kompetente Kundenorganisationen begleiten zu können.

Wissen kann in der Organisationsberatung hilfreich und hinderlich sein. Es geht uns in diesem Band darum, unterschiedliche Realitäten von Organisationen und ihren Kontexten zu betrachten, zur Reflexion der persönlichen Perspektive von Beratenden auf Organisationskontexte und damit – so unsere Überzeugung – zu einem Zusammenwirken von Innen- und Außenperspektiven auf die jeweiligen Anliegen beizutragen.

Der systemische Organisationsberatungsansatz geht von Wechselwirkungen im System und zwischen den Subsystemen aus. Die Notwendigkeit einer mehrdimensionalen Betrachtung einer Organisation ist damit gegeben. Glasl et al. (2008), um nur einen von vielen Autorinnen und Autoren zu nennen, haben sieben Wesenselemente der Organisation identifiziert, die der Betrachtung und dem Verständnis einer Organisation dienen (Diagnose).

Nach Häfele (2015) wird die Organisation nach außen mehr oder weniger deutlich sichtbar. Sie wird auch durch die Ressourcen bestimmt, auf die sie für die Angebotserstellung zugreifen kann. Dazu gehören neben den Finanzen auch physische Strukturen wie Räumlichkeiten und Technik. Primary Task und Existenzgrund bilden die Basis für das, was die Organisation als Austausch mit dem Markt, den Kunden der Organisation, definiert. Daraus ergibt sich, was die Organisation anbietet (Dienstleistung, Produkte etc.), welche Kompetenzen sie haben muss, um ihr Angebot zu erstellen, und über welche Profile der Mitglieder die Organisation verfügt.

Mit den Profilen der Mitglieder und der Art der für die Herstellung der Leistung notwendigen Zusammenarbeit wird die Kultur der Organisation mitgeprägt.

Die Grenzen der Organisation lassen sich auch über die Geschäftsprozesse und die Kommunikation abbilden. Zunehmend werden auch juristische Organisationsdefinitionen bedeutend – sei es um effektive Organisationsgrenzen (finanzielle Mittel, Macht) zu definieren oder aber um solche bei zunehmender Intransparenz rein formal zu wahren. Die Frage nach der Zugehörigkeit der Menschen als Mitglieder einer Organisation oder als Nichtmitglieder stellt sich zudem im Zuge der Netzwerkentwicklungen gerade wieder sehr aktuell (Verbunde, Partnerschaften, Netzwerke, ICH-AG).

Das Dreieck Aufgabe (Strategie) – Struktur – Kultur zeigt ein Grundmuster der wechselseitig sich beeinflussenden Dimensionen einer Organisation.

Das »Magische Dreieck« der Organisation stellt in der modernen Wissenschaft den Umstand dar, dass Organisationsgestaltung nicht nur die Antwort auf Geschehen in der Umwelt ist, wie dies im situativen Ansatz zur Organisationstheorieangenommen wurde.

Je nach Fragestellung oder auch Branche werden unterschiedliche Modelle zur Organisationsbetrachtung gewählt. Häfeles Organisationsmodell für systemische Organisationsentwicklung definiert mit den Oberflächen- und Tiefenstrukturen der Organisation verschiedene Schichten und unterscheidet zwischen Anatomie und Wesenskern (Häfele, 2015, S. 50). Abhängigkeiten und Zusammenhänge von Teilsystemen innerhalb und die Wirkung des Kontexts auf die Organisation und umgekehrt sind ersichtlich. So können beispielsweise Auslöser von Wandel auf unterschiedlichen Ebenen bzw. die Unterschiede unterschiedlicher Wandelanlässe verortet und diskutiert werden.

Gemeinsamkeiten der Modelle

So unterschiedlich Organisationsmodelle aus verschiedenen Disziplinen auf den ersten Blick sind, so offensichtlich sind auch einige aus systemtheoretischen Überlegungen abgeleitete Gemeinsamkeiten. Zum Beispiel

1.3 Erklärungsmodelle und deren Auswirkung auf die Organisationsberatung

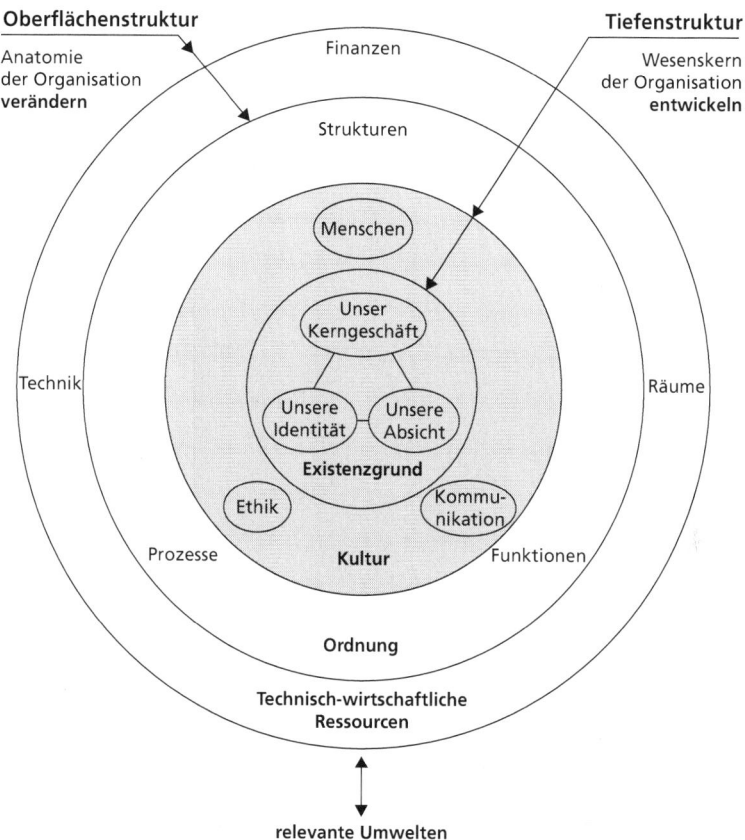

Abb. 1.1: Organisationsmodell nach Häfele (2015)

werden wesentliche Teilsysteme zwar unterschiedlich benannt und in verschiedenen Detailierungsgraden aufgeführt, sie weisen dennoch Ähnlichkeiten in den Merkmalen auf oder sie besprechen Merkmale, die einander teils zugeordnet werden können.

Beratung wird insbesondere dann aufgesucht, wenn es um Anpassungen der Systeme an deren Umwelten geht. Anpassungsfähigkeit von Menschen und Organisationen verbindet nach Häfele die Fähigkeiten zur Veränderung (etwas anders machen) und jene zur Entwicklung (werden oder werden lassen) (ebd., S. 19 ff.).

Abb. 1.2: Das »Magische Dreieck der Organisation« (nach KGSt, 1999, S. 4–7)

Die Veränderungen durch Globalisierung oder Digitalisierung erfassen viele Organisationen. Wie klein ein Auslöser für Veränderungen in einer global vernetzten Welt sein kann, erleben wir gerade aktuell am Beispiel des neuen Covid-19-Effektes. Welche Auswirkungen diese Veränderung auf gesellschaftliche und Organisationssysteme haben wird, bleibt zu beobachten. Watzlawick et al. (1979, S. 29 ff.) unterscheiden:

- Veränderungen erster Ordnung, die einen Wandel beschreiben, der innerhalb des vorhandenen Rahmens der Organisation bleibt
- umfassende Veränderungen zweiter Ordnung, die das Wesen der Organisation betreffen

Zunehmend ist das Aufkommen von Netzwerkorganisationen, deren Teilsysteme nicht ausschließlich innerhalb der Systemgrenzen liegen, und von Netzwerken, die eher lose aus Kleinstorganisationen bestehen und die zu mehreren Netzwerken gehören, zu beobachten. Inwieweit die gesellschaftlichen, technologischen und ökonomischen Entwicklungen in der Beratung von Organisationen mit betrachtet werden, ist eine individuelle Entscheidung von Beratenden und Beratenen.

Wimmer (2012) zählt Lernfähigkeit zu den großen Aufsteigerthemen der letzten 20 Jahre. Ihm zufolge ist der Begriff auch durch seine Unschärfe so erfolgreich geworden. Er weckt ausreichend Hoffnung (denn ein Mehr davon kann nicht schaden) und lässt andererseits sehr viel Raum für sehr unterschiedliche Konzepte und Lösungswege, diese Hoffnung einzulösen. Ob die Fähigkeit zu lernen oder jene, gleich zu bleiben höher gewichtet

1.3 Erklärungsmodelle und deren Auswirkung auf die Organisationsberatung

wird, ist nicht aufgrund Überlebensbedingungen des Systems zu rechtfertigen. Die Gewichtung ist eine Präferenz der Beobachtenden. Hilfreicher könnte es sein, den Grad der Irritierbarkeit, beziehungsweise die Chancen der Verarbeitung von Irritationen in Organisationen zu betrachten (Rüegg-Stürm & Bieger, 2012).

1.3.2 Modelle für die Betrachtung »Psychischer Systeme«

Wie für Organisationen stellt sich die Frage der Betrachtung auch für Individuen als sogenannte *psychische Systeme*. Das verwendete Modell zum Verständnis des Individuums ist für Beratende doppelt relevant. Sie sind selbst als psychische Systeme in stetigem Austausch mit ihrer relevanten Umwelt gefordert, Anpassungsleistungen zu vollziehen oder sich bewusst dagegen zu entscheiden. Neben der Selbstbetroffenheit ist auch die Gestaltung ihrer Beratungsrolle davon betroffen. Beratende wählen in Anbetracht der Vielzahl an Strömungen, Modellen und Beratungsschulen eine Perspektive, aus der sie Beratung anbieten. Die innere »Landkarte«, die sich Beratende damit vom »Gegenstand« der Beratung machen, steuert deren Wahrnehmung und führt damit zu subjektiv gefärbten Betrachtungen.

Für die individuelle Beratung macht es zudem einen Unterschied, ob wir Menschen bezüglich ihrer Organisationsrolle betrachten oder als Teil eines Familiensystems. Für Organisationsberatung macht es einen Unterschied, ob wir Menschen als Teil von Organisation betrachten oder als deren Umwelten. Es macht einen Unterschied, ob wir die Kommunikation als Verhalten eines Menschen verstehen oder als Koordinationsstruktur zwischen den Teilen eines Systems.

Im Folgenden werden die sogenannten »psychologischen Schulen« skizziert, die den systemisch orientierten Beratungsansätzen in der Psychologie zu Grunde liegen und an deren Weiterentwicklung beteiligt sind. Auch wenn die Übertragung auf Organisationen erst viel später, dafür immer häufiger erfolgt, sind »soziale Systeme« in der Darstellung der Ansätze von Beginn an mit gemeint.

Die psychodynamischen Konzepte legen Schwerpunkte auf die Analyse und die Bearbeitung von Kommunikationsprozessen, Emotionen und Konflikten auf bewusster und insbesondere auf unbewusster Ebene. Zentrale gestalttherapeutische Prinzipien betonen das situative Erleben der Menschen im Hier und Jetzt. Weiterentwicklungen und Ergänzungen zu der hier dargestellten Übersicht der Denkschulen sind als spezielle Beratungsmodelle in den Praxiskapiteln dargestellt.

Psychodynamische Konzepte

Psychodynamische Konzepte befassen sich mit dem Wirken bewusster und unbewusster seelischer Kräfte und entwickeln Methoden, welche die Berücksichtigung dieser Kräfte in der professionellen Arbeit erlauben. Die wichtigen Inhalte sind die Analyse und Bearbeitung von Kommunikationsprozessen, Emotionen und Konflikten, welche sich im Organisationskontext ergeben.

Die zentralen Eigenschaften des Unbewussten sind (Neukom, 2013, S. 55):

- »Alogik: Die Gesetzmäßigkeiten der rationalen Logik haben keine Gültigkeit.
- Widerspruchslosigkeit – Es gibt keine Widersprüche und keine Verneinung – Gegensätze sind identisch.
- Zeitlosigkeit: Es gibt weder eine zeitliche Ordnung noch verändern sich oder verschwinden die Inhalte über die Zeit hinweg.«

Die Psychoanalyse verwendet in ihrem Strukturmodell die drei Instanzen Es – Ich – Über-Ich. Der Sitz des Unbewussten sitzt beim Es, während das Über-Ich über die im Verlauf des Lebens internalisierten Wertvorstellungen als »innerer Richter« wacht. Das Ich übernimmt die Vermittlerfunktion zwischen diesen beiden Instanzen und der Außenwelt. Außerdem steuert es den Zugang zum Bewusstsein. Auf dieser Basis hat sich die Ich-Psychologie entwickelt, in der die Ich-Stärkung im Zentrum steht.

Ziel der psychodynamischen Beratung und Therapie ist es, die unbewusst wirkenden Kräfte zu erkennen, das Unbewusste gewissermaßen bewusst zu machen. Als Instrument setzen psychodynamisch ausgebildete Beratende die eigene Persönlichkeit und Subjektivität ein.

Gestalttherapeutische Arbeitsformen

Die Gestalttherapie gilt als eine Richtung innerhalb der Humanistischen Psychologie. Sie vertritt unter anderem folgende Postulate (Roth, 2006, S. 197; Ryba, 2019):

1. Ganzheit: Wie später auch die Systemtheorie betont die humanistische Psychologie die organismische Ganzheit von menschlichen Systemen (Einzelpersonen, Gruppen, Teams). Der Mensch ist keine Maschine, an der sich Teile oder Elemente isoliert betrachten und verändern lassen, ohne dass man das Ganze im Blick behält.
2. Individualität und Eingebundenheit: Menschen haben je eine einzigartige Existenz, jede Person erreicht ihre Individualität in ihrem einzigartigen menschlichen Kontext, der wiederum in eine kosmische Ökologie eingebunden ist.
3. Bewusstheit: Menschen sind sich ihres Bewusstseins bewusst, sie sind sich im Klaren darüber, dass sie für ihre Entwicklung eine soziale Eingebundenheit brauchen.
4. Freiheit und Verantwortung: Menschen haben grundsätzlich ein gewisses Maß an Freiheit zwischen verschiedenen Optionen wählen zu können und sind dementsprechend für ihre Entscheidungen mitverantwortlich.
5. Intentionalität: Menschen können durch Zielsetzung zukünftige Ereignisse beeinflussen.
6. Existentielle Begegnung: Ich-Du Beziehung im Hier und Jetzt ist zentral für die Beratungshandelnden.

Beeinflusst durch den existenzialphilosophischen Ansatz von Martin Buber will gestaltorientierte Beratung einen Rahmen schaffen für wahrhafte Beziehungen. »Ich und Du« nennt Buber wahre Begegnung. »Ich und Es« ist »Vergegnung«, Begegnung mit einem Gegenstand, mit einem Objekt, ein messendes, analysierendes und beurteilendes Ich in Verbindung mit einem Es (Buber, 1962, S. 7 ff.).

Ausgehend von den gestaltpsychologischen Prinzipien der Berliner Schule rund um Max Wertheimer (1880–1943), Wolfgang Köhler (1911–1990) und Kurt Koffka (1886–1941) wird eine objektive Wahrnehmung der äußeren Welt in Frage gestellt. Menschen rekonstruieren aufgrund der inneren Struktur und allgemeinen Ordnungsprinzipien die äußere Welt individuell. Wahrnehmungen werden geprägt durch: biographische Erfahrungen, Erwartungen, aktuelle Bedürfnisse und das Suchen nach Sinn.

Das Figur-Grund-Prinzip postuliert, dass je nach Wahrnehmung bestimmte Phänomene in den Vordergrund der Aufmerksamkeit rücken, während andere »Figuren« eher in den Hintergrund treten und verborgen bleiben. Menschliche Erlebnisse werden mit der Tendenz zur Bildung »guter Gestalt« verarbeitet, mit Präferenz für Einfachheit und Klarheit.

Offene Gestalten, etwa in Form unerledigter Situationen oder ungelöster Konflikte binden Energien. In der Beratung kann versucht werden, solche Situationen zu klären und (»zum Guten«) zu beenden und sich damit lebendiger und befreiter (anderen) Aufgaben zuzuwenden. Weiter gilt, dass sowohl Individuum wie Gruppe sich selbst regulieren und die natürliche Fähigkeit haben, sich dem jeweiligen Umfeld kreativ anzupassen.

Systemisch orientierte Konzepte

Der Begriff kommt in Selbstbeschreibungen von Beratungsunternehmen kaum vor, was Titscher (2001) der inflationären Verwendung und der damit einhergehenden Entwertung des Begriffs zuschreibt. Gemäß Titscher fehlt ein Konzept, das eine schnelle Umsetzung mit Handlungsanleitungen anbietet. Viele Beratende sind von einem reinen systemtheoretischen, verorteten Beratungsansatz abgerückt. Titscher schreibt dies auch dem Umstand zu, dass die systemische Beratung anspruchsvoll ist, eine klare Spezialisierung darstellt und zudem für Beratene unangenehm sein kann. (ebd., S. 61).

Spezifische, systemisch orientierte Beratungsmodelle sind für den therapeutischen Kontext (z. B. Selvini Palazzoli, 1984) und für den Organisationskontext (Königswieser et al., 1987) entwickelt worden. Eine systematische, theoretische Verortung der genutzten (und nicht genutzten) systemtheoretischen Konzepte ist nicht explizit genannt. Grenzen und Möglichkeiten, die sich für die Systemische Beratung auch rein theoretisch ergeben werden für Interessierte u. a. bei Luhmann (1989) diskutiert.

Ein Beratungsverständnis basiert nach Titscher (2001) auf drei Pfeilern: Rollenverständnis, Theorien und Methoden. Zu den Theorien zählt er dabei das Fachwissen, die Organisationstheorie, das Know-how und die Veränderungstheorie. Der Methodenpfeiler besteht aus Diagnose und Intervention.

Was Beratung heißt und wie sich Beratung in Typologie und Rollenverständnis differenzieren lässt, ist in der Literatur an unterschiedlichen Stellen nachlesbar. In der frühen Organisationsentwicklung wird die Organisationsberatungsrolle mit einem Bild des sozialwissenschaftlichen Forschers verglichen. Bei Titscher (2001) lässt sich eine Darstellung der Organisationsberatung nachlesen, Lippitt und Lippitt (Lippmann, 2013) skizzieren die unterschiedlichen Rollen, die Beratende gegenüber dem beratenen System einnehmen. An dieser Stelle geht es um Prämissen, die aus unterschiedlichen psychologischen Perspektiven und aus Sicht systemtheoretischer Überlegungen auf die Beratenden »wirken«.

1.3.3 Rollen in der Beratung

Ein Rollenverständnis umfasst zwei wesentliche Aspekte: Das Bild der eigenen Tätigkeit (Zielsetzungen) und dasjenige der Beziehung zwischen Beratenden und Beratenen.
Die Beratungsrolle wird als Abgleich von Erwartungen immer wieder gebildet:

- Die professionelle Community hat Auffassungen darüber, wie Beratung zu sein hat.
- Die Beratenden verfügen über ein Selbstbild (Beratungsverständnis).
- Die Beratenen haben Erwartungen darüber, welche Rolle die Beraterin einnehmen soll, wie Wissen und Erfahrung zur Verfügung gestellt werden kann und wie die Vertraulichkeit und/oder Organisationsinteressen gewahrt werden.

Für Schein (2010, S. 21) ist Beratung eine helfende Beziehung, bei der das *Wie* (Wie Angelegenheiten zwischen Menschen oder Gruppen geregelt werden.) genauso zu beachten ist wie das *Was* (Was dadurch besprochen, geregelt, gelöst wird.).

Dabei steht die Beratungsperson mit ihrem Rollenverständnis und impliziten Annahmen über Beratung, über Beratene und »Hilfe« im Zentrum. Die Voraussetzung ist erst einmal, die Bereitschaft dafür herzustellen, dass Hilfe gegeben und angenommen werden kann. Die Annahmen darüber, was Hilfe in einer gegebenen Situation ausmacht, führt zum Rollenmodell des Helfens. Dabei können die Modelle nicht gleichzeitig angewendet werden. Es gilt demnach jeden Kontakt so zu gestalten, dass er als hilfreich wahrgenommen werden kann. Das führt zu einem weiteren Grundprinzip Scheins: Hilfe ist nur dann möglich, wenn es Klarheit über die Realität des beratenen Systems (Person, Organisation) gibt. Deshalb soll jeder Kontakt zusätzliche Informationen für die Diagnose des aktuellen Standes des beratenen Systems und für die Beziehung zwischen Beratenden und Beratenen liefern.

Drei Modelle der Beratungsrolle bei Schein

Das *Telling-and-Selling-Modell* geht vom Einkauf von Informationen und von einer Experten-Dienstleitung aus. Die Annahme hinter diesem Modell ist, dass die Beratenen genau wissen, was sie an Informationen und an Dienstleistung benötigen und dies entsprechend den Beratenden vermitteln können. Weiter wird davon ausgegangen, dass die Konsequenzen, die durch die erfolgten Informationen nahegelegt werden, mitbedacht sind und zudem klar ist, ob die externe Realität es zulässt, das erwünschte Wissen objektiv zu erfassen und zieldienlich auf die beratene Organisation zu übertragen.

Als Arzt-Patient-Modell (Schein, 2010) wird die Beratung beschrieben, bei der Beratende die Beratenen (Organisationen) daraufhin durchleuchten sollen, was fehlt oder falsch läuft, um daraufhin eine Behandlung zu verschreiben. Bei diesem Modell wird die Annahme getroffen, dass Beratende ein hohes Verantwortungsbewusstsein für die Aussagekraft des dabei angewendeten Wissens haben, dass sie ein Diagnose-Know-how haben und

1.3 Erklärungsmodelle und deren Auswirkung auf die Organisationsberatung

die Anwendung der Therapie gezielt eingesetzt werden. Die Verantwortungsübernahme seitens der Beratenden ist deutlich, oft bleibt die Verantwortung bis zur Umsetzung bei den Beratenden. Die Probleme, die damit verbunden sind, lassen sich in vier Kategorien darstellen: Jede diagnostische Tätigkeit ist bereits eine Intervention in der Organisation. Wie darauf reagiert wird, ist nicht vorhersehbar und bedeutet, dass die erhobenen Daten nicht dem entsprechen, was gerade Realität ist (eher, was die Kultur im Umgang mit Diagnose-Interventionen darstellt). Weiter wird durch die einseitige Diagnosearbeit kaum eine gemeinsame Wirklichkeit von Beratenden und Beratenen geschaffen. Dies birgt die Gefahr, dass Therapievorschläge nicht verstanden und abgelehnt werden bzw. in der Umsetzung der Therapien die Zustimmung oder auch die Fertigkeiten in der Organisation fehlen.

Funktionieren kann das Modell für Organisationsberatung nur, wenn Beratene präzise definieren können, welche Systemteile einer Firma bedürftig sind – wie beispielsweise das Marketing oder Human Resources – und diese Bedürftigen auch entsprechend Auskunft geben. Dazu kommt die Voraussetzung, dass sowohl Diagnose als auch Verschreibung angenommen werden, die Konsequenzen verstanden und akzeptiert sind und die Empfehlungen (Änderungen) auch umgesetzt werden können.

Ein *Prozessberatungsmodell* sieht vor, in einem wechselseitigen Prozess mit den Beratenen und Beratenden gemeinsam zu erarbeiten, welches Know-how und Wissen für die gegebene Situation relevant sind. Es wird davon ausgegangen, dass beide Seiten bei Kontaktaufnahme nicht abschließend wissen, was notwendig ist. Beratende erhalten über diesen Prozess wichtige Informationen darüber, was helfen könnte. Beratene können so Fertigkeiten in der Diagnose aufbauen. Es gilt also, das Nichtwissen einzusetzen. Das bedeutet, vorhandene Vorurteile abzubauen und Ignoranz beseitigen zu können. Zudem geht es darum, die erkannten Bereiche des Nichtwissens zu beseitigen und so neue Schichten der Wirklichkeit erkennbar zu machen (ebd., S. 30).

Neben der gemeinsamen Diagnoseerstellung achten Prozessberatende auch auf die Weitergabe der Diagnose- und Problemlösekompetenz. Das Vorgehen und die Problemlösung bleiben so in der Verantwortung der Beratenen, auch wenn Beratende durchaus Vorschläge dazu machen können und auch sollen. Erkenntnisse, die durch oder mit den Beratenen entstehen, haben eine andere (günstigere) Wirkung auf die Annahme und Umsetzung von Lösungen im beratenen System.

»*Ziel des Prozessberatungs-Modells* ist es die Lernfähigkeit des [beratenen Systems] zu erhöhen damit es zukünftige Probleme selbst lösen kann.« (ebd., S. 38) und die Definition: »Prozessberatung ist der Aufbau einer Beziehung mit [Beratenen], die es diesen erlaubt, die in deren internem und externem Umfeld auftretenden Prozessereignisse wahrzunehmen, zu verstehen und darauf zu reagieren, um die Situation, so wie [Beratene] sie definieren, zu verbessern.« (ebd., S. 39)

Die Beratenen bleiben verantwortlich und nur sie selbst wissen, was an Veränderungen umgesetzt werden kann. Problem wie Lösung »gehören« den Beratenen.

Die weiteren Prinzipien, die Schein für die Prozessberatung aufstellt, sind:

- Beratende sollen mit dem »Flow« der Organisation bzw. der Beratenen gehen, um zu erkennen, wo Motivation und Bereitschaft ist, sich zu verändern.
- Timing: Interventionen können zu einem Zeitpunkt greifen, zu einem anderen nicht. Darum gilt es, diagnostisch vorzugehen und darauf zu achten, wann Ansprechbarkeit da zu sein scheint.
- Das Mit-dem-Flow-Gehen kann ausbalanciert werden mit konfrontativen Interventionen, um für Beratene auch neue Erkenntnisse und Alternativen anzubieten.
- »Fehler« (im Sinne von unbeabsichtigten Wirkungen) können in der Beratung nie ausgeschlossen werden (auch wenn alle Prinzipien beachtet werden), da Beratende niemals alles über die Wirklichkeiten der Beratenen wissen.
- Reaktionen auf »Fehler« sind Hinweise über die Wirklichkeit der Beratenen, aus denen Beratende lernen können und sollen.
- Das führt letztlich zum abschließenden Prinzip von Scheins Beratungsmodell: Das Problem soll mit anderen geteilt werden. Beratende sind immer wieder in Situationen, in denen sie nicht wissen, welche Art Intervention als nächstes angezeigt ist. Es ist hilfreich, dies zu teilen und die Beratenen in die Entscheidung über Folgeschritte einzubinden.

1.3 Erklärungsmodelle und deren Auswirkung auf die Organisationsberatung

Für die Gestaltung einer nützlichen, Perspektiven erweiternden Beziehung zwischen Beratenden und Beratenen sind Unabhängigkeit und Neutralität Mitgaranten, um nicht »dem Gang mit den Mächtigen« oder dem Helfersyndrom zu erliegen. Bei Lippitt (Lippmann, 2013) wird zur Gestaltung von Beratung die Unterscheidung zwischen Expertentum und der Beobachtungsrolle hinzugezogen. Die Basis der Beziehungsgestaltung wird auch durch den Anlass oder das Anliegen der Beratung mitbestimmt: Je nachdem, ob es um den Ausgleich eines Kompetenzdefizits geht oder um die Förderung von Veränderung im Management unterscheidet sich der Auftritt der Beratenden. Die Beziehung (und damit auch die Rolle) wird immer durch beide Seiten – Beratene und Beratende – gestaltet.

Eine weitere, wichtige Größe für die Rollengestaltung ist die der Auftraggeberschaft. Sind die auftraggebende Instanz und die beratene Person nicht identisch, so sind meist unterschiedliche Erwartungen an die Beratung vorhanden. Das Coaching einer Schlüsselperson im Rahmen einer Firmenübernahme durch neue Besitzerinnen oder die Teamentwicklung, die durch eine HR-Instanz beauftragt wird, verdeutlichen potenzielle Erwartungsunterschiede.

Dies gilt in sehr ähnlicher Weise für die Beratung von Organisationsteilen oder Personen: Rollenerwartungen und -wirkungen sind immer auch kontextabhängig. Der Kontext, in dem eine Rolle wirksam werden soll und kann, ist grundsätzlich einmalig. Es gibt damit kein Rezept für Beratende, mit dem die Funktionsinhaberinnen ihre Rolle wirkungsvoller gestalten. Gestaltbarkeit und Gestaltungseffektivität der Rolle sind immer kontextabhängig:

Die Herausforderung ist das Erkennen und Erfassbar-Machen der Ebene(n) auf der (denen) ein angestrebtes, wirkungsvolles Handeln für Beratene möglich ist.

Exkurs über ein Rollenkonzept der Führung in Organisationen

Die Beleuchtung der Rolle der Beratenen in deren Organisationskontext ist im Einzelcoaching, in der Team- sowie der Organisationsberatung bedeutend. Im Folgenden sind zentrale Aspekte des Rollenkonzeptes nach Jörg und Steiger (2019) umrissen, um davon abgeleitet mögliche Anwendungsfelder von Coaching und Organisationsberatung zu benennen.

Eine Rolle im beruflichen Kontext kann als Nahtstelle zwischen dem psychischen System »Individuum« und dem System »Organisation« verstanden werden. Der Begriff »soziotechnisches System« bezieht sich darauf, dass in Organisationen eine Verbindung zwischen sozialen und technischen Systemen besteht.

Die Rollentheorie befasst sich mit der Frage, wie Personen die gegenseitigen Anpassungsprozesse zwischen »Person« und »Organisation« meistern (Lippmann et al., 2019). Organisationen zeichnen sich u. a. durch Aufgaben- und Machtteilung aus. Dadurch entstehen unterschiedliche Arbeitsstellen, denen in klassisch hierarchischen Organisationen Positionen zugeordnet sind. Mit einer Position sind explizit oder implizit bestimmte Kompetenzen, ein Status (Ansehen, Prestige) und die Einbettung in ein Umfeld weiterer Positionen (Vorgesetzte, Mitarbeitende, Kolleginnen und Kollegen, Kundinnen als Rollensender) verbunden. Die Gesamtheit an Erwartungen an eine Position aus organisationaler Sicht wird Rolle genannt. Eine Person kann eine oder mehrere Rollen übernehmen. Sie wird als Rollenträgerin auch danach eingeschätzt, wie weit sie den Ansprüchen bzw. Erwartungen anderer gerecht wird.

Die Umsetzung einer Rolle stellt sich als dynamischer Prozess der Rollengestaltung dar. Dazu gehören das Aushandeln von Rollenerwartungen mit dem Umfeld und die Nutzung des vorhandenen Gestaltungsspielraums. Zentral für ein Coaching oder eine Organisationsberatung ist letztlich die Frage, wie weit es gelingt, die Rolle oder Rollen durch eine oder mehrere Personen wirkungsvoll zu gestalten. Dazu ist es wichtig, sowohl die Rollendefinition (Erwartungen aus organisationaler Perspektive) als auch den Prozess zwischen der Organisation und Rollenträgerinnen zu beachten. Abbildung 1.2 zeigt im oberen Teil die Einflüsse und Erwartungen auf die Rolle. Seitens Organisation sind diese aus Strategie/Aufgaben, Struktur und Kultur abgeleitet. Seitens der Person sind Erwartungen an die Rolle aus den Werten, Einstellungen, Erfahrungen und Motiven geprägt.

Rollenkategorien in der Organisation

Berufsrollen sind primär durch die berufs- bzw. fachspezifischen Anforderungen geprägt (z. B. Pädagogik, Medizin, IT, Jurisprudenz, Ökonomie usw.). Organisationsrollen entstehen durch den Bedarf an der Arbeit im und am System (z. B. Führung, Projektleitung, Management). Bei allen Rollen sind im Idealfall die verschiedenen Erwartungen der Rollensendenden und -empfangenden deckungsgleich. Dann leistet die Rollenübernahme den Beitrag zur Erfüllung der vorgesehenen Aufgaben der Organisation.

In Abbildung 1.2 sind links neben der Person die Rollen in anderen Systemen angeführt, einerseits in der Herkunfts- und Hinkunftsfamilie, aber auch in anderen Systemen (Vereine, Politik usw.). Im unteren Teil sind drei relevante Gesichtspunkte aufgeführt, die für eine erfolgreiche Rollenübernahme von Bedeutung und im Coaching oft Gegenstand von Anliegen sind: die Rollendefinition, die Rollengestaltung und die Rollendurchsetzung.

Was hier nochmals deutlich wird: Das Verständnis für Organisationen ist auch für Coaches wichtig, denn ein großer Teil der zu bearbeitenden Anliegen findet in einem Organisationskontext statt. Ein Verständnis für die Dynamiken und das Funktionieren organisierender Prozesse ermöglicht es erst, die Anliegen und Vorstellungen der Beratenen verorten und gegebenenfalls in Kommunikation und Reflexion bringen zu können.

Was es in der Beratungsrolle – also für Beratung – braucht, wird in der Beratungsliteratur aus verschiedenen Perspektiven beleuchtet. So wird unter anderem die *Haltung der oder des Beratenden* unterstrichen. Die Begleitung von Veränderung und Entwicklung bedingt das Vertrauen in die Entwicklungsfähigkeit der Beratenen. Jede Person und jede Organisation hat das Potenzial, Veränderungen und Anpassungen rasch und professionell nicht nur zu planen, sondern auch zu realisieren, wenn wesentliche Fähigkeiten der Führung zu Kooperation und Konfliktaustragung vorhanden sind – und wenn eine »bedingungslose, wertschätzende Haltung« (Häfele, 2015, S. 32) gegenüber den beratenen Menschen besteht. Eidenschink und Merkes (2021) diskutieren Beratungshaltung und Kompetenzfelder für Beraterinnen mit Bezug zum *Beratungssystem*. Sie leiten ihre Überlegungen von den Voraussetzungen und von den Bedingungen für

1 Grundverständnisse von Organisation und Beratung

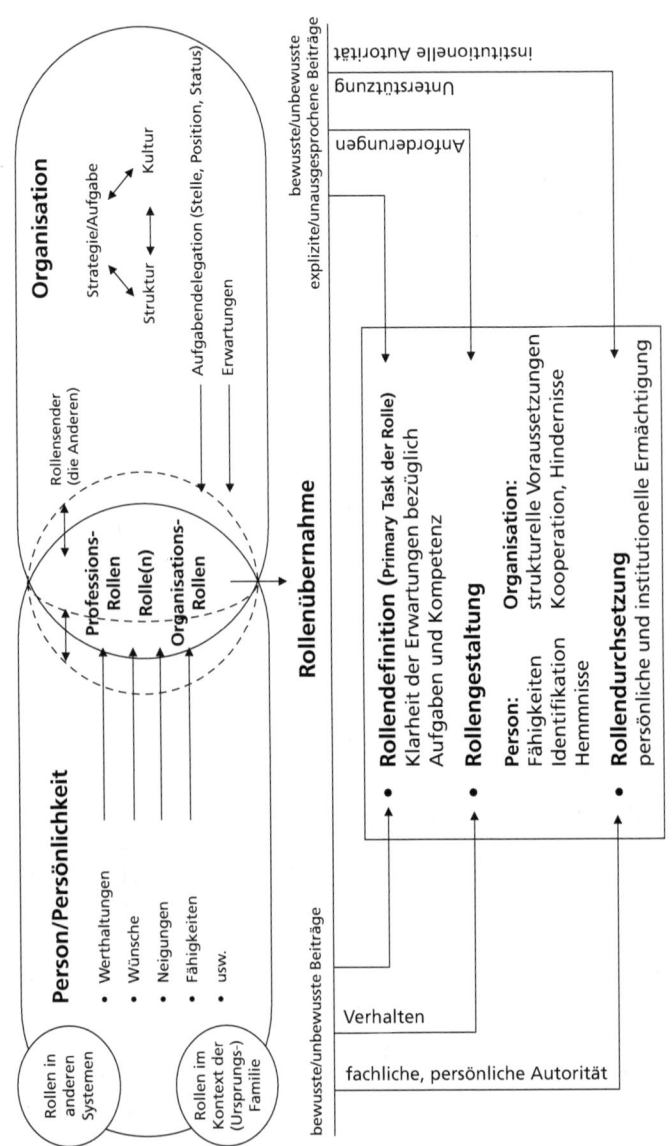

Abb. 1.3: Rollenkonzept und Rollenübernahme (Lippmann, Jörg & Pfister, 2019)

1.3 Erklärungsmodelle und deren Auswirkung auf die Organisationsberatung

das Zustandekommen und das Aufrechterhalten eines Beratungssystems ab. Ausgehend von ihren metatheoretischen Grundannahmen schlagen sie eine Alternative zu gängigen Interventionstheorien vor. Zentrale Prämissen werden hier skizziert: Voraussetzung für Beratung ist Beobachten. Wird nun eine Beobachterin selbst in ihrer Tätigkeit beobachtet, dann wird die Beobachtung eine Beobachtung 2. Ordnung. Nur aus der Beobachtung 2. Ordnung wird deutlich, dass die Selektion, also das, was beobachtet und in die Kommunikation aufgenommen wird, auch hätte anders stattfinden können. In der Konsequenz bedeutet dies, dass *Beobachtetes davon abhängt, wer beobachtet wird* (nicht wer beobachtet). In der Folge ändert sich also die Sicht eines Systems. Das System selbst bleibt dabei gleich.

Fazit: Ein System ändert sich, indem es sich selbst dabei beobachtet oder von anderen dabei beobachtet wird, wie es beobachtet. Für eine Veränderung ist dann die Offenheit, dass etwas auch anders sein könnte (Kontingenz), Voraussetzung. Für das Unmögliche oder absolut Notwendige braucht es keine Beratung (Eidenschink, 2022, persönliche Mitteilung).

Diese Überlegung nimmt Abstand von der Idee eines Ursache-Wirkungs-Prinzips durch ein intervenierendes (und ein interveniertes) System. Somit werde eine erwünschte Zukunft von einer unerwünschten Gegenwart unterschieden. Eine derartige »Trivialisierung« (ebd.) führe zur Entwicklung von Techniken für entsprechende Interventionen und bei Ausbleiben der erwünschten Wirkung zur Fehlersuche. Als Alternative zu dieser »Eingriffstheorie« diskutiert Eidenschink Voraussetzungen, die Neues entstehen lassen. Beobachtende arbeiten mit Unterscheidungen: Für jede Beobachterin ist ihre Beobachtung selbstverständlich. Für einen anderen Beobachter ist diese Beobachtung selektiv und gewählt.

Eine Unterscheidung ist erst einmal selbstverständlich (Beobachtung 1. Ordnung). Ein psychisches System tut oder/und erlebt etwas, ein soziales System kommuniziert, wie es kommuniziert. Erst Reflexion kann eine Unterscheidung in »selektiv und kontingent« (also entschieden) überführen. Normalität (für das System) wird dann anormal (Beobachtung 2. Ordnung). Diese Beobachtung kann auch eine Selbstbeobachtung sein. Ausgangspunkt für eine Reflexion ist oft ein unerwartetes Schieflaufen. Diese Reflexion kann nun ein weiterer Beobachter beobachten (Beobachtung 3. Ordnung). Damit wird auch die Reflexion zur Nicht-Selbstverständlichkeit. Auch hier kann das System selbst der Beobachter sein.

Beispiel

Beobachtung 1. Ordnung: Eine Person beobachtet sich beim Aufwischen des Kaffees aus der umgekippten Tasse und beurteilt die umgekippte Tasse als »ungeschicktes Verhalten«. Erst durch Reflexion »ich betrachte mich als ungeschickt« wird diese Beobachtung zur Nicht-Selbstverständlichkeit. Die Person hätte sich auch anders beobachten können: »Ich habe gerade gedanklich eine sehr spannende Idee verfolgt und sollte diese notieren«. Die Reflexion, dass die Person auch »die Ideen-Produzentin« beobachten hätte können, ist eine Beobachtung 3. Ordnung.

An einem Beratungssystem sind drei Systeme beteiligt:

- das System, dem Interventionskompetenz zugesprochen wird → »Beraterin-System«
- das System, das Bedarf hat, also interventionsbedürftig ist → Klientin-System
- das System, das entsteht, wenn das Berater-System und das Klientin-System interagieren (Interventionssystem oder Beziehung)

Die dabei entstehende Struktur (also die Erwartungen) ermöglicht es, sich irritieren zu lassen. Nur dadurch können Abweichungen (von Selbstverständlichkeiten) identifiziert werden.

Ein Beratungssystem ist demnach dann gegeben, wenn *zwei Prozesse reflexiver Wahrnehmung* unter der *Bedingung doppelter Kontingenz* (es könnte auch anders sein) aufeinandertreffen und diese Kontingenz bearbeiten. Das Beratungssystem *führt also Normalität (Selbstverständlichkeiten) in Nicht-Normalität über*. Es erhält sich dadurch, dass es *nach Implizitem, Latentem, Unbewusstem in den Mitteilungen des Kommunizierten fahndet* und dies als Kommunikation den Ausgangssystemen zur Verfügung stellt.

Die Beobachtungen des Beratungssystem werden wiederum von den Ausgangssystemen beobachtet und bearbeitet. Die Effekte werden vom Klienten-System (und von seinen Erfahrungen mit diesen Effekten) bestimmt (erfahrene Klientinnen).

In der Struktur des Beratungssystems wird eine Asymmetrie hergestellt: Die Fragewahrscheinlichkeit ist beim Berater-System, die Antwortwahrscheinlichkeit beim Klienten-System. Es gibt ein Ausschlussverbot des Ausschließens (eines Mitteilungsaspekts der Kommunikation). Alles, was Bedeutung hat, wird in Kommunikation gebracht (ausgenommen im Krisenfall, also bei möglichem Abbruch, ändert sich das). Im Beratungssystem bleibt unklar, ob in der Mitteilung eine Information ist, die der Mitteilende gar nicht mitgeteilt hat. Genau darüber entwickelt sich die Kommunikation.

Wir gehen an dieser Stelle nicht auf die möglichen Arten von Störungen im Beratungs-System ein, sondern skizzieren zusammenfassend einige der Schlussfolgerungen, die Eidenschink und Merkes (2021) für die Kompetenzfelder von Beraterinnen und Beratern ableiten:

Wissen, Kompetenz und Persönlichkeit
Beraterinnen müssen die Gleichzeitigkeit und Vielfalt von Prozessen in beteiligen Systemen verorten und nutzen können. Nur so ermöglichen sie Reflexion der Organisationsdynamiken durch Kundinnen und Kunden. Es sind deshalb organisationale, soziale und psychologische Kompetenzen, die in der professionellen Organisationsberatung einen Unterschied machen.

Umgang mit Komplexität
Die notwendige Expertise der Organisationsberaterinnen betrifft den Umgang und die Arbeit mit der angetroffenen Komplexität von Organisationen. Damit sind die Dynamiken der Prozesse in Organisationen gemeint, die sich auf psychischer Ebene (Personen), auf Teamebene (Team- und Gruppendynamik) und auf organisationaler Ebene (Prozesse, Strukturen) zeigen.

Mut, Normales zu »Entnormalisieren«
Organisationen darin zu unterstützen, die eigenen Selbstverständlichkeiten zu »erschüttern«, sogenannt »Normales« zu »ent-normalisieren«, braucht auch Mut. Mut, eine allfällige Irritation auszulösen, die einem Beratenden »das Mandat kosten kann«. Die Alternative – den Kundinnen zu gefallen – kann aus einem Harmoniebedürfnis heraus zwar verstanden

werden, ist in einer Beratung jedoch nicht professionelle Hilfe zur Selbstbeobachtung eines Systems.

Mut und Bescheidenheit
Die Reflexion der eigenen Dynamiken ermöglicht Beratenden, blinde Flecken und Selbstverständlichkeiten zu entdecken und Irritationsfähigkeit aufrecht zu erhalten. Es gilt, Paradoxien nicht nur auszuhalten, sondern sie als Dynamik produzierende Elemente nutzen zu lernen.

Erweiterte Beobachtungskompetenz
Beratende müssen in der Lage sein, Dynamiken zu beschreiben und Muster in einer Art und Weise mit Organisationskunden teilen, die anregt, über dysfunktionale und funktionale Muster nachzudenken, Auswirkungen zu besprechen. Eidenschink (2022) schlägt vor, sich als »Rätselfreunde« (Eidenschink, 2022) für Organisationen (und weitere Systeme) zu verstehen.

Im Umgang mit »Dynamischer Komplexität« schlagen Eidenschink und Merkes (2021) vor, dass sich eine Beraterpersönlichkeit insbesondere in folgenden Kompetenzfeldern bewegen kann:

- **Unsicherheitstoleranz** für eine schrittweise lernende Beratung, die Nicht-Wissen toleriert, weil zu Beginn offen ist, was ein »guter« Zustand ist.
- **Symbiose-Immunität**, denn ein Infragestellen von Selbstverständlichkeiten im System bedeutet auch unbequem zu sein. Dazu ist Unabhängigkeit notwendig.
- **Selbstwert-Stabilität** hilft dabei, mit Vorwürfen umgehen zu können, die aufgrund unerfüllter Erwartungen (durch die Organisationsveränderungen) aufkommen. Innere Unabhängigkeit und Distanz zum System sind damit verbunden.
- **Lotsenkompetenz** bedeutet auch darauf zu verzichten, ein Zielerreichungsversprechen abzugeben oder Organisations-Heilungs-Ansinnen nachzugeben.
- **Überraschungsaffinität**, womit die Wahrnehmungskompetenz gemeint ist, die eine Freude an Hindernissen erhalten hilft und die Neugier auf nicht Wissbares nährt.

1.3 Erklärungsmodelle und deren Auswirkung auf die Organisationsberatung

- **Ambiguitätskraft**, die befähigt mehrfältige – nicht »ein-fältige« – Beratung für Organisationen, Teams und Individuen, die täglich mit Widersprüchen umgehen müssen, anzubieten.
- **Emotionale Resonanzstärke**, die es ermöglicht, Latentes und Subtiles aufzunehmen und so zu Beobachtungen zu kommen, die veränderungswirksam sind. Als mächtigste Resonanzinstrumente von uns Menschen sind die Emotionen angesprochen – die eigenen und diejenigen der Beratungskundinnen.
- **Reflexions- und Irritationsbereitschaft**, die auf Basis der Fähigkeit zur Selbstbeobachtung entsteht. Die Autoren (ebd.) schlagen vor, sich immer wieder selbst zu verdächtigen, teilblind, falschwissend, resonanzgehemmt, unachtsam und unverbunden mit Beratungskundinnen zu sein. Hierin zeigen sich auch Demut und Bescheidenheit.
- **Erzählfreude**, um Musterbeschreibungen in Systemdynamiken zu erstellen, die Mehrdeutigkeiten und Auslegespielräume eröffnen können und Projektionen ermöglichen, die reflexive Wahrnehmungsprozesse in Kommunikation bringen helfen.
- **Paradoxie- statt Maschinenverständnis von Organisationen und weiteren Systemen.** Es ist demnach eine Beratungstheorie gefragt, die Paradoxien, Konflikte und Widersprüche nutzbar aufgreifen kann und sich nicht an Optimierungsziele klammert.

2 Beratung im Spannungsfeld von Person – Rolle(n) – Organisationen: Coaching

2.1 Grundlagen des Coachings

Im Folgenden werden einige zentrale Aspekte des Coachings als professionelle Form individueller Beratung im beruflichen Kontext beleuchtet und mögliche Themen- und Anwendungsfelder dargelegt.

Coaching wird hier umschrieben als professionelle Form individueller Beratung im beruflichen Kontext

- mit Fokus auf das Spannungsfeld Person – Rolle(n) – Organisation,
- in der vom Kundensystem definierte Anliegen heraus- bzw. bearbeitet werden,
- in dem entsprechenden Ziele definiert werden, für und bei deren Erreichung das Kundensystem durch den/die Coach unterstützt wird,
- auf der Basis einer tragfähigen, kooperativen, für beide Seiten sinnhaft und »zieldienlich« erlebten Beratungsbeziehung.

Ziel ist es, bei jedem Einzelcoaching zumindest graduell bearbeitbare konkrete Anliegen herauszukristallisieren und schrittweise zu bearbeiten, sodass die Kundin möglichst (rasch wieder) ein hilfreiches Erleben von Kompetenz entwickelt und ihre Wahlfreiheit bezüglich der nächsten Schritte erhöht.

Im Zentrum jedes Coachings stehen die Anliegen des Kundensystems: Kundinnen sind im Grunde kundig und bringen das Potenzial zur Problemlösung mit. Zu einer Beratungsanfrage kommt es in der Regel dann, wenn das Kundensystem der Überzeugung ist, es brauche zur Bearbeitung bestimmter Anliegen Hilfe von außen. Doch nicht für alle Kundensysteme ist es gleich leicht, Hilfe in Anspruch zu nehmen und die Rolle des Kunden zu akzeptieren. Deshalb ist es zentral, nicht nur zu Beginn die verschiedenen Kundenkategorien zu kennen, die Schmidt (in Anlehnung an de Shazer) unterscheidet (2017, S. 119 ff.; vgl. Lippmann, 2013a, S. 16 ff.). Neben den Kunden, die ein Anliegen bearbeiten möchten, sind dies einerseits Besucherinnen, welche in der Regel nicht freiwillig ins Coaching kommen und andererseits sich Beklagende. Diese erkennt man in der Regel daran, dass ihr genanntes Ziel nicht von ihnen selbst erreicht werden kann, sondern in dem sich Personen in ihrem Umfeld verändern. Ganz ähnlich sind die Co-Berater: Sie haben in der Regel kein eigenes Anliegen, sondern sehen die Probleme in ihrem Umfeld. Sie zeichnen sich dadurch aus, dass sie meinen alles zu wissen und ihre Mitmenschen auch beraten in dem, was sie tun sollten, um das Problem zu lösen.

2.1.1 Anliegen und Anlässe für Coaching

Das Rollenkonzept (▶ Abb. 1.3) eignet sich nicht zuletzt auch sehr gut als »Landkarte« zum Verständnis von Konflikten und Veränderungsprozessen in Organisationen, die immer auch in Wechselwirkung mit entsprechenden Rollenübernahmen stehen. Wenn man anstelle der Perspektive »Organisation« das Subsystem Abteilung oder (Projekt-)Team betrachtet, dann eignet sich dieses Modell auch für das Verständnis der entsprechenden Einheit. Ausgehend von dem skizzierten Rahmen »Person – Rolle(n) – Organisation« werden im Folgenden einige zentrale Explorations- bzw. Anwendungsfelder genannt, aus denen hauptsächlich die Anlässe und Anliegen für ein Coaching stammen. Die Einteilung in Rolle(n), Person/Persönlichkeit und Organisation (Strategie/Aufgabe, Struktur und Kultur) ist künstlich. In der Realität hängen die Anliegen häufig miteinander zusammen und beeinflussen sich gegenseitig.

Die Rolle

Entsprechend den Ausführungen zum Rollenkonzept ergeben sich aus den folgenden Aspekten Fragestellungen in einem Coaching, wobei die größte

Anzahl aus dem Bereich der Organisationsrollen stammen dürfte (d. h. Anliegen hinsichtlich Führung, Projektleitung, Management):

- Anliegen rund um die Klarheit der Rolle (Rollendefinition), die Rollengestaltung (Identifikation mit der Rolle) und der Rollendurchsetzung vor allem in anspruchsvollen Situationen
- Rollenkonflikte: konstruktiver Umgang mit Rollenkonflikten wie:
  - Intrarollenkonflikte, die sich aus widersprüchlichen Erwartungen an eine Rolle ergeben, etwa Qualitätserhöhung bei geringeren Kosten
  - Interrollenkonflikte, die durch widersprüchliche Erwartungen an zwei oder mehr Rollen, die eine Person einnimmt, entstehen; häufig sind es Themen rund um die Balance von Lebensfeldern
  - Person-Rollen-Konflikt, wenn etwa mit einer Rolle bestimmte Werte verknüpft werden, die nicht den persönlichen Wertvorstellungen entsprechen
  - Rollendisparität, wenn Rechte, Status oder Privilegien einer Rolle in einem ungünstigen Verhältnis zu den Anforderungen, Pflichten und Frustrationspotenzialen stehen
  - Rollenidentifikation bzw. Rollendistanz, wenn sich eine Person zu stark oder zu wenig mit der Rolle identifiziert
- Umgang mit »den andern«: Generell Anliegen rund um den Umgang mit allen Stakeholdern, mit denen man es in den Rollen zu tun hat

Person/Persönlichkeit

Hierzu gehören alle Themenfelder und Anliegen mit Schwerpunkt auf der persönlichen Ebene wie:

- Umgang mit ethischen Fragestellungen
- Prävention und Abbau von Symptomen wie z. B. Stress, Ängste (etwa vor Auftritten, Verhandlungen)
- Überprüfen der eigenen Wahrnehmungs-, Verhaltens- und Beurteilungstendenzen, Feedback einholen bzw. erhaltenes Feedback verarbeiten

- Umgang mit persönlichen (Sinn-)Krisen, Selbstzweifeln, Motivationsproblemen
- Vorbereitung auf neue Aufgaben und Situationen oder neue Lebensabschnitte, generelle »Persönlichkeitsentwicklungsthemen«

Organisation: Aufgaben und Strategie

Hierher gehören alle Anliegen, die im Zusammenhang mit »organisationsbezogenen Auslösern« (Looss, 1997, S. 53 ff.) für Einzelcoaching stehen. Mit Schwerpunkt auf die Felder »Aufgaben« und »Strategie« könnte das heißen:

- Umgang mit Veränderungen im Kontext der Organisation, z. B. im Zusammenhang mit gesellschaftlichen, marktwirtschaftlichen, innovationszyklischen Veränderungen (vgl. Kapitel 4 systemische Organisationsberatung)
- im Zusammenhang mit Visions- und Strategieentwicklung oder der Entwicklung neuer Aufgabenfelder
- bei der Gestaltung und Durchführung von Veränderungsprozessen und den entsprechenden Lernprozessen auf organisationaler wie auf individueller Ebene

Organisation: Struktur

- Bearbeitung struktureller Veränderungen, z. B. Personalabbau, Personalfluktuationen, Schaffung neuer Stellen, Veränderungen am Organigramm, Standortveränderungen, Änderungen bei Abläufen, Anforderungen im Zusammenhang mit Qualitätsstandards, Einführung neuer Technologien
- Bearbeitung von Problemen struktureller Art, z. B. Qualitätsverbesserungen, fehlerhafte Kontrollsysteme, zu lange Bearbeitungszeiten, Infrastrukturprobleme, ineffiziente Arbeitsorganisation
- Umgang mit veränderten strukturellen Rahmenbedingungen u. a. rechtlicher, demographischer, politischer Art

- Bearbeitung struktureller Veränderungen im Zusammenhang mit Fusionen, Aufkäufen, Outsourcing usw.

Organisation: Kultur

- Unterstützung bei Kulturveränderungen im Zusammenhang mit Change-Projekten, z. B. Aufgaben- und Strategieänderungen, Zusammenführung verschiedener Firmen
- Unterstützung bei der Optimierung der Kommunikation, des Umgangs mit Konflikten, der Information, des Umgangs mit Veränderungen
- Sensibilisierung im Umgang mit »Diversity«
- Unterstützung im Zusammenhang mit organisationalem Lernen
- Überlegungen im Zusammenhang mit (Führungs-)Leitbildentwicklung, mit der Unternehmensphilosophie, mit ethischen Fragestellungen

Nicht jedes Coaching wird aufgrund von Problemen oder gar Krisen in Anspruch genommen. Coaching kann vielmehr auch präventive Funktion übernehmen und durchaus indiziert sein, bevor Probleme oder Konflikte auftreten, etwa bei der Übernahme einer neuen Rolle oder grundsätzlich zur Pflege bzw. Verbesserung unproblematischer Zustände, der persönlichen Leistungsfähigkeit oder der Psychohygiene.

Mit der (nicht abschließenden) Aufzählung der Anlässe wird deutlich, dass die Gründe der Nachfrage nach Coaching vielfältig sind. Mit der Zunahme der Komplexität in der Berufswelt kann noch mit einer weiteren Erhöhung der Nachfrage und der Vielfalt der Anlässe gerechnet werden. Das verbindende Element all dieser Gründe ist die Rollenthematik und damit die Gestaltung der Nahtstellen zwischen Person und Organisation.

2.1.2 Typische Phasen eines Coachings

Wenn in diesem Abschnitt typische Phasen eines Coachingprozesses in einer Abfolge beschrieben werden, so dient das dazu, eine Orientierung zu geben. In der Realität verlaufen diese Phasen »spiralförmig«, sodass einzelne Phasen nicht zwingend in dieser Reihenfolge durchlaufen werden. So kann sich z. B. die Phase einer neuen Auftragsklärung oder Zielformulierung immer wieder von Neuem ergeben, da sich die Ziele durch die Bearbeitung schnell ändern oder relativieren können. Die hier beschriebenen Phasen lehnen sich sehr stark an den hypnosystemischen Ansatz an, dessen zentralen Konzepte in Kapitel 3.1 nochmals kurz aufgeführt werden (Schmidt, 2018, S.100–123; vgl. auch Lippmann, 2014).

1. Einstiegs- und Kontaktphase mit Kontextklärung

Bereits die Gestaltung der Suche nach dem Coach sowie die erste Kontaktaufnahme ist für den Verlauf der Beratung von Bedeutung. Die Frage etwa, wer überhaupt die Idee einer Beratung (als ein Lösungsversuch neben vielen denkbaren) vorgebracht hat, beeinflusst die Vorstellung darüber, welche Bedeutung dem Coaching zukommt. (Handelt es sich beispielsweise um ein aufgezwungenes Coaching, sodass es sich anfühlt, als würde man sich bei der Einwilligung dazu unterwerfen; oder aber es fühlt sich wie ein Schuldeingeständnis an, wenn man sich nach längerem Zögern entschließt, ein Coaching zu besuchen. Es kann jedoch auch als besonderes Privileg und als Zeichen dafür erachtet werden, dass die Organisation bereit ist, etwas zu investieren). Ebenso hat der Prozess des Findens einer Coachin (Empfehlung: durch wen? Verordnung: mit oder ohne Wahlfreiheit: Langwierige Suche mit möglicher Wartezeit?) einen Einfluss darauf, wie die Beiträge der Coachin interpretiert werden.

Nach einer meist telefonischen Kontaktaufnahme ist es sinnvoll, in einem ersten Gespräch genauer zu klären, ob die Voraussetzungen und Grundlagen für ein Coaching gegeben sind. Beide Seiten sollen beim ersten Kennenlernen die gegenseitigen Erwartungen benennen, um am Schluss entscheiden zu können, ob sie sich ein Coaching vorstellen können. Zu dieser Klärung sind folgende Punkte hilfreich:

- Überweisungskontext: Wie kommt die Kundin (gerade jetzt) zu diesem Berater? Wer sonst im Heimatsystem ist noch an Ergebnissen interessiert, mit welchen Erwartungen? Was bedeutet das für die Beratung (Information, Abhängigkeiten, Vertragsgestaltung)? Gibt es Verflechtungen zwischen Coach und Kundin bzw. Heimatsystem der Kundin (Verbindungen zu anderen Personen im System, andere Mandate im

System)? Gibt es Vorerfahrungen mit anderen Personen aus dem Heimatsystem und Vorerfahrungen der Kundin mit Coaching?
- Können die Erwartungen der Kundin mit den realen Möglichkeiten des Coachs in Übereinstimmung gebracht werden? Was darf bzw. muss der Coach tun, was sollte er auf keinen Fall tun (Fallstricke, Befürchtungen)?
- Sind die jeweiligen Werthaltungen und Vorstellungen über den Beratungsprozess miteinander vereinbar?
- Gelingt es sowohl auf der Inhaltsebene (z. B. durch Informationen über das Beratungs-verständnis) wie auf der Beziehungsebene (»Können wir miteinander?«) genügend Grundlagen zu schaffen, so dass sich beide Seiten ein Coaching vorstellen können?
- Können sich Coach und Kundin auf wichtige Rahmenbedingungen als Grundlage für den Vertrag einigen? Was muss dazu allenfalls noch vorweg geklärt werden?

Manchmal kann es sinnvoll sein, ein erstes Gespräch bereits mit einer Problembearbeitung zu verbinden. Besonders wenn eine Kundin unter akutem Druck steht (z. B. bei einer Versetzung oder Entlassung), braucht es möglicherweise eine erste Unterstützung, damit die Kundin überhaupt emotional in der Lage ist, die grundsätzlichen Fragen zur Klärung einer weiteren Zusammenarbeit anzugehen.

2. Vereinbarungs- und Kontraktphase, Aufbau einer Arbeitsbeziehung

Wenn beide Seiten nach der Kontaktphase beschließen, in einen Coachingprozess einzusteigen, dann kann entweder in einem weiteren Gespräch oder meistens gleich im Anschluss das anstehende Coaching detailliert vereinbart werden.

Wenn der Kunde freiwillig und motiviert ins Coaching kommt und selbst auch die Kosten trägt, kann das möglichst einfach gehandhabt werden und braucht häufig gar keine schriftlichen Vereinbarungen. Wenn aber Dritte als Auftraggeber (und Vierte in der Rolle als Vermittler) involviert sind, dann ist es wichtig, die Vorgehensweise, die Art der Zusammenarbeit und der Informationsgestaltung transparent zu gestalten. Besonders bei verordnetem Coaching empfiehlt sich erfahrungsgemäß folgendes Vorgehen:

- Es findet ein Einstiegs- und Kontaktgespräch mit der Kundin, in dem die Klärung der aus ihrer Sicht relevanten Aspekte im (Organisations-) Kontext erfolgt. Die Kundin soll, wenn möglich, die aus ihrer Sicht relevanten Anliegen nennen können. Sie soll sich auch dazu äußern, woran ihrer Meinung nach die Auftraggeberin den Erfolg eines Coachings messen würde. Ziel dabei ist, dass Kundin und Coachin miteinander prüfen können, ob eine Zusammenarbeit vorstellbar ist und welche Rahmenbedingungen sie dazu brauchen. Diese Rahmenbedingungen gilt es dann in den Dreiecksvertrag mit einzubauen. Gerade bei einem verordneten Coaching empfiehlt sich, dass der Kunde zumindest aus zwei Beratenden auswählen kann.
- Im Anschluss an das Einstiegs- und Kontaktgespräch werden in einem Dreiergespräch mit Auftraggeberin, Kundin und Coachin – je nach Kontext empfiehlt es sich, die Reihenfolge der Gespräche umzudrehen – die gegenseitigen Erwartungen an das Coaching (sofern Coaching die richtige Indikation darstellt) geklärt, um die Rahmenbedingungen zu definieren. Wenn möglich sollte die Coachin in diesem Setting betonen, dass sie weder als »verlängerter Arm« der Auftraggeberin die Themen fürs Coaching definiert noch dass sie die Rolle übernimmt, für die Kundin Lösungen zu erarbeiten. Dabei wird insbesondere auch vereinbart, ob und in welcher Form zwischendurch oder am Ende die Auftraggeberin eine Rückmeldung erhält (z. B. wieder in Form eines Dreiergesprächsdirekt mit Auftraggeberin und Kundin, oder in Form eines kurzen Berichts, den Coachin und Kundin zusammen verfassen).

In dieser Phase ist es wichtig, den Prozess klar und nachvollziehbar zu gestalten und möglichst transparent zu sein. Dies schafft Vertrauen und sowohl Kundin als auch Auftraggeberin können die Angebote der Coachin besser einschätzen und nachvollziehen. Im Dreiergespräch ist am ehesten gewährleistet, dass alle vom Gleichen reden und es keine »heimlichen« Absprachen (etwa zwischen Auftraggeberin und Coachin) gibt, welche die Beratungsbeziehung belasten könnten. Sind Dreiergespräche (z. B. wegen einem zu großen Aufwand) nicht möglich, so können die Interessen der jeweiligen Beteiligten auch zirkulär erfragt werden (vgl. Fischer-Epe, 2002, S. 183 ff.). Doch man sollte sich zumindest das Einverständnis einholen, bei Bedarf zu einem späteren Zeitpunkt auf ein Gespräch zu dritt zurückgreifen zu können.

Ziel der Kontraktphase ist zu prüfen, inwieweit die Erwartungen und genannten Ziele im Rahmen eines Coachings mit angemessenem Aufwand erreicht werden können. Dazu gehört auch die Frage, ob der betreffende Coach für die konkreten Anliegen geeignet ist. Gründe, die dagegensprechen, sind z. B. (ebd., S. 187):

- Es können weder realistische Ziele und angemessene Rahmenbedingungen für das Coaching vereinbart werden, noch passen die Ziele zum Beratungs- oder Rollenverständnis bzw. zu den Werthaltungen des Coachs. Umgekehrt kann sich die Kundin keine Zusammenarbeit mit dem entsprechenden Coach vorstellen.
- Es stellt sich heraus, dass der Coach aufgrund bestehender Kontakte, Mandate, eigener Interessen oder der aktuellen persönlichen Situation keine professionelle Distanz und Neutralität gewährleisten kann.
- Der Coach verfügt nicht über die Fach- oder Feldkompetenz, die für diese Fragestellung angezeigt wäre.

Nach dem Prüfen der Frage, ob Coaching in dieser Konstellation überhaupt möglich ist, hat das Klären der Rollen und der Verteilung der Verantwortlichkeiten in der Kontraktphase auch zum Ziel, ein »Feld für die Kooperation« zu schaffen. Dadurch soll deutlich werden, dass beide Seiten der Beratung für das Gelingen aufeinander angewiesen sind. Ziel ist also der »Aufbau einer sinnhaften, zieldienlichen Kooperation« (Schmidt, 2017, S. 124).

Die Kontakt- und Kontraktphasen bilden gewissermaßen den Boden, auf dem die eigentliche Beratungsarbeit fortgesetzt werden kann. Als »äußerer Rahmen« gelten sie für den gesamten Coachingprozess. Bei jedem einzelnen Coachingtermin geht es aber immer wieder darum, von Neuem den Kontakt zum Kunden herzustellen und für die Sitzung konkrete Anliegen zu vereinbaren.

3. Anliegen verstehen und Ziele (Soll) herausarbeiten

In dieser Phase gilt es, das Anliegen des Kunden zu verstehen und ihn bei der Konkretisierung der Zielformulierung zu unterstützen: »Worum soll es genau gehen, und was wollen Sie in der heutigen Sitzung erreichen?«

Beim Herausarbeiten der Ziele gibt es zwei verschiedene Möglichkeiten:

a) Von der Ist-Situation ausgehen

Es können Ziele aus einer sorgfältigen Beschreibung der Ist-Situation entwickelt werden. Dies schätzen vor allem Kunden, die z. B. emotional so stark in die Situation involviert sind, dass sie sich durch die Schilderung entlasten und ihren Gefühlen Raum verschaffen wollen; oder die Kunden wollen mit einer Situationsschilderung beginnen, damit der Coach ihren Ist-Zustand und ihre Befindlichkeit genau versteht.

Es kann aber auch deshalb der Wunsch nach einer Auslegeordnung bestehen, da man selbst die Felder sortieren möchte, um einen besseren Überblick zu erhalten, an welchen »Baustellen« man mit welcher Priorität arbeiten möchte. Würde der Coach hier gleich zu Beginn auf der Beschreibung eines gewünschten Soll-Zustandes beharren, würden sich solche Kunden nicht verstanden und »nicht abgeholt« fühlen.

Mögliche Fragen zur Ist-Situation:

- Wer definiert was, wo, wann, warum und mit wem als Problem (bzw. als Lösung)? Welche Erklärungen gibt es, im Sinne von selbst- oder fremdverantwortlich, gesund oder krank, Schuld, Pech, äußere Umstände etc.? Welche Erklärungsunterschiede werden dabei genannt? Wann und wo tritt das Problem mehr oder weniger (oder gar nicht) auf?
- Welche Lösungsversuche wurden schon unternommen? Gab es dabei solche mit mehr (weniger) Erfolgen?
- Was ist der Preis des Ist-Zustandes? Wer ist dadurch wie betroffen? Was passiert, wenn nichts passiert?
- Hat die gegenwärtige Situation auch einen Nutzen für einzelne? Was könnte dieser Nutzen sein? Wer hat Interesse daran, dass nichts verändert wird, und wer sieht das anders?

b) Sich direkt auf die erwünschten Ziele fokussieren

Nicht immer ist es jedoch notwendig, eine Situation bis ins Detail zu explorieren, um mit Kunden an ihren Zielen zu arbeiten. Viele Kundinnen, besonders aus dem Managementbereich, schätzen eine schnellere Gangart und möchten direkt am erwünschten Soll-Zustand arbeiten, ohne zu viele Probleme zu wälzen. In einem weiteren Schritt kann es sich immer noch als sinnvoll erweisen, nochmals auf diejenigen Faktoren der Ist-Situation zurückzublicken, die bei der Umsetzung von erarbeiteten Lösungen relevant sein könnten und deshalb berücksichtigt werden sollten.

Bezugnehmend auf den lösungsorientierten Ansatz bevorzugen viele Beratende das Fokussieren auf die Ziele bzw. auf Ausnahmen von Problemsituationen, um möglichst schnell diejenigen Kompetenzen ins Zentrum zu rücken, die im Erfahrungsrepertoire des Kunden bereits vorhanden sind (Schmidt, 2017, S. 125). Dabei ist es durchaus sinnvoll, das sich in der Ist-Situation zeigende Problemmuster mit dem Lösungsmuster zu verbinden: Das Problemmuster kann dergestalt als »Ausholbewegung« für das Lösungsmuster genutzt werden, wie das in der Methode der Problemlösungsgymnastik der Fall ist (▶ Kap. 2.3).

Mögliche Kriterien und Fragen für das Herausarbeiten von Zielen (vgl. ebd. S. 64 f., 112 f.; Fischer-Epe, 2002, S. 70 ff.):

- **Klar und messbar.** Inhalt, Ausmaß und Zeitbezug sind so klar wie möglich zu definieren:
  – Was macht die Kundin (bis) wann in welchem Ausmaß?
- **Positiv formuliert.** Auf die Fragen werden die Antworten positiv als »Hin-zu-Motivation« (z. B. »Ich will sicherer auftreten und den Leuten ins Gesicht schauen können.«) anstatt negativ als »Weg-von-Motivation« (z. B. »Ich will nicht mehr rot werden.«) formuliert.
  – Was wollen Sie stattdessen tun, erreichen?
  – Angenommen, das Problem ist gelöst, was würden Sie anders machen als jetzt? Wie würden Sie sich dann fühlen?
- **Attraktiv-motivierend.** Ein Ziel sollte eine genügende Attraktivität und damit Zugkraft aufweisen, damit es sich lohnt, sich dafür einzusetzen und vielleicht auch bestimmte Hürden zu überwinden. Manch-

mal braucht es dazu eine Präzisierung, bis das Ziel wirklich stimmt und attraktiv genug ist. Fragen dazu können sein:
- Welche wichtigen Bedürfnisse wären durch die Zielerreichung erfüllt?
- Was macht das Ziel besonders attraktiv, reizvoll für Sie?
- Was macht es lohnend für Sie in Ihrem Leben, sich dafür einzusetzen?
- **Durch die Kundin selbst erreichbar.** Viele Anliegen sind nicht durch die Kundin direkt beeinflussbar. Deshalb muss versucht werden, ein durch die Kundin selbst erreichbares Ziel zu formulieren unter Würdigung der flexiblen Haltung der Kundin, von ihrem ursprünglichen Ziel (z. B. Änderung der »anderen«) abzurücken und einen Auftrag »zweiter Wahl« anzugehen. Fragen können sein:
- Liegt das angestrebte Ziel in Ihrem direkten Einflussbereich?
- Was können Sie selbst tun, um auf dem Weg zu diesem Ziel einen Schritt weiterzukommen?
- Was können Sie allenfalls indirekt durch Kommunikation mit anderen beeinflussen bzw. was ist der »Schlecht-Wetter-Bereich«, dem Sie ausgeliefert sind und mit dem Sie bestenfalls einen optimalen Umgang finden können?
- Was machen Sie anders, wenn das Ziel erreicht ist?
- **Nicht zu klein und nicht zu groß.** Die Zielerreichung sollte für den Kunden weder eine Unter- noch eine Überforderung darstellen (Prinzip der Passung). Sehr umfangreiche Ziele sind somit in Teilziele zu unterteilen, die mit den gerade subjektiv erlebten Fähigkeiten auch erreicht werden können. Wenn sich jemand zum Beispiel selbständig machen möchte, dann können die dafür notwendigen einzelnen Schritte als Teilziele betrachtet werden. Fragen dazu können sein:
- In welche Teilziele könnten wir dieses doch sehr umfangreiche Ziel unterteilen?
- Rechtliche, ökonomische Fragen, Erstellen eines Businessplanes mit allen Teilen, die dazu gehören usw.
- Wenn Sie das Ziel mit einem Mehrgang-Menü vergleichen, in welchen einzelnen Gängen würden Sie das noch genussvoll angehen können?
- **Ökologisch und sinnvoll vertretbar.** Hier geht es um das Abwägen von (allenfalls auch unerwünschten) Konsequenzen und Nebenwirkungen, die mit der Zielerreichung einhergehen können: Was könnte

der Preis sein hinsichtlich der Außenwirkung (z. B. bei Erfolg der Neid der anderen) wie auch hinsichtlich der Folgen für einen selbst (z. B. mehr Verantwortung übernehmen durch einen weiteren Karriereschritt)? Weitere Fragen dazu können sein:
- Welche Auswirkungen (erwünschte und nicht erwünschte) erzielen Sie damit in Ihrem Kontext und bei sich selbst?
- Was ist der Preis für diese Veränderung (z. B. Verzicht auf etwas)?
- Wer könnte Einwände haben oder das Ziel boykottieren?
- Passt das Ziel zu Ihren übergeordneten Zielen und Wertvorstellungen?

- **Sinnvolle Priorisierung.** Bei sehr großen wie auch bei mehreren, sich eventuell sogar widersprechenden Zielen ist es hilfreich, die Kundin eine Priorisierung erstellen zu lassen. Kriterien können folgende sein:
  - Die Wichtigkeit der Ziele (das wichtigste bzw. das Ziel zuerst, dem die anderen in ihren Auswirkungen untergeordnet werden): Welche Bedeutung hat dieses Ziel für Sie auf einer Skala von 1 bis 10?
  - Dringlichkeit: Welches Ziel ist kurzfristig, welches mittel- oder langfristig wichtig?
  - Zeitliche Reihung in der Logik bzw. in den Umsetzungsmöglichkeiten
  - Gibt es ein Hebelziel, mit dem Sie mit vernünftigem Aufwand relativ viel Wirkung (auch hinsichtlich anderer Ziele z. B. durch »Schneeballeffekt«) erzielen können?
  - Anstatt nun alle Zielkriterien einzeln durchzugehen kann der Coach auch eine einzelne Frage stellen wie: Mit welchem der Ziele wollen Sie beginnen?

4. Lösungen entwickeln

In dieser Phase geht es darum, die Kundin darin zu begleiten, Lösungen für ihr Anliegen zu entwickeln. Sei es in der ursprünglichen Bedeutung als »Kutscher« und Steuermann, sei es in der von Schmidt genannten Metapher als »Reisebegleiter« oder »Realitätenkellner«.

Die Coachin befindet sich besonders in dieser Phase sehr stark in der Rolle der Expertin für die Gestaltung des Prozesses, um die Kundin opti-

2.1 Grundlagen des Coachings

mal auf ihrem Weg zum Ziel zu unterstützen. Dabei steht die Orientierung an den Ressourcen der Kundin im Zentrum. In Anlehnung an Schmidt (2017) heißt das z. B.:

a) Arbeit an bisherigen Lösungsversuchen
b) Fokussieren auf Ausnahmen und »Lösungserleben«
c) (Weitere) Lösungsideen sammeln und Optionen prüfen
d) Lösungsgestaltung und »Kosten-Nutzen-Analyse« hinsichtlich der Auswirkungen
e) Wenn nötig Ambivalenz-Coaching und neue Zielentwicklung

a) Arbeit an bisherigen Lösungsversuchen

In jeder Beratung kann die Coachin davon ausgehen, dass Kunden schon vor der Idee, sich in Beratung zu begeben, versucht haben, ihr Problem zu lösen bzw. ihr Ziel zu erreichen. Coaching kommt in der Regel dann zum Tragen, wenn ihre bisherigen Bemühungen nicht das Gewünschte gebracht haben. Die Kunden haben also schon sehr viele Ideen entwickelt und eventuell auch ausprobiert, jedoch nicht mit dem gewünschten Erfolg. Diese bisherigen Lösungsversuche enthalten viele wertvolle Informationen für die Lösungserarbeitung:

- Die Coachin erfährt viel über die Art und Weise, wie und in welchen Mustern der Kunde denkt und handelt. Lösungen sollten somit eher nicht nach dem gleichen Muster (»mehr desselben«) »gestrickt« sein.
- Es gilt aus früher gemachten Erfahrungen (evtl. auch aus anderen Beratungen) zu lernen und den Kunden dabei zu unterstützen, einen neuen Lösungskreislauf zu wagen, der sich vom bisherigen klar unterscheidet.
- Es ist aber auch möglich, dass bisherige Lösungsversuche unterschiedlich nahe an dieses herangeführt haben. Diese Informationen über Unterschiede geben wertvolle Hinweise für Elemente, die in einem Lösungsweg enthalten sein könnten.
- Wenn beispielsweise jemand die Stelle wechseln möchte und im aktuellen Bewerbungsverfahren erfolgreicher sein möchte als es bisher der

Fall war, könnte es hilfreich sein zu fragen, welches denn aus seiner Sicht beim letzten Mal die Erfolgsfaktoren waren für die erfolgreiche Suche. Daraus abgeleitet lassen sich möglicherweise Parallelen für die aktuelle Situation ableiten.

b) Fokussieren auf Ausnahmen und »Lösungserleben«

Ähnlich dem letztgenannten Punkt geht es hier darum, die Aufmerksamkeit der Kundin auf Situationen zu lenken, die sich vom Problemerleben unterscheiden und möglichst dem Zielerleben entsprechen. Das heißt: Der Coach fragt nach »Ausnahmen« in der Vergangenheit, die (z. B. skaliert nach Werten von 0 bis 10) für die Kundin ganz oder teilweise dem Ziel, dem »Lösungserleben«, entsprachen. Dabei soll detailliert danach gefragt werden, wer dabei was, wie, mit wem, ohne wen, wann, wie oft, wie intensiv, wo, wie lange gemacht, gedacht, gefühlt hat (Schmidt, 2017, S. 125 f.). Daraus lassen sich Parallelen für die aktuelle Situation mit konkreten nächsten Schritten ableiten. Häufig haben die Kunden keinen bewussten Zugang zu früherem »Lösungserleben«, sondern »es passierte« aus ihrer Sicht »einfach«. Die für die Lösung nötigen Kompetenzen waren zwar wirksam und verfügbar, aber der Kundin nicht bewusst. In diesem Fall geht es darum, diese nicht bewussten, unwillkürlichen Kompetenzen durch Angebote einer »Tranceexduktion« zu »rekonstruieren« (vgl. Schmidt, 2017, S. 126). Der Coach kann dabei zu Beobachtungsexperimenten oder hypothetischen Szenarien einladen (»Woran könnten Sie am ehesten dabei gedacht haben?«) oder versuchen, mit der Methode des »inneren Teams« die entsprechend wirksamen inneren Anteile herauszuarbeiten.

Werden hingegen keine Ausnahmen vom Problem berichtet, sind dennoch Lösungsideen zu sammeln und Optionen zu überprüfen. Wird jedoch betont, dass es wohl keine Lösungen geben werde, dann ist es auch für den Coach besser, die Veränderung als eher unwahrscheinlich anzusehen und die Situation empathisch zu würdigen. In diesem Fall kann angeboten werden, einen optimalen Umgang mit der nicht veränderbaren Situation zu arbeiten.

2.1 Grundlagen des Coachings

c) (Weitere) Lösungsideen sammeln und Optionen prüfen

Während in der Expertenberatung primär der Berater die Lösungsideen generiert, wird im Rahmen des Coachings als Prozessberatung die Kundin dabei unterstützt, selbst neue Lösungsmöglichkeiten zu entwickeln. Die Fragen nach Ausnahmen vom Problem in der Vergangenheit fördern häufig bereits Hinweise für Lösungen zutage. In der daran anschließenden Phase entwirft die Kundin eine möglichst große Auswahl an Ideen. Als erster Schritt kann dabei das Entwickeln von Kriterien einer guten Lösung hilfreich sein (vgl. Radatz, 2000, S. 161f.), wofür sich bspw. folgende Fragen eignen:

- Was sind für Sie Kriterien einer guten Lösung?
- Woran würden Sie erkennen, dass Sie die Lösung gefunden haben?
- Welche Kriterien müsste eine Lösung aufweisen, damit Sie sagen: »Genau das ist die Lösung«?
- Woran an Ihrem Verhalten würden Sie erkennen, dass die Lösung eingetreten ist? Was machen Sie anders (gleich) wie vorher?
- An welchem Verhalten der Beteiligten würden Sie erkennen, dass die Lösung eingetreten ist?
- Was darf eine gute Lösung keinesfalls beinhalten?

Zusammenfassend lässt sich dann festhalten, was alles für den Kunden gute Lösungen sein könnten, um in einem nächsten Schritt die verschiedenen Möglichkeiten zu bewerten und eine Auswahl zu treffen.

d) Lösungsgestaltung und »Kosten-Nutzen-Analyse« hinsichtlich der Auswirkungen

In dieser Phase entscheidet sich der Kunde anhand der vorher erarbeiteten Kriterien für eine Lösung. Eine leitende Frage ist z.B.: »Was tun Sie nun konkret in der Situation, wenn Sie alle zuvor genannten Kriterien einbeziehen?«

Anschließend schildert der Kunde die Lösungsmuster, das potenziell wechselseitig veränderte Verhalten aller Beteiligten in der konkreten Situation im Detail: Eine dazu hilfreiche Frage wäre in dem Fall beispielsweise folgende: »Was machen Sie also anders? Wie reagieren die Beteiligten in Ihrer Vorstellung höchstwahrscheinlich darauf? Was tun Sie dann?«

Bei der Frage nach den Auswirkungen ist es sinnvoll, Vergleiche anzustellen, die sich jeweils durch das »Problemverhalten« oder »Lösungsverhalten« ergeben. Solche Auswirkungsvergleiche ergeben rasch eine Kosten-Nutzen-Analyse zwischen Problem- und Lösungsmustern, indem nicht nur einseitig die Vorteile der Lösungen, sondern auch der Preis dafür beleuchtet werden. Häufig wird dabei deutlich, welche (guten) Gründe der Kunde hatte, ein sog. Problemverhalten zu zeigen. Ein Kunde, der durch Coaching z. B. seine Auftritte vor einem Publikum verbessern wollte, merkte in der Schilderung der Lösungsmuster, dass er dann Gefahr laufen würde, mit seinem ebenfalls anwesenden Chef stärker in Konkurrenz zu geraten, als wenn er sich zurückhielte.

e) »Ambivalenz-Coaching« und neue Zielsetzung

Sollten sich durch die oben beschriebenen »Kosten-Nutzen-Analysen« Ambivalenzen zeigen, so ist es sinnvoll, dass die Coachin das Angebot macht, die bisher erarbeiteten Lösungen nochmals kritisch zu überprüfen. Eventuell kann es dabei zu neuen, differenzierteren Zielen mit nochmals veränderten Lösungsmustern kommen. Im oben genannten Beispiel entschied der Kunde, sich je nach Situation unterschiedlich kompetent in seinen Auftritten zu verhalten, je nachdem, ob sein Chef dabei war und je nachdem, wie die Zusammensetzung der Ansprechgruppe war.

Das »Ambivalenz-Coaching« (Schmidt, 2017, S. 129f.) kann für die gesamte Dauer der Beratung immer wieder relevant werden. Coachinnen sollten deshalb sehr genau auf das (verbale und nonverbale) Feedback der Kunden achten. Häufig zeigt dieses an, dass die Ziele erneut kritisch hinterfragt und differenziert werden sollten. Letztlich geht es darum, dass die Kundin ihre Wahlmöglichkeiten bei Lösungen erhöhen und bewusst prüfen kann, welche möglichen Auswirkungen daraus resultieren können. Das bedeutet etwa, dass die Kundin nach dem Coaching keinesfalls gezwungen ist, ihr bisheriges Verhalten aufzugeben, sondern sich jeweils bewusst dafür oder dagegen entscheiden kann, je nach den vermuteten

Auswirkungen. Die Coachin sollte diese Wahlmöglichkeit auch immer wieder betonen. Für eine ganzheitliche Betrachtung sowohl von erwünschten als auch von unangenehmen, unerwünschten Zuständen (und deren Auswirkungen) plädiert auch Eidenschink in seinen Ausführungen (z. B. 2019).

5. Transfer sichern: Entwicklung klar überprüfbarer, nächster Schritte

Hat sich der Kunde für eine Lösung entschieden, so ist ihm in der Regel klar, wie er nun vorgehen möchte. Dennoch empfiehlt es sich, zum Abschluss der Sitzung mit ihm die Maßnahmen und konkreten Handlungspläne so konkret wie möglich durchzugehen, sodass sie auch tatsächlich umgesetzt werden können (vgl. Vogelbauer, 2004, S. 215 ff.). Mögliche Fragen dazu:

- Wie genau werden Sie vorgehen?
- Wann, wie, mit wem und in welcher Reihenfolge?
- Auf welche Hindernisse könnten Sie stoßen?
- Was oder wer könnte Sie dabei unterstützen? Wie?

Erwähnenswert sind an dieser Stelle die Ausführungen von Gabriele Oettingen (2015), welche die Methode des mentalen Kontrastierens fürs Coaching in einem gut nachvollziehbaren Ansatz (WOOP) bekannt gemacht hat. In den vier Schritten

- *W*ish für Wunsch,
- *O*utcome für Ergebnis,
- *O*bstacle für Hindernis und
- *P*lan

Kann im Coaching das erwünschte Ergebnis erarbeitet werden (Wish), wie genau dieses umgesetzt werden soll (Outcome), welches die möglichen Hindernisse (Obstacle) bei der Umsetzung sind – für den Transferteil besonders relevant –, und welchen konkreten Plan man umzusetzen gedenkt, wenn eines der Hindernisse tatsächlich auftauchen sollte. Mit der Methode des mentalen Kontrastierens gelingt eine Umsetzung nachweislich viel besser, als wenn man »nur« mit positivem Denken die Vorhaben angeht. In der Phase der Transfersicherung kann die Coachin auch Vorschläge zum konkreten Vorgehen machen bzw. auf besondere Aspekte hinweisen, die ihr möglicherweise als Außenstehende eher auffallen als dem Kunden selbst. Die nächsten Schritte festzulegen kann auch heißen, dass die Coachin Experimente vorschlägt, etwa eine Verhandlung vorzubereiten, eine bestimmte Vorgehensweise zu üben oder in bestimmten Schlüsselsituationen Beobachtungen festzuhalten (▶ Kap. 2.3). Dies ist u. a. besonders dann sinnvoll, wenn in der Sitzung keine konkreten Lösungen erarbeitet werden konnten. Selbst wenn keine Lösung gefunden wird, soll am Schluss überlegt werden, was das für den Kunden bedeutet: Was macht er, wenn er ein bestimmtes Problem nicht lösen oder ein bestimmtes Ziel nicht erreichen kann? Möglicherweise entsteht daraus ein neuer Auftrag, etwa daran zu arbeiten, was ein optimaler Umgang mit der nicht zu verändernden Situation sein könnte (vgl. König & Volmer, 2002, S. 46).

6. Auswertung und Abschluss

Jede einzelne Sitzung sollte eine kurze Abschlussphase beinhalten. Diese kann einerseits eine Auswertung der Sitzung beinhalten, andererseits Zeit dafür zu bieten, die Sitzung optimal abzurunden. Gerade wenn in einer Sitzung keine konkreten Lösungen gefunden wurden oder speziell bei Kunden, die in den letzten fünf Minuten noch ein umfangreiches Thema aufbringen, ist es wichtig, den Abschluss auch anzukündigen. In der Abschlussphase soll kein neues Thema mehr angesprochen werden (höchstens hinsichtlich eines möglichen Themas für eine nächste Sitzung), sondern die Kundin soll den Übergang von der Arbeit mit dem Coach in das »Hier und Jetzt« gestalten. In der Auswertung wird der Coachingprozess reflektiert; beide Seiten ziehen daraus Rückschlüsse für das nächste Mal. Mögliche Fragen zum Abschluss:

- Wenn Sie auf die heutige Sitzung zurückschauen: Was war nützlich, weniger nützlich oder auch schwierig für Sie?

- Wie haben Sie die Sitzung empfunden?
- Welche Anregungen haben Sie zur Optimierung unserer weiteren Zusammenarbeit?
- Skalenwert (0–10) oder eine Metapher für diese Sitzung?

Diese Fragen sind am Schluss einer Sitzung sinnvoll. Wenn es um den Abschluss eines Coachings insgesamt geht, dann sollten die Kriterien zur Beendigung des Coachings so genau und so früh wie möglich definiert werden. Schmidt (2017, S. 132) empfiehlt, mit dem Coaching aufzuhören, wenn ca. 60 bis 80 % der Anliegen gelöst sind und nicht erst bei 100 %. Der Abschluss sollte zudem möglichst immer zelebriert oder als Ritual gestaltet werden (ebd.; vgl. auch Schreyögg, 2012), um die Beiträge der Kundin und des Coachs genügend zu würdigen.

2.1.3 Evaluation von Coachingprozessen

Die Frage nach dem Erfolg des Coachings ist aus verschiedenen Perspektiven zu stellen:

- **Für die Kundin** stellt sich die Frage, ob sich aus ihrer Sicht die Investition (Zeit, Engagement, Honorarzahlung des Coachings) gelohnt hat, ob die wesentlichen Anliegen bearbeitet und damit zusammenhängende Verbesserungen erzielt werden konnten.
- **Für den Auftraggeber** (in einem Dreiecksvertrag) stellt sich die Frage, ob die von ihm erhofften Ergebnisse erreicht werden konnten und ob sich der entsprechende Aufwand (Zeit des Gecoachten und Geld) gelohnt hat.
- **Für die vermittelnde Person** (z. B. aus der Personalentwicklung) ist neben der Frage nach der Zielerreichung besonders auch interessant, ob Coaching dazu die richtige Maßnahme und ob der entsprechende Coach dafür die geeignete Person war.
- **Für die Coachin** ist die Evaluation ein wichtiger Bestandteil der Professionalität: Sowohl während als auch am Ende des Coachings dient sie dazu, das Vorgehen so weit wie möglich zu optimieren und daraus für

die Zukunft zu lernen. Die Evaluation ist für die Coachin in jeder Phase auch eine Erfolgsdokumentation.
- **Für die Forschung** ist bei der Evaluation insbesondere die Frage interessant, welche Faktoren die Wirksamkeit beeinflussen (vgl. Künzli, 2013).

2.2 Der Hypnosystemische Beratungsansatz

Die bisherigen Ausführungen, insbesondere die Beschreibung der typischen Phasen eines Coachings beruhen schwerpunktmäßig auf dem hypnosystemischen Ansatz nach Schmidt (2017, 2018). Andere für das Coaching relevante Ansätze sind in Lippmann (2013a) und in Kapitel 1.6.1 ausgeführt. Einige Überlegungen aus dem hypnosystemischen Ansatz werden hier speziell beschrieben und anschließend in Kapitel 2.3 zahlreiche Methoden angeführt, die in fast allen Richtungen einsetzbar sind. Den hypnosystemischen Ansatz hat Schmidt hauptsächlich aus dem systemischen Ansatz mit den Modellen der Erickson'schen Hypnotherapie zu einem eigenen, konsistenten Integrationskonzept weiterentwickelt (Schmidt, 2018), wobei auch Konzepte aus dem Psychodrama, der Gestalt- und Körpertherapie eingeflossen sind. Die wichtigsten Grundannahmen sind (ebd., S.7ff.):

- Neuronale Netzwerke und Muster wirken in konkreten Situationen in Wechselwirkungen. Alle Elemente des Erlebens (Kognitionen, emotionale Reaktionen, physiologische Reaktionen wie Atmung, Körperhaltung, Verhaltensbeiträge) wirken aufeinander ein, wobei Erleben immer neu erzeugt wird und das Ergebnis von Aufmerksamkeitsfokussierung ist.
- Lebende Systeme (Personen, Teams, Organisationen) sind sich selbst organisierende, autopoietische Systeme und können durch Beratungsprozesse zur Reflexion und Veränderung angeregt, aber nie »übersteu-

ert« bzw. dazu gezwungen werden, bestimmte Gefühle, Empfindungen, Körperwahrnehmungen zu erleben.
- Veränderung heißt allgemein ausgedrückt, dass Muster, die allenfalls eingespielt sind, verändert werden können. Dabei reicht es, wenn einige wenige Elemente des Musters verändert werden, da ein Muster als Ausdruck eines Wechselwirkungsnetzwerks verstanden werden kann.
- Mit dem hypnosystemischen Ansatz können nicht nur Interaktionen zwischen den Beteiligten einer bestimmten Situation angeschaut werden, wie es im systemischen Ansatz schwerpunktmäßig der Fall ist. Vielmehr werden auch internale, intrapsychische Dynamiken bei einzelnen Personen (sowohl im Coaching als auch bei Mehrpersonen-Settings) angeschaut und nach Unterschieden im Erleben im Hinblick auf gewünschte Veränderungen hinterfragt.
- Probleme und Symptome werden verstanden als Ergebnis von selbsthypnotischen Tranceinduktionen. Wenn zum Beispiel jemand in einer heiklen Situation unfreiwillig errötet, kann man von einer »altersregressiven Spontantrance« sprechen (ebd., S. 44). Hypnotische Prozesse finden also auch im (Organisations-)Alltag statt. Solche Prozesse werden häufig vom bewussten, willkürlichen Teil unseres Erlebens abgewertet und bekämpft. Denn unbewusste und unwillkürliche Prozesse werden in unserer Kultur als unerwünscht angesehen, kognitive Prozesse hingegen als erwünscht. Wenn nun unerwünschte Prozesse (wie etwa das Erröten) bekämpft werden, wird das Problem nicht gelöst, sondern frei nach Watzlawick et al. (1974) noch verstärkt.
- Problemmuster werden im hypnosystemischen Ansatz nicht außer Acht gelassen, sondern sind als »Übergangshilfe« und Chance für das In-Gang-Setzen von Lösungsmustern zu nutzen (Utilisation der Problemmuster, Schmidt, 2018, S.47). Idealerweise wird also das Herausarbeiten von Lösungsmustern bzw. Lösungserleben (»Lösungstrancen« im Gegensatz zu »Problemtrancen«) mit dem Verstehen des Problemmusters verbunden, das durchaus auch als »Kompetenz« und »wertvolle Kraft« bezeichnet werden kann (ebd., S.117).
- Da jedes Erleben oder Verhalten nicht nur beim Individuum Prozesse auslöst, sondern auch Auswirkungen auf die Interaktionen hat, sollten die Auswirkungen sowohl von Problem- wie auch Lösungsmustern auf diverse Ebenen von Beziehungen (zu andern und zu sich selbst) geprüft

werden. Durch solche Auswirkungsvergleiche ergeben sich rasch klare Einschätzungen, welche Vor- und Nachteile Problem- oder Lösungsmuster bezüglich Auswirkungen im Kontext haben können. Somit erweisen sich Problemmuster in der Regel nicht als Unfähigkeit, sondern als »Lösungsversuche bei Zwickmühlen« (ebd., S. 117). Deshalb empfiehlt sich bei der Balance zwischen verschiedenen Zielen (und Auswirkungen bei deren Erreichung) eine würdigende Behandlung der Ambivalenzen (ebd., S. 118), die weiter oben als »Ambivalenz-Coaching« umschrieben wurde. Die unter den Methoden beschriebene Problemlösungsgymnastik ist auch eine Möglichkeit, wie in der hypnosystemischen Beratung Problemmuster für die Erreichung und Etablierung von Lösungsmustern utilisiert werden können.

2.3 Methoden im Coaching

Das folgende Kapitel liefert einen kurzen Überblick über einige Methoden im Coaching. Einleitend werden einige generelle Überlegungen zum Einsatz von Methoden im Coaching dargelegt, bevor die Methoden kurz umrissen werden.

2.3.1 Generelle Überlegungen zum Einsatz von Methoden im Coaching

Zu einem professionellen Coaching gehört, dass das Beratungssystem über eine Rahmenkonzeption verfügt. Dieses Coachingkonzept soll u. a. eine explizite Orientierung darüber geben, in welchen Zusammenhängen der Anwendung welche Methoden sinnvoll eingesetzt werden.

Dabei ist zu betonen, dass es nicht in erster Linie die Methoden und Techniken an sich sind, die den Erfolg eines Coachings ausmachen. Entscheidende Wirkfaktoren sind »die Beziehung, die elaborierte Gestaltung der Zielformulierung und -annäherung, die Qualifikation, das Engagement und die Authentizität des Coachs sowie der zeitlich gut abgestimmte und dem Klienten angepasste Einsatz verschiedener Techniken«, wie Künzli (2013, S. 384 f.) feststellt.

Die Bereitschaft, sich für den Kunden zu interessieren und ihn wertzuschätzen, ist dabei ebenso wichtig wie die von Rogers (1976, S. 237 ff.) genannten Aspekte der Empathie, Echtheit und Kongruenz.

Der Coach sollte einerseits in der Lage sein, dem Kunden in seine Erlebniswelt zu folgen und andererseits parallel dazu das Beratungsgespräch führen. Diese dialogische Grundhaltung – in Kontakt mit dem Kunden sein – wird gewissermaßen als Fundament für ein wirksames Coaching betrachtet, auf dem das Beratungskonzept mit den dazugehörenden Erklärungsmodellen, Methoden und Interventionstechniken aufbauen kann.

Die folgende Auswahl stellt einen Ausschnitt aus der Vielfalt von bestehenden Methoden dar. Die Darstellung erfolgt in alphabetischer Auflistung mit kurzer Umschreibung und einem Verweis auf vertiefende Literatur.

Die Methodenauswahl soll zum einen dem Coach dazu dienen, sich einen kurzen Überblick über einige Methoden im Coaching zu verschaffen. Anderseits führt diese Darstellung im Sinn einer »Produktinformation« für Kunden zu einer höheren Transparenz hinsichtlich der Interventionen von Beraterinnen, womit sie als Coachee gleichrangig »eingeweiht« sind (vgl. Schmidt, 2017, S. 66 f.). Mit dem Aspekt der Transparenz ist bereits eine erste Leitidee hinsichtlich des Einsatzes von Methoden angesprochen. Weitere Aspekte, die sich Coach und Kunde anhand von Leitfragen stellen können, sind beispielsweise:

- Wenn ich Kundin bin, (wann) würde ich den Einsatz dieser Methode als hilfreich erachten?
- Entspricht die Methode und ihr Einsatz durch die Coachin dem Grundsatz: »Gehe mit Menschen so um, wie du selbst gerne hättest, dass man mit dir umgeht, insbesondere dann, wenn du auf das Wohlwollen anderer angewiesen bist« (Schmidt, 2017, S. 27)?
- Entspricht der Einsatz der Methode der ethischen und partnerschaftlichen Grundhaltung der Coachin und fördert er einen partnerschaftlichen Dialog?

- Fördert die Methode die Suche nach bearbeitbaren Zielen bzw. unterstützt sie das Kundensystem im Erreichen dieser Ziele?
- Begünstigt die Methode beim Kundensystem ein hilfreiches Erleben von Kompetenz hinsichtlich nächster Schritte in Richtung Zielerreichung?
- Wird die Hilfe zur Selbsthilfe gefördert?
- Spricht die Methodenauswahl die Kundin in ihrer Ganzheitlichkeit an (kognitive, rationale, emotionale und persönliche Aspekte) und ist sie dem Kontext der Kundin angemessen?
- Erhöht die Methode die Wahlfreiheit des Kunden auf den Ebenen des Denkens, Fühlens, Wahrnehmens und Handelns?
- Passt die Methode zum aktuellen Prozess bzw. Stand des Coachings?
- Fördert die Intervention eher das tiefere Erleben oder bewirkt sie eher eine sachliche Betrachtung?

Gerade die letzte Frage verweist auf den Aspekt des verantwortungsvollen Einsatzes von Methoden und Interventionstechniken:

Die Coachin sollte sich jeweils im Klaren sein, was eine Intervention auslösen kann und welche Ebene der emotionalen Involvierung damit angesteuert wird (vgl. Lippmann, 2013a, S. 430). Alle Methoden, die eine emotionale Involvierung des Kunden bewirken, verlaufen im »Grenzbereich zwischen Coaching und Therapie« (Fischer-Epe, 2002, S. 180) und erfordern neben dem Einverständnis des Kunden eine entsprechende Ausbildung der Coachin. Biographische Verknüpfungen zu anderen Kontexten des Kunden haben auf jeden Fall Platz in einem Coaching. Die Frage »Woher kennen Sie das aus Ihrer Lebensgeschichte?« soll die Kundin dazu einladen, Erfahrungen, die in Zusammenhang mit der aktuellen Problemstellung wieder hochkommen, auch auf der Gefühlsebene bewusster zu erleben. Damit lassen sich sowohl mögliche Parallelen als auch Unterschiede zur aktuellen Situation herausarbeiten. »Verwechslungen«, automatisierte Musterübertragungen und Reaktionen auf »Schlüsselreize« können bewusstgemacht werden. Der Kunde erhält dadurch die Wahlfreiheit, welche der bekannten Verhaltensweisen er in der aktuellen Rollengestaltung in gleicher Weise, variiert oder gar nicht zeigen will.

Interventionen, die alte, längst verschüttete Geschichten und Gefühlsladungen aufbrechen, sollten hingegen der therapeutischen Arbeit vorenthalten sein. Dies gilt insbesondere für die Aufforderung, sich nochmals in die Rolle als Kind gegenüber Mutter, Vater oder anderen wichtigen Bezugspersonen von früher zu begeben und stark verschüttete, bindende Gefühle wahrzunehmen; mit dem Ziel, jenen Personen gegenüber eine andere Rolle einzunehmen und neue Verhaltensweisen zeigen zu können. Wie schon erwähnt, ist die Grenze zwischen Coaching und Therapie nicht immer eindeutig definierbar.

In Anlehnung an Schulz von Thun (1998) kann man von einer »Gratwanderung« sprechen (Lippmann, 2013b, S. 80). Denn selbst wenn der Coach nicht gezielt eine tiefere emotionale Involvierung ansteuert, können im Verlauf des Coachings beim Kunden dennoch heftige Gefühle entstehen bzw. gerade Emotionen aus der früheren Eltern-Kind-Konstellation wiederaufleben. Als Coach ist es dann wichtig zu helfen, diese Gefühle zu akzeptieren und als natürliche Reaktion einzuordnen.

Die in einem Coaching anzustrebende und »erlaubte« Tiefe hängt u. a. ab

- von der Art des Anliegens (»Ich-nah« versus »Rollen- oder Organisationsbezogen«),
- von der Bereitschaft des Kunden, sich emotional darauf einzulassen (er bestimmt in erster Linie die Dosierung),
- von der Beziehung (vor allem vom Vertrauen) zwischen Coachin und Kunde,
- von der Erfahrung und dem (therapeutischen) Hintergrund der Coachin sowie
- vom Prozessverlauf des Coachings.

Die Auflistung der Interventionen erfolgt in alphabetischer Reihenfolge und nicht entlang der »Tiefen«-Stufen, den Phasen des Coachingprozesses oder gemäß den Beratungskonzepten. Damit soll angedeutet werden, dass es kein Patentrezept für den Einsatz von Methoden geben kann: Nicht jede Methode passt zu jedem Coach, jeder Kundin bzw. zu jeder Interaktion zwischen den beiden. Jedes Coaching ist ein individueller Prozess, der ein hohes Maß an Einfühlungsvermögen, (Selbst-)Erfahrung und Reflexion vom Coach erfordert. Er muss abschätzen, welche Methode zu welchem Zeitpunkt zum jeweiligen Kunden passt. Ein großes Repertoire kann einerseits von Vorteil sein, um viele Ideen zu entwickeln, wie man zu einem bestimmten Zeitpunkt intervenieren kann; andererseits können Methoden manchmal auch hinderlich sein für den »stimmigen Kontakt« zwischen Beraterin und Kunde. Kompetent eingesetzt können Methoden auf jeden Fall die Wirksamkeit des Coachings erhöhen und nicht zuletzt »zur Förderung von Lebendigkeit, Abwechslung, Buntheit und Spaß in allen Beratungsprozessen« beitragen (Reichel & Rabenstein, 2001, S. 12).

2.3.2 Methoden von A bis Z

Aktives Zuhören

Das aktive Zuhören beinhaltet einerseits eine wertschätzende Grundhaltung im Gespräch, andererseits die Rückmeldungen des Coachs auf der inhaltlichen (paraphrasieren) und emotionalen Ebene (verbalisieren emotionaler Erlebnisinhalte) an sein Gegenüber. Damit ermöglicht der Coach dem Kunden, mehr über sich selbst zu erfahren, indem der Coach zurückspiegelt,

- was bei ihm angekommen ist,
- wie es bei ihm angekommen ist (ob z. B. mit widersprüchlichen Botschaften, verdeckten Appellen oder Selbstoffenbarungen).

Das aktive Zuhören ist eine der zentralen Interventionen der »nicht direktiven« Beratung, Varianten dazu sind etwa:

Verschiedene Varianten des aktiven Zuhörens

Umschreiben und Zusammenfassen. Die Selbstklärung des Gegenübers kann auch durch Zusammenfassen und Umschreiben vom Coach gefördert werden: »Was ich bis jetzt von Ihnen und Ihrer Situation verstanden habe ist ...«, »Habe ich Sie da richtig verstanden ...?«

Drastifizierendes Zuhören. Das Drastifizieren ist eine besondere Art des aktiven Zuhörens. Damit soll eine beim Gegenüber nur schwach oder in Andeutung geäußerte, emotional wichtige Botschaft herausgenommen und verstärkt werden. Die Botschaft dabei lautet, die Gefühle wahr- und ernst zu nehmen und ihnen ruhig nachzuspüren. Auf die Aussage »Es stört mich manchmal schon ein bisschen, wenn mein Arbeitskollege trödelt«, wäre eine Möglichkeit des drastifizierenden Zuhörens bzw. Nachspürens« Wenn Ihr Arbeitskollege also herumtrödelt und Sie warten lässt, kommen Sie allmählich innerlich in Weißglut. Sie fühlen sich nicht ernst genommen.«

Auf die Ebene der konkreten Erfahrung wechseln, konkretisieren. Bei allgemeinen Aussagen wie »gewisse Sachen« oder »manchmal stört es mich« kann das Gegenüber aufgefordert werden, auf die Ebene konkreter Erfahrung überzuwechseln: »Könnten Sie das an einem konkreten Beispiel schildern?«

Botschaft des Körpers ermitteln. Das Ansprechen der nonverbalen Kommunikation soll auch die Grundhaltung ausdrücken, dass man die Körpersprache als Klärung der inneren und äußeren Situation herbeiziehen möchte: »Wenn Ihr Seufzer sprechen könnte …« oder »Sie lachen jetzt: Was bringt Sie zum Lachen …?«

Bildersprache aufnehmen. Vom Gegenüber angeführte Bilder oder Analogien können aufgegriffen und zur weiteren Klärung genutzt werden: Verwendet jemand etwa häufig Worte, die Kriegsbilder aufnehmen (z. B. Hinterhalt, torpedieren, angeschossen), so kann der Coach diese Bildersprache ansprechen.

Arbeit mit Bildern

Wie beim aktiven Zuhören kann die Coachin die Äußerungen des Kunden in einem Bild zusammenfassen, um zu überprüfen, ob sie die Kernaussagen verstanden hat. Aber auch der Kunde kann aufgefordert werden, eine Aussage, ein Anliegen oder gar die Zusammenfassung einer Sitzung in einem Bild zu umschreiben.
 Es können dem Kunden auch Bilder (z. B. als »Fotolanguage«) vorgelegt werden, aus denen er auswählen soll, was am besten zur Problem- oder zur

erwünschten Lösungssituation passt. Bilder, Collagen oder Skizzen durch den Kunden malen zu lassen, eignet sich auch sehr gut sowohl zur Diagnose einer Situation (sich ins Bild setzen) als auch zur Erarbeitung von Lösungen (Lösungsbilder).

Eine spezielle Form der Arbeit mit Bildern stellt die Resonanzbildmethode dar, die bei Kiel (2020) ausführlich in verschiedenen Varianten und Einsatzgebieten beschrieben wird.

Jede Visualisierung mit Karten oder am Flip kann auch dazu dienen, eine Situation rascher zu erfassen. Gerade bei komplexen Organisationskontexten ist es fast unerlässlich, die Strukturen bzw. Systeme zu visualisieren oder noch besser, durch den Kunden darstellen zu lassen. Dies unterstützt auch den Kunden, sich klarer auszudrücken und selbst ein deutlicheres Bild zu bekommen, worum es ihm geht.

Arbeit mit Briefen

Besonders für Kunden, die sich gerne schriftlich ausdrücken und für bestimmte Themen auch mehr Zeit benötigen, kann das Verfassen von Briefen eine gute Hilfe zum ungestörten Selbstausdruck sein. Beispiele sind etwa:

- **Brief an sich selbst.** Vor einer großen Veränderung (z. B. Heirat, längerer Auslandsaufenthalt, neuer Job, vor einer Operation) hält die Kundin ihre wichtigsten Gedanken und Gefühle fest. Zusammen mit dem Coach wird dann vereinbart, wann er der Kundin diesen Brief senden soll.
- **Brief aus der Zukunft.** Die Kundin begibt sich in die Zukunft, etwa in die Zeit, in der ihre Anliegen »erfüllt« sind: Aus dieser Perspektive schreibt sie einen Brief an sich und öffnet ihn dann zu einem vorgesehenen Zeitpunkt.
- **Brief an Vorgesetzte, Kolleginnen, Freunde, Konfliktpartner, Eltern usw.** Je nach Anliegen im Coaching können solche Briefe nur verfasst oder auch tatsächlich versandt werden. Dies können wichtige Bausteine sein zur Klärung, Lösung oder Loslösung.

- **Briefe an Verstorbene.** Diese Variante ist im Rahmen eines Coachings eher vorsichtig zu verwenden. Indiziert kann sie aber etwa dann sein, wenn offene Themen und Fragen oder misslungene Abschiede mit verstorbenen Menschen wiederholt in die Bearbeitung der aktuellen Anliegen hineinspielen. Im Brief kann der Kunde alles, was nicht mehr direkt gesagt werden konnte, ausdrücken. Der Rahmen des Briefschreibens (Ort, Zeit) soll dabei bewusst gewählt werden. Anschließend sollte festgelegt werden, was mit dem Brief geschehen soll (z. B. laut vorlesen, aufbewahren, rituell vernichten).
- **Briefe an innere Teammitglieder.** Diese Variante kann die Arbeit mit dem inneren Team vertiefen.

Entscheidungsfindung

Die Entscheidungsphase erfolgt im Coaching im Zusammenhang mit der Entwicklung geeigneter Lösungen. Um eine Entscheidung aus den Lösungsoptionen zu treffen, können folgende Methoden hilfreich sein:

- Pro-Contra-Liste (vgl. Vogelauer, 2004, S. 89; Jäger, 2001, S. 139)
- Skalierungsfrage: Welche Variante (a–d) würde welchen Wert erhalten? (vgl. Jäger, 2001, S. 139)
- Lösungen sinnesspezifisch im Raum erfahrbar machen, und die Varianten anhand Fragen durchgehen: Was genau sehen, hören, fühlen, riechen, schmecken Sie? Was sagt Ihre Intuition dazu? Welches sind mögliche Auswirkungen dieser Entscheidungsvariante? (vgl. ebd., S. 140)
- Entscheidungsmatrix bzw. Nutzwertanalyse (vgl. Vogelauer, 2004, S. 91)
- Fragen aus der lösungsorientierten Beratung (vgl. Lippmann, 2013b, S. 179 ff.)
- Tetralemma als Hilfe im Umgang mit gegensätzlichen Lösungen: das eine, das andere, beides: sowohl als auch, keines von beiden, all das nicht. Die fünf Positionen werden auch sinnesspezifisch im Raum erfahrbar gemacht und durch den Kunden schrittweise überprüft und evtl. umbenannt sowie neu formuliert (vgl. Reichel & Rabenstein, 2001, S. 207; Lippmann, 2013b, S. 182).

Feedback geben

Viele Kunden erhalten in ihrem Alltag wenig Feedback aus ihrem Umfeld. In der Kultur vieler Organisationen sind offene, direkte Rückmeldungen untereinander nach wie vor nicht optimal verankert, häufig liegt das aber auch an der Rolle und Position der betreffenden Person. Führungskräfte speziell aus dem Topmanagement oder auch Politikerinnen erhalten Feedback oft nur in »gefilterter« Form. Deshalb wünschen sich Kunden in der Regel auch direkte Stellungnahmen zu einer bestimmten Situation und Feedback zu ihrer Person (vgl. Fischer-Epe, 2002, S. 37 ff.; Rauen, 2003, S. 80 f.; Reichel & Rabenstein, 2001, S. 93; Vogelauer, 2004, S. 98 f.). Dabei sollten folgende Punkte beachtet werden:

- Feedbackregeln einhalten (der Kunde wünscht das und ist bereit dazu, beschreibend und nicht bewertend, konkret und direkt aus dem Erleben mit dem Kunden abgeleitet);
- Rückmeldungen können Anregungen für den Kunden beinhalten, sie sollten jedoch nachvollziehbar und für den Kunden realisierbar sein (ohne utopische Aufforderungen wie: »Versuchen Sie doch mit den Augenzuckungen aufzuhören«);
- Feedback ist subjektiv. Selbst kritisches Feedback soll wertschätzend, einfühlsam und ohne Anspruch auf »absolute Wahrheit von Experten« erfolgen;
- Wenn den Coach etwas beim Kunden stört, dann soll dies nicht in ein Feedback verpackt, sondern in direkter Auseinandersetzung geklärt werden.

Fragen

Hilfreiche Fragen zu stellen, gehört wohl zu den wichtigsten Interventionen einer prozessorientierten Beratung. Fragen dienen einerseits zur Informationsgewinnung (für die Coachin), andererseits zur Informationserzeugung vor allem in Richtung Lösungsfindung für die Kundin. Ob eine Frage hilfreich ist, bestimmt letztlich die Kundin. »Hilfreiche« Fragen zeichnen sich u. a. dadurch aus, dass sie

- offen sind,
- Suchbewegungen auslösen auf den Ebenen des Wahrnehmens, Denkens, Fühlens und Verhaltens,
- Unterschiede deutlich machen,
- verschiedene Perspektiven eröffnen und dadurch andere Sichtweisen erleichtern,
- als Einladungen wirken zur Fokussierung der Aufmerksamkeit in die gewünschte (Lösungs-)Richtung.

Offene Fragen eignen sich viel besser dazu, solche Fokussierungsprozesse auszulösen als geschlossene, die nur mit »Ja« oder »Nein« beantwortet werden können. Zu den wichtigsten offenen Fragen zählen die sog. W-Fragen: Wer? Wie? Wann? usw. (vgl. Lippmann, 2013b, S. 113).

Im Folgenden sind Beispiele von zentralen Fragen aus der systemisch-lösungsorientierten Beratung kurz angeführt, die der Coach als »Suchhelfer« und »Realitätenkellner« (Schmidt, 2017, S. 65) der Kundin stellen kann, um die Fokussierung der Aufmerksamkeit in Richtung gewünschter Lösungen zu aktivieren:

- **Zielorientierte Fragen.** Was ist Ihr Ziel? Woran würden Sie merken, dass Sie Ihr Ziel erreicht haben? An welchem Verhalten merken es die anderen, dass Sie Ihr Ziel erreicht haben?
- **Wunderfrage.** Angenommen diese Nacht – während Sie schlafen – passiert ein Wunder: Die Probleme, die Sie hier geschildert haben, sind weg, einfach so! Aber es passiert, während Sie schlafen, deshalb können Sie nicht wissen, dass das Wunder passiert ist. Wenn Sie am Morgen aufwachen: Wie werden Sie entdecken, dass das Wunder passiert ist? Woran noch? Wie werden die andern reagieren, wenn das Wunder geschehen ist?
- **Fragen nach Unterschieden.** Wann tritt das Problem stärker auf, wann weniger? Welches Verhalten zeigen Sie in der Problemsituation, das Sie in der Lösungssituation nicht zeigen (und umgekehrt)? Wann fühlen Sie sich dem Ziel näher, wann weiter weg? Im Zusammenhang mit welchen Personen tritt das Problem gar nicht oder weniger auf?
- **Skalierungsfragen.** Wenn Sie sich eine Skala von 0 bis 10 vorstellen, auf der 0 ganz schlecht und 10 das Idealziel bedeutet: Wo bezogen auf

das Idealziel befinden Sie sich im Moment? Wo befanden Sie sich, als Sie das letzte Mal in der problematischen Situation waren? Was müssten Sie jetzt tun, um einen Punkt höher oder tiefer zu kommen, als Sie aktuell sind? Zur Methode der Skalierung kann als Vertiefung auf das »Skaleboard« verwiesen werden (vgl. Rauen 2004, S. 264 ff.).

- **Fragen für die Suche nach Ausnahmen.** Gab es irgendwann in den letzten Tagen, Wochen oder Monaten Ausnahmen, in denen die Situation nur minimal oder für ganz kurze Zeit besser war (z. B. 0.05 % höher auf der Skala)? Was haben Sie da anders, mehr oder weniger gemacht als sonst?
- **Zirkuläre Fragen.** Wie würde jemand anderer (Kollegin, Partner, Vorgesetzte, Kunde) Ihre Situation beschreiben? Wer kann die Teamleitung am ehesten beruhigen, wenn sie sich aufregt? Wenn Sie in fünf Jahren auf das erreichte Ziel zurückschauen: Was war das Wesentliche in Ihrem Verhalten, das sich verändert hat? Wer hat (k)ein Interesse an einer Veränderung der Situation? Und wenn ich diese Person fragen würde, was wäre die Antwort?
- **Hypothetische Fragen.** Angenommen, Sie hätten das Problem gelöst: Welche Punkte wären da besonders wichtig für das Gelingen gewesen? Was würde Ihre Arbeitskollegin sagen, was Sie anders machen? Angenommen, eine gute Fee käme und würde Ihnen sofort die gewünschte Lösung herbeizaubern: Was würde sie der Reihe nach ändern? Was würde sich in Ihrem Verhalten verändern?
Lösungsideen der Beraterin lassen sich auch gut in hypothetische Fragen anbieten, z. B.: »Angenommen, Sie würden mit Ihrer Chefin das vorher genannte Thema ansprechen und sie um eine Stellungnahme bitten, welche Auswirkungen glauben Sie, hätte das bei ihr?« (vgl. dazu auch »Ratschläge, Vorschläge« weiter unten in diesem Kapitel)
- **Dissoziierende Fragen.** Wie würde ein völlig Unbeteiligter Ihr Problem schildern? Wenn Sie sich selbst von außen betrachten (und sich die Person, die dasitzt, anschauen), was würden Sie dieser Person raten, sofort zu tun? Das sind ja nicht Sie, der das sagt, sondern eine Stimme in Ihnen: Wie heißt diese Stimme, die diese Worte sagt? Macht es einen Unterschied, ob Sie das sind oder eine Stimme in Ihnen? (vgl. innere Konferenz weiter unten).

- **Fragen zu wünschenswerten Alternativen.** Angenommen, Sie möchten in einem halben Jahr auf der Zufriedenheitsskala einen Punkt höher sein als heute: Ist es dann besser, Sie gehen das gewünschte Ziel langsamer an, rascher an, jetzt noch gar nicht an oder wäre etwas ganz anderes im Moment angesagt?

Ausführlicher zu den systemisch-lösungsorientierten Fragen vgl. Fischer-Epe (2002, S. 57 ff.), Lippmann (2013b, S. 115 ff.), Radatz (2000, S. 169 ff.), Rauen (2004, S. 221 ff.), Schmidt (2017, S. 106 ff.).

Geschichten

Geschichten und Anekdoten können im Einzelcoaching dazu verwendet werden, um eigenständige Imaginations- und Fokussierungsprozesse bei der Kundin anzuregen (Schmidt, 2017, S. 49, 69). Vom Coach eingestreute Geschichten können zudem folgende Funktionen erfüllen:

- **Spiegel.** Die Kundin kann sich (oder Teile von sich) in den Geschichten wieder erkennen.
- **Modell.** Geschichten können modellhaft Konfliktlösungsversuche oder Lösungsvarianten beinhalten.
- **Depotwirkung.** Durch ihre Bildhaftigkeit können Geschichten gut erinnert und in anderen Situationen leicht abgerufen werden.
- **Umdeutung.** Geschichten können dazu anregen, ein Problem von einer anderen Seite her zu betrachten (vgl. das Beispiel von Tom Sawyer, der als Strafarbeit einen Zaun streichen musste und dies aber einem hänselnden Jungen als Privileg darstellt mit dem Effekt, dass ein Junge nach dem anderen gegen Bezahlung ein Stück Zaun streichen darf).

Geschichten können aber auch von der Kundin selbst erzählt werden oder Kunden können dazu angeregt werden, »ihre Geschichten« umzuschreiben, z. B. zu einer »Erfolgsgeschichte« (Fischer-Epe, 2002, S. 68 f.):

»Mal angenommen, es sind viele Jahre vergangen, und das Problem ist irgendwie nützlich gewesen für Ihr Leben und Sie hätten den Auftrag, diese Geschichte so aufzuschreiben, dass andere von Ihren Erfahrungen profitieren können und die Angst vor Rückschlägen verlieren – was würden Sie schreiben?«

Auch diese Intervention soll dem Kunden dazu helfen, z. B. »Fehler und Rückschläge« anders zu sehen als bisher. Wenn es gelingt, durch Geschichten neue Sichtweisen auf eine Situation zu generieren, so kann das helfen, den Kunden aus einer blockierten Situation herauszuholen und die Aufmerksamkeit in Richtung von Lösungen zu fokussieren (zu weiterer Verwendung von Geschichten vgl. Dünz et al., 1996; Schmidt, 2017, S. 36 ff., S. 49; Vogel et al., 1994, S. 97 ff.)

»Hausaufgaben«, Experiment

Entscheidend für die Wirksamkeit von Coaching dürfte neben den eigentlichen Sitzungen vor allem die Zeit zwischen den Sitzungen sein. Erst dort zeigt sich, was die Kundin im konkreten Lebensvollzug tatsächlich umsetzen kann. Insofern sind Aspekte des Transfers in den Alltag und die entsprechenden Rückmeldungen in der folgenden Sitzung Bestandteil fast jeder Beratung. Mit »Hausaufgaben« (oder noch besser: »Selbstvorhaben« oder »Experiment«) wird dieser Tatsache besonders Rechnung getragen: Als eine Art Experimente dienen Aufgaben dazu, im Coaching vorbesprochene oder eingeübte Denk- und Verhaltensmuster im Alltag auszuprobieren, zu modifizieren und weiterzuentwickeln (vgl. Vogelauer, 2004, S. 220 f.). Die Ergebnisse können dann in der folgenden Sitzung hinsichtlich der ursprünglich intendierten Lösung hinterfragt werden. Damit sind Experimente ein gutes Evaluationsinstrument sowohl für die Kundin wie auch für den Coach. Sorgfältig begleitet und gut auf das Kundensystem abgestimmt können Experimente viel zur »Nachhaltigkeit« eines Coachings beitragen. Dazu braucht es allerdings einen transparenten, wertschätzenden Einsatz; dies war in der Form der sog. paradoxen Verschreibungen nicht immer gewährleistet (vgl. Schmidt, 2017, S. 31).

Hypothesen

Ähnlich den hypothetischen Fragen können Hypothesen als Sondierungshilfen im Coaching sehr hilfreich sein. Nicht als vom Coach verkündete Wahrheit (dann würde selbst ein von de Shazer empfohlenes Aspirin nichts mehr nützen, vgl. Radatz, 2000, S. 55), sondern als eine Art »Multiple-Choice-Hilfe« für den Kunden bei dessen eigenständigen Such- und Finde-Prozessen (Schmidt, 2000, S. 21): »Angenommen, Sie würden ... oder aber Sie würden ..., wie kommt das bei Ihnen an?« oder »Könnte es vielleicht so, oder so, oder noch ganz anders eher für Sie passen?« Wenn Hypothesen klar als solche deklariert werden – ohne Anspruch auf Richtigkeit –, dann sollten sich Beratende auch geduldig zurückhalten und den Kundinnen ihre »heilige Such-und-Finde-Zeit« gönnen (Schmidt, 2000). Entscheidend ist letztlich nicht die Hypothese, sondern die autonome Antwort darauf durch den Kunden im Sinn von »Kann gar nichts damit anfangen«, »Hat schon was« oder »Könnte eine richtige Fährte sein« (vgl. auch »Ratschläge« weiter unten; Schmidt, 2000).

Innere Konferenz

Die Methode der »inneren Konferenz« hat Gunther Schmidt aus verschiedenen therapeutischen Konzepten (u. a. Gestalttherapie, Psychodrama) entwickelt. Bekannt wurde sie durch die ausführliche Beschreibung von Schulz von Thun (1998). Die Arbeit mit dem »inneren Team« eignet sich besonders bei Konflikt- und Entscheidungssituationen, bei denen der Kunde in einer Ambivalenz (genauer »Multivalenz«) zwischen vielen Stimmen steht, die sich in ihm in unterschiedlicher Intensität melden. Um fundiert zu entscheiden, wie er vorgehen will, kann der Kunde eine Konferenz des »inneren Teams« abhalten, wobei die inneren Stimmen analog zu einem realen Team von Mitarbeitenden angesehen werden können. Ziel der Konferenz ist es, die widersprüchlichen Seiten anzuhören und eine integrative Entscheidung zu treffen, bei deren Umsetzung alle Mitglieder gut kooperieren werden. Die Arbeit mit dem »inneren Team« läuft idealtypisch in sechs Schritten ab:

1. **Identifikation der Teilnehmenden.** Dissoziation zwischen dem »Ich« als Oberhaupt und den diversen inneren Mitgliedern der Konferenz (Wie lauten ihre Botschaften, wie melden sie sich, wie könnte man sie charakterisieren? Darstellung der Figuren am Flip, durch Stühle, Pinkarten, Holzfiguren, durch detaillierte Beschreibung, Symbolisierung usw.).
2. **Anhörung der Einzelstimmen.** Im ersten Schritt schon ansatzweise enthalten, geht es jetzt darum, dass jedes Mitglied ausführlich zu Wort kommt ohne Unterbrechungen durch die anderen.
3. **Freie Diskussion zulassen und anregen.** Die Konferenzleitung erlaubt für eine gewisse Zeit ein »Storming«, bei dem die Diskussion wild durcheinander gehen kann und sich eventuell teilweise im Kreise dreht.
4. **Moderation und Strukturierung durch das Oberhaupt.** Die Leitung fasst das Ergebnis der Anhörung und Diskussion zusammen und fordert zur Lösungssuche auf.
5. **Brainstorming.** Bei der Suche nach integrativen Lösungsideen können folgende Fragen leitend sein:
   a. Was ist das Hauptinteresse hinter jeder Position einer Stimme?
   b. Lassen sich aus Entweder-oder-Positionen erweiterte Varianten herauskristallisieren (z. B. »ja, unter folgenden Bedingungen ...«)?
6. **Entwurf einer integrierten Stellungnahme.** Da Konsenslösungen wohl selten sind, muss das Oberhaupt irgendwann entscheiden und damit die Rolle der reinen Moderation wieder verlassen. Wichtig bei der Entscheidung ist, dass die einzelnen Stimmen wertschätzend beteiligt sind und kein »Teammitglied« abgewertet wird. Die Konferenzteilnehmer können als symbolische Repräsentanten in den Alltag mitgenommen und als hilfreiche kleine Begleiter genutzt werden.

Ausführlicher zum Einsatz dieser Methode vgl. Fischer-Epe (2002, S. 153 ff.), Lippmann (2013 b, S. 174), Radatz (2000, S. 250 f.), Schulz von Thun (1998).

Innere Reise

Bei Anliegen, zu denen der Kundin im Moment keine Lösungsmöglichkeiten einfallen, kann die Coachin danach fragen, wie die Kundin ähnliche Situationen früher gelöst hat. Das Erarbeiten entsprechender Potenziale bzw. Stärken ist mit einer »inneren Reise in die Vergangenheit« möglich. Die Coachin kann die Kundin entweder zum Erzählen von damaligen (Erfolgs-)Situationen einladen, oder sie führt mit ihr eine Traumreise durch, bei der die Kundin mit, eventuell geschlossenen, Augen den Anleitungen der Coachin folgt (ein Beispiel findet sich bei Vogelauer, 2004, S. 154). An die innere Reise anschließend wird der Fokus auf die von der Kundin verwendeten Lösungsstrategien gelegt. Daraufhin wird erwogen, welche dieser Lösungsstrategien auf die aktuelle Fragestellung übertragbar sein könnten. Die gefundenen konkreten Muster werden abschließend auf die Umsetzbarkeit hinüberprüft.

Kommunikationsanalyse

Unter diesem Stichwort werden ein paar Beispiele dazu angeführt, wie sich Kommunikationssequenzen, die vom Kunden als »schwierig« empfunden wurden, im Coaching analysieren lassen im Hinblick auf die Vorbereitung erfolgreicher Gespräche in der Zukunft:

- Senden und Empfangen nach dem **Vier-Seiten-Modell** nach Schulz von Thun (1998): Damit lassen sich Situationen, die zu Missverständnissen oder Verstimmungen geführt haben, analysieren. Zudem kann der Kunde sein Kommunikationsverhalten auf diese vier Seiten hin überprüfen und anspruchsvolle Gespräche vorbereiten (vgl. Fischer-Epe, 2002, S. 93 ff.; Schreyögg, 2012).
- Das bei Schulz von Thun (1998, S. 38 ff.) beschriebene **Werte- und Entwicklungsquadrat** lässt sich im Coaching gut bei Konfliktsituationen, zur Vorbereitung auf Maßnahmengespräche oder zur Formulierung von Entwicklungszielen anwenden (Fischer-Epe, 2002, S. 101 ff.).

- -Analyse von Interaktionen nach **transaktionsanalytischen Mustern** (parallele, gekreuzte und verdeckte Transaktionen, vgl. Schreyögg, 2012; Vogelauer, 2004, S. 62 ff.)

Konfliktanalyse

Ergänzend zum ausführlichen Kapitel (mit entsprechenden Literaturverweisen) sind hier zusätzlich ein paar Methoden angeführt, die zum Verständnis von Konfliktsituationen eingesetzt werden können:

- **Teufelskreismodell:** Jede Konfliktpartei begründet ihr Verhalten als Reaktion auf das Verhalten des Gegenübers. Im Coaching kann sich der Kunde fragen, wie er selbst zur Aufrechterhaltung eines konflikthaften Teufelskreises beiträgt und welche möglichen Schritte seinerseits zur Veränderung beitragen könnten (Fischer-Epe, 2002, S. 108 ff.).
- Die Analyse gemäß den **vier Grundstrebungen der Persönlichkeit** (nach Riemann: Distanz – Nähe bzw. Dauer – Wechsel) oder den **Kommunikationstypen** (nach Satir: Ankläger – Harmonisierer bzw. Rationalist – Chaot) können aufzeigen, nach welchen Mustern ein vom Kunden geschilderter Konflikt abläuft. Auch hier kann hinterfragt werden, was die Kundin zur Veränderung der Situation beitragen könnte (Fischer-Epe, 2002, S. 143 ff.; Vogelauer, 2004, S. 229 ff.).
- Analyse nach **Konzepten aus der Transaktionsanalyse** wie Antreibern (ebd., S. 47 ff.), Drama-Dreieck, Gesprächsmuster, Spielen (ebd., S. 195 ff.) oder OK-Haltungen (ebd., S. 184 f.).
- **Drei Positionen – Ich-Du-Meta:** Der Kunde legt zu einem dyadischen Konfliktbeispiel die drei Positionen mit Kärtchen auf den Boden und geht der Reihe nach diesen Perspektiven nach, wobei die Metaposition dazu verhelfen soll, die Situation aus einer »neutralen« Distanz zu betrachten (Reichel & Rabenstein, 2001, S. 156 ff.).
- **System darstellen** (vgl. weiter unten) oder systemisches Porträt zur Analyse von Konfliktpotenzialen (Rauen, 2004, S. 188 f.).

Konfrontieren

Wie bereits unter dem Stichwort »Feedback« angedeutet, geht es bei der Konfrontation häufig darum, der Kundin Beobachtungen widerzuspiegeln, die bei ihr auf Widersprüche (z. B. auch sog. Zwickmühle-Aufträge), »blinde Flecken« oder inkongruentes Verhalten hinweisen. Wenn die Coachin solches Verhalten erkennt bzw. die Kundin dies sogar selbst andeutet, kann die Konfrontation eine wirksame Intervention sein mit zuweilen sehr schnellem Erkenntnisgewinn für die Kundin. Zudem kann die Konfrontation (z. B. bei widersprüchlichen Aufträgen an die Coachin) klärend für das weitere Vorgehen sein und die Beziehung zwischen Coachin und Kundin sogar vertiefen. Wenn die konfrontierenden Aussagen für die Kundin nachvollziehbar und wahrnehmbar sind, können gemeinsam Wege gesucht und gefunden werden, wie solche Widersprüche oder Inkongruenzen aufzulösen sind (vgl. Rauen, 2003, S. 82; Schmidt, 2004, S. 257, 377; Schreyögg, 2012; Vogelauer, 2004, S. 144, 200).

»Leerer-Stuhl«

Während im Psychodrama andere »Mitspielende« etwas verkörpern können, imaginiert in der Gestaltberatung der Coachee seine für die jeweilige Fragestellung relevanten Antagonisten auf einen »leeren Stuhl« (Schreyögg, 2012). Für jeden relevanten Beteiligten wählt der Coachee einen Stuhl und positioniert diese Stühle so in Beziehung zueinander, dass diese Anordnung am ehesten seinem inneren Erleben der Beziehungen entspricht. Dann setzt sich der Coachee abwechselnd für jeden repräsentierten Teil auf den Stuhl und äußert aus dieser Position die entsprechenden Wahrnehmungen, Empfindungen, Wünsche und Gedanken. Rollenspiele dieser Art dienen zur differenzierten Rekonstruktion, und es ist wichtig, dass der Coachee die verschiedenen Perspektiven erleben und in den Dialog treten kann. Dadurch erfährt er, welche Bilder und Vorstellungen die anderen über ihn haben könnten und welche Wünsche sie an ihn herantragen. Über diese Rollenspieldialoge können neue Sichtweisen erfahren und neue Handlungsmuster gegenüber Interaktionspartnern aktiviert und ausprobiert werden. Gerade auch in Situationen mit Konfliktpartnern können so Handlungsmuster modifiziert werden. Aber auch für innere Konflikte eignet sich die Arbeit mit »leeren Stühlen« sehr gut.

»Materialienwechsel«

Unter diesem Stichwort soll der Einsatz von Materialien kurz erwähnt werden, die Schreyögg ausführlicher unter »methodische Anleihen im Kinderzimmer« (2012) beschreibt. Neben der Informationsfunktion sollen damit auch der Selbstausdruck des Kunden gefördert und sein Zugang zu Erlebensbereichen erleichtert werden, die er nicht (rational) in Worten artikulieren vermag. Der Einsatz der Medien und ihre spezifische Auswahl muss zum aktuellen Thema zur Persönlichkeit des Kunden und zur Coachingsituation passen (ebd.). Und was am wichtigsten ist: Die Coachin braucht dazu die spezifischen Kompetenzen, um abschätzen zu können, was sie mit den Methoden wann auslösen und bewirken kann. Neben der Vertrautheit mit den angewendeten Methoden heißt dies auch, einen verantwortungsvollen Umgang mit der Ausdeutung zu finden (ebd.): »Der Coach hat dabei eine strukturierende, nicht eine deutende Funktion … Der Coach fungiert also eher als ›Hebamme‹ für die Selbstdeutungen von Klienten.«

Einzelne Materialien können u. a. sein (vgl. Fischer-Epe, 2002, S. 48 ff.; Radatz, 2000, S. 258 f.; Reichel & Rabenstein, 2001, S. 130 f.; Schreyögg, 2012):

- Zeichen- und Malutensilien
- Bausteine, Schreibtischgegenstände, Münzen, Knöpfe, Gummibärchen
- Puppen und andere Spielmaterialien
- Materialien für Collagen
- Ton

Mehr-Ebenen-Erleben

Personen, die sich stark im »Problemmuster« erleben, kann der Coach ein »Reiseangebot« in Richtung gewünschtem Erleben anbieten, ohne dass sich dies gegen das gerade noch vorherrschende Erleben auswirken muss.

Dafür verwendet der Coach typische Formulierungen, die ein »Mehr-Ebenen-Erleben«, also ein »Sowohl-als-auch« statt ein »Entweder-oder« zulassen (Schmidt, 2017, S. 71 f.):

»Während Sie hier im Moment noch in Ihrem gewohnten Denken mit allen möglichen, vielleicht sogar Sie bedrängenden Themen beschäftigt sind – was in Ordnung ist, das würde wahrscheinlich jedem Menschen so ergehen – könnten vielleicht Ihre intuitiven (oder Ihre ›unbewussten‹) Wahrnehmungsinstanzen beginnen, Erinnerungen auszuwählen, die hilfreiche Schritte enthalten für Ihre Anliegen? Diese sind zunächst aber vielleicht noch gar nicht bewusst bemerkbar. Oder tauchen auch schon bewusst deutlicher wahrnehmbar erste hilfreiche Ideen auf?«

Wenn Menschen mit Achtung darin unterstützt werden, die bisherigen Sichtweisen beizubehalten und gleichzeitig nach Alternativen zu suchen, so ist Schmidt überzeugt, dass damit ein Zugang zu ihrem »intuitiven Wissen« gefördert wird. Schmidt fragt bei der Kundin auch nach, ob und wie sie schon einmal erlebt hat, dass sich bei ihr ein merkwürdiges Gefühl bei einer rational überzeugenden Sache gemeldet hat, sie dann ihrer Intuition gefolgt sei und sich dies als richtig herausgestellt hat. Mit dem »Mehr-Ebenen-Erleben« unterstützt der Coach also den Zugang der Kundin zu ihrer »intuitiven Kompetenz«, zu dem was Damasio als »somatische Marker« oder Erickson als »unconscious mind« bezeichnet haben (Schmidt, 2017, S. 72 f.).

Metaphern

Den Geschichten, Anekdoten oder Bilder ähnlich können Metaphern dazu verwendet werden, eigenständige Imaginations- und Fokussierungsprozesse beim Kunden anzuregen (vgl. Schmidt, 2017, S. 49, 69). Die Kundin kann dazu angeregt werden, Metaphern selber (weiter) zu entwickeln und z. B. aus einer Problem- eine Lösungsmetapher zu gestalten (vgl. Radatz, 2000, S. 226 f.). Der Coach kann Metaphern seinerseits dazu verwenden, der Kundin eine Rückmeldung in analoger Form zu geben. Damit soll auch wieder mit der Sprache des limbischen Systems der Bereich der unwillkürlichen Prozesse angeregt werden, um so andere Arten der Aufmerksamkeitsfokussierung zu stimulieren (vgl. Reichel & Rabenstein, 2001, S. 134; Vogelauer, 2004, S. 140 f.).

Metakommunikation

Die Metakommunikation gehört insofern zur professionellen Beratung, dass die Coachin von Zeit zu Zeit mit dem Kunden darüber reflektiert, was in der Beratung geschieht, um daraus Schlüsse für das weitere Vorgehen zu ziehen. Die Metakommunikation kann innerhalb eines Themas geschehen: Dabei lädt die Coachin den Kunden dazu ein, gemeinsam das Thema zu verlassen und auf die »Szene« zu blicken: »Wenn Sie von außen beobachten, was da gerade lief, wie Sie dasaßen und gesprochen haben: Was kommt Ihnen da in den Sinn? Was bedeutet das für Sie?« oder »Was denken Sie, könnte dieser Person guttun?«

Die Metakommunikation kann sich aber auch im Sinn einer Zwischenbilanz auf die Beratung beziehen: Schmidt (2017, S. 99 f.) wendet diese typischerweise etwa dann an, wenn der Kunde im »Problem Talk« bleiben will, auch wenn die Coachin ihn mit einer Begründung dazu einladen wollte, zum »Solution Talk« überzugehen. In der Zwischenbilanz prüft die Coachin jeweils, ob die gewünschte Gesprächsführung eher hilfreiche oder problemverstärkende Effekte hatte. Damit unterstützt sie, dass der Kunde eine Metaposition für den eigenen Prozess aufbaut, was ihm bereits helfen kann, eine hilfreiche Distanz und damit mehr Chancen für alternative Wahlmöglichkeiten aufzubauen (ebd., S. 99 f.). Für die Metakommunikation über die Beratung eignen sich viele Fragen aus der systemisch-lösungsorientierten Beratung (z. B. hypothetische Fragen, Skalierungsfragen).

Musterveränderung

Wenn es bei den Interventionen darum geht, Verhaltensmuster oder die Bedeutungen davon zu verändern, dann besteht ein wichtiger Teil im Coaching darin, die Muster möglichst detailliert herauszuarbeiten und dann zu schauen, durch welche (möglichst kleinen, bearbeitbaren) Schritte eine Veränderung in Richtung der gewünschten Lösung herbeigeführt

werden kann. Dabei wird auch geschaut, welche Teile der Muster hinsichtlich des Ziels erhaltenswert und welche veränderungswürdig sind.
Muster lassen sich z. B. verändern durch (vgl. Radatz, 2000, S. 240 ff.; Schmidt, 2017, S. 114 ff.):

- **Musterunterbrechung.** Dabei werden einzelne Elemente weggelassen. Wenn z. B. in einer Konfliktsituation der Kunde immer wieder sofort auf das Gegenüber im Sinn eines Teufelskreises reagiert, dann kann er dazu eingeladen werden, auf »Schlüsselreize« des Gegenübers mit anderen Mustern zu reagieren.
- **Musterbereicherung.** Wenn automatisierte, immer wieder gleich ablaufende Muster Teil des Problems sind, kann die Kundin eingeladen werden, die alten Muster in Zeitlupe zu rekonstruieren (und damit ins Bewusstsein zu holen). Danach kann vorgeschlagen werden, dass die Person andere Abläufe einfügt, um daraus Suchprozesse in Richtung Lösungsverhalten auszulösen, z. B. als Raucherin die Zigarette zwischen die Finger zu nehmen, die bisher nie beim Rauchen einbezogen waren, dabei jeweils einige tiefe Atemzüge zu nehmen und sich dabei alte Glaubenssätze bewusst vorzusagen, etwa: »Marlboro hat Recht, frische Luft und Freiheit gibt es nur mit diesem Tabak, oder?« (Schmidt, 2017, S. 114 f.)
- **Kombination von Problem- und Lösungsmustern.** Besonders wenn ein Problemmuster schon lange besteht, haben die dazugehörenden Elemente gewissermaßen einen »Wettbewerbsvorteil« gegenüber neuen Mustern im Lösungsverhalten. Statt alle alten Muster vermeiden zu wollen, sind daher »Kombinationsrituale« einzuführen. Dabei werden typische Elemente des Problemmusters (z. B. bestimmte Körperkoordinationen wie das tiefe Einatmen im letzten Beispiel) mit den hilfreicheren Elementen vom Lösungsmuster verknüpft (ebd., S. 117). Wenn jemand zum Beispiel weiche Knie bekommt bei der Begegnung mit einer bestimmten Person (Problemmuster), so nutzt er dieses Körpererleben als »Startelement« für das zuvor herausgearbeitete Lösungsmuster (z. B. tiefes Atmen und gerades Rückgrat).
- **»Verrühren von Sequenzen«.** Hier geht es in erster Linie darum, die Reihenfolge der in einem festgefahrenen Problemverhalten meist starren (fast rituell ablaufenden) Muster zu verändern. Auch dazu müssen

aber die einzelnen Elemente zuerst herausgearbeitet und identifiziert werden (ebd., S. 117f.). Wenn jemand zum Beispiel weniger Süßigkeiten essen will, wird das Muster zuerst studiert: Das Ritual besteht etwa darin, jeweils kurz nach dem Anschalten des Fernsehgerätes zur Süßigkeitsbox zu gehen, sich danach mehrere Stückchen Schokolade zu gönnen, am Schluss das Verpackungsmaterial zu entsorgen und sich über sich zu ärgern, schon wieder zu viel Schokolade gegessen zu haben. Beim Verrühren der Sequenzen kommt zum Beispiel das Ärgern über sich selbst an erster Stelle, dann das Entsorgen der Verpackung und dann kämen die Schokoladestückchen und am Schluss das Anschalten des Fernsehgerätes. Wenn die Reihenfolge der im Problemmuster auftretenden Elemente geändert wird, dann wird gewissermaßen der »Automatismus« gestoppt und ein hilfreiches Lösungsmuster hat größere Chancen, Oberhand zu gewinnen.

- **Kundin als Regisseurin.** Die Problemmuster werden wie für ein Drehbuch herausgearbeitet und die Kundin in der Rolle der Regisseurin dazu aufgefordert, das Drehbuch so umzuschreiben und an den wichtigsten »Schrauben« zu drehen, dass am Schluss das gewünschte Ende herauskommt (Radatz, 2000, S. 246f.).

Panoramaarbeit

Mit der Panoramatechnik kann die Coachin den Kunden zu einem bestimmten Thema seine persönliche Lerngeschichte in Bildern erleben lassen. Durch das Panorama können wiederkehrende Muster und Strukturen erkannt und zum betreffenden Thema sowohl Fähigkeiten und Ressourcen, aber auch ungelöste, unverarbeitete Erfahrungen (wieder) entdeckt werden. Dies fördert auch das Verständnis der eigenen Identität zum entsprechenden Aspekt und ermöglicht eine vertiefte Auseinandersetzung mit den dazugehörenden Einstellungen und Werthaltungen. Mögliche Fokussierungen in der Panoramaarbeit im Coaching können sein:

- **Führungspanorama.** Erfahrungen mit Führung, Autorität und Macht
- **Arbeitspanorama.** Erfahrungen mit zentralen Aspekten rund um Arbeit: (De-)Motivation, Flow-Erleben usw.

- **Konfliktpanorama.** Erfahrungen mit konstruktiven bzw. destruktiven Mustern im Umgang mit Konflikten. Für die Panoramaarbeit sollte man genügend Zeit (ca. 1,5 bis 2 Stunden) und einen passenden Raum einplanen. Der Ablauf erfolgt in drei Schritten:
  1. **Panorama anleiten:** Die Besinnungsanleitung fokussiert in der Regel auf die Fragestellung einige Stationen rückwärtsgehend vom heute aus bis zum ersten »Schlüsselerlebnis«.
  2. **Aufschreiben, malen oder erzählen lassen:** Es ist besonders darauf zu achten, ob es wiederkehrende Muster, Themen gibt.
  3. **Gemeinsam auswerten:** Zuerst die Kundin schildern lassen, was ihr auffällt, danach fragt die Beraterin nach, und am Ende gibt sie eine Rückmeldung auf die Ausführungen. Diese ursprünglich aus der Therapie stammende Methode sollte nur dann eingesetzt werden, wenn die Kundin eine »vertiefende« Bearbeitung des Themas wünscht. Zudem sollte die Coachin über genügend Erfahrungshintergrund verfügen, um die Kundin bei »schwierigen« Themen angemessen begleiten zu können (vgl. Fischer-Epe, 2002, S. 167 ff.; Reichel u. Rabenstein, 2001, S. 149).

Potenzialtransformation

Bei der Potenzialtransformation geht es darum, das Muster eines Verhaltens oder einer Fähigkeit, die der Kunde offensichtlich sehr gut kann, auf die als problematisch geschilderte Situation zu übertragen, um diese unter Anwendung des gleichen Musters zu lösen. Nach dem Formulieren des Anliegens erfolgen die Schritte in drei Abschnitten (1–3: Lösungsfokussierung; 4–5: Lösungsgestaltung; 6: Maßnahmenbildung):

1. Der Kunde wird nach einem Verhalten gefragt, das er sehr gut beherrscht (sei es im Beruf oder Hobby, z. B. Skifahren, Tanzen, Computertabellen erstellen).
2. Darauf schildert er die wichtigsten Punkte, die er beachten muss, wenn er die Tätigkeit ausführt: »Es kommt dabei besonders darauf an, dass ...«

3. Der Coach wiederholt die Kriterien, die dem Kunden in dieser Tätigkeit besonders wichtig erscheinen (z. B. Lockerungsübungen vor dem Skifahren, eine passende Piste aussuchen).
4. Nun werden die Kriterien der »gekonnten« Tätigkeit auf die Problemsituation übertragen: »Was bedeutet dies übertragen auf die in Ihrem Anliegen beschriebene Situation (z. B. Lockerungsübung vor dem Start)?«
5. »Angenommen, Sie würden all die genannten Kriterien auf Ihre Problemsituation übertragen und darauf achten, dass Sie diese auch befolgen: Was wären die Folgen?«
6. Der Kunde schildert abschließend, welche Muster er wie aus dem bekannten Tätigkeitsbereich auf die Problemsituation anwenden wird.

Diese von Gunther Schmidt entwickelte und bei Radatz (2000, S. 234 f.) beschriebene Technik eignet sich besonders dann, wenn der Kunde große Schwierigkeiten zeigt, Lösungsmöglichkeiten zu einem bestimmten Anliegen zu entwickeln, und sich Übertragungen aus bekannten Mustern ableiten lassen.

Problemlösungsstruktur beschreiben und verändern

Mit dieser aus der Strukturaufstellungsarbeit (vgl. Varga von Kibéd & Sparrer, 2002) abgeleiteten Form der Problembearbeitung werden wesentliche Schritte und Aspekte einer »Problemstruktur« sichtbar gemacht und als Positionen im Raum aufstellbar (u. a. als Kärtchen am Tisch oder mit Markierungen, Stühlen). Die Problemlösungsaspekte beinhalten folgende Punkte:

- mein Fokus (Ist es mein Anliegen, wer hat das Problem?)
- mein Ziel, meine Richtung
- drei Hindernisse
- zwei ungenutzte Ressourcen
- verdeckter Gewinn durch das Weiterbestehen des Problems
- meine künftige Aufgabe nach der Lösung des Problems

Zu jedem Aspekt beantwortet der Kunde in der angegebenen Reihenfolge die dazugehörenden Fragen und platziert die beschriebenen Kärtchen auf dem Tisch bzw. verteilt sie im Raum. Anschließend verschiebt der Kunde die Markierungen und gruppiert sie um. Dazu kann er sich in jede Position begeben und somit aus unterschiedlichen Perspektiven daran arbeiten, bis sich eine Klärung ergibt oder sogar eine Lösung abzeichnet (vgl. Reichel & Rabenstein, 2001, S. 160f.).

Problemlösungsgymnastik

Mit dieser Intervention betont Schmidt (2017, S. 74f.), welch wichtige Bedeutung der Körperkoordination bei der Veränderung von Erlebnismustern zukommt:

> »Die Körperkoordination wirkt offenbar als starker Attraktor im Erlebnismuster, sie zieht sozusagen die anderen unwillkürlichen Musterelemente nach sich. Man kann ohne Abstriche sagen: ›So wie man geht, geht es einem …‹ Obwohl es sich zunächst nur um ein So-tun-als-ob handelt: Wenn man während eines Symptomerlebens die als zieldienlich erlebte Körperkoordination einnimmt, bewirkt sie nach relativ kurzer Zeit meist schon eine tatsächlich sehr zieldienliche Umschaltung.«

Neben dem »So-tun-als-ob« (als ob das Lösungsverhalten bereits möglich sei) lädt der Berater den Kunden auch umgekehrt dazu ein, willkürlich einmal die Körperkoordination einzunehmen, die sonst unwillkürlich mit dem Problemerleben einhergeht. Für die »Problemlösungsgymnastik« lässt der Berater den Kunden die Bewegung von einer Körperkoordination in die andere vollziehen. Damit lernt der Kunde gezielt und schnell, das Problemmuster zu bemerken und zu beeinflussen sowie ein neues Transfermuster als Hilfe aufzubauen, um die bisherige Dissoziation zwischen Problemmuster und hilfreichen Lösungskompetenzen aufzulösen (Schmidt, 2017, S. 75).

Rangierbahnhof

Diese Methode eignet sich besonders bei Fragen, wie die Kundin mit der Fülle aktueller Aufgaben und Rollen und der damit verbundenen Mehrfachbelastung umgehen soll: Die Kundin schreibt jede Aufgabe auf ein Kärtchen. Dann breitet die die Zettel vor sich auf einem Tisch aus und legt sie in zwei Schritten aus:

1. **Nach Energieaufwand.** Aufgaben, die viel Energie oder Anstrengung benötigen, legt die Kundin nah zu sich hin, die anderen weiter weg nach absteigendem Aufwand. Dann betrachtet sie das Bild und nimmt die Stimmung auf, die das Bild auslöst.
2. **Nach Lust oder Spaß.** Aufgaben, die viel Spaß machen, kommen ganz nah, die anderen in absteigender Reihenfolge weiter weg. Nach erneuter Betrachtung des Bilds kann die Kundin auch nochmals das erste Bild erstellen und die Veränderung spüren.

Je nachdem kann auch noch das Kriterium Zeitaufwand eingeführt werden. Im Gespräch mit der Kundin achtet der Coach auf die Gesamtstimmung der Kundin. Wenn die Klientin in der Lage ist, wenige Zettel zu verschieben, um die Aufgabenverteilung der Lust realistisch etwas anzunähern, dann ist das Thema in einem Coaching eher bearbeitbar, als wenn die Kundin alle Änderungen mit »Ja, aber ...« zurückweist (vgl. Reichel & Rabenstein, 2001, S. 170f.).

Ratschläge, Vorschläge

Auch wenn in der Prozessberatung die Coachin in der Regel keine Lösungsvorschläge liefert (vgl. Rauen, 2003, S. 3), so führt Schmidt an (2000, S. 19ff.; 2017, S. 73), dass Kunden verständlicherweise manchmal den Wunsch haben, Ratschläge zu bekommen, besonders wenn sie selbst keine Lösungswege für ihr Problem sehen. Damit befindet sich die Coachin in einer »massiven Zwickmühle« (Schmidt, 2000, S. 19): Wenn sie dem Wunsch des Kunden nachkommt, so suggeriert sie ihm möglicherweise damit, dass die Lösungskompetenz eher bei der Coachin liegt, und damit würde das Problemmuster des Kunden vielleicht sogar noch verstärkt. Würde die Coachin den Wunsch andererseits ablehnen, so fühlt sich der Kunde möglicherweise nicht gewürdigt und ernst genommen. Ähnlich wie bei den Hypothesen sieht Schmidt deshalb die Möglichkeit, als »Realitätenkellner« dem Kunden durchaus würdigend dem Wunsch nach Ratschlägen auch nachzukommen (ebd., S. 22; 2017, S. 73):

»Denn dann kann ich als Coach zunächst meine große Ambivalenz Ratschlägen gegenüber transparent kommunizieren (es könnte ja wahrgenommen werden, als ob ich der ›Besserwisser‹ wäre und damit den Kunden abwerten wollte), dann dennoch welche geben, aber immer mit der Bitte (und oft auch als Kontraktbedingung), dass aufmerksam vom Kunden und mir auf das innere Feedback geachtet werden muss, welches durch die Ratschläge im Kunden ausgelöst wird. Dieses Feedback ist dann die führende Information, nicht der Ratschlag selbst. Ein solches Vorgehen stärkt sogar das Erleben von Eigenkompetenz beim Kunden und macht den Coach noch ganzheitlicher nutzbar.«

Fokussierendes Reflecting – das Ressourcenrad

Diese nach Brandau und Schüers (1995) für die Gruppensupervision vorgestellte Methode lässt sich auch im Einzelcoaching anwenden: Nach der Schilderung des Anliegens wird der Kunde gebeten, sich in vier unterschiedliche Positionen zu begeben und aus diesen Perspektiven heraus die Situation zu beschreiben und mögliche Lösungsperspektiven zu entwickeln.

- **Aus der Sicht eines Narrens.** Die Situation wird aus einer provokanten, witzigen Perspektive überzeichnet, um das Problems zu karikieren und dadurch neue Perspektiven zu eröffnen, die durchaus auch aus verrückten Lösungen bestehen dürfen.
- **Aus der Sicht eines Weisen.** Die Situation wird aus einer annähernd ganzheitlichen, systemischen Betrachtungsweise geschildert. Wenn möglich werden Widersprüche, Paradoxien und Lösungsperspektiven in eine Geschichte oder Metapher gekleidet.
- **Aus der Sicht des Gerechten.** In erster Linie werden Fragen zur Achtung aller im System wirkenden, vergessenen oder ausgegrenzten Personen bzw. Aspekte gestellt. Dabei soll vor Auswirkungen unreflektierter Wahrnehmungen, Handlungen und Gefahren des Machtmissbrauchs gewarnt werden.
- **Aus der Sicht der guten Geister des Mutes.** Es werden vor allem diejenigen Aspekte betont, welche die Ressourcen und guten Absichten

aller am Problem beteiligten Personen sichtbar machen und daraus Perspektiven für mögliche Lösungen abgeleitet (Lippmann 2013b, S. 154f.).

Rollenanalyse

In Kapitel 3.1.1 wurde das Rollenkonzept als zentrale Grundlage für das Coaching (nicht nur von Führungskräften) ausgeführt (vgl. auch Fischer-Epe, 2002, S. 84ff.; Schreyögg, 2012). Basierend darauf lassen sich sehr viele Anliegen und Fragestellungen einordnen und analysieren, um daraus Lösungsstrategien ableiten zu können. Einige Vorschläge zur Rollenanalyse seien hier kurz mit Hinweisen zur Vertiefung erwähnt. Anhand von Abbildung 3.1 und den danach beschriebenen Aspekten lassen sich viele Fragestellungen zur Rollenanalyse ableiten, insbesondere die Aspekte Rollendefinition, -gestaltung und -durchsetzung. Die Rollenanalyse lässt sich anhand eines Analyse- bzw. Frageschemas vornehmen und kann auch als Vorbereitung für eine Rollenverhandlung mit anderen Rollenträgern dienen (vgl. Eck,1990, S. 217ff.; Rauen, 2004, S. 156ff.).

Mit dem als »Ansprüche« bezeichneten Ritual setzt sich der Kunde mit den zentralen Ansprüchen an ihn als Rollenträger in folgenden Schritten auseinander:

- Ansprüche auf je einen Zettel schreiben,
- im Raum nach Bedeutung platzieren,
- nach »positiven« und »negativen« Qualitäten hinterfragen,
- sortieren nach »Nehme ich an.« oder »Lehne ich ab.«,
- allenfalls derart modifizieren, dass eine Annahme für ihn möglich wird,
- rituelle Vernichtung der abgelehnten Ansprüche mit dem Berater als Zeugen,
- Erlaubnis durch den Coach, manchmal auch hinsichtlich der abgelehnten Ansprüche rückfällig werden zu dürfen (vgl. Reichel & Rabenstein, 2001, S. 49).

Rollengespräch, Rollenwechsel, Rollenspiel

Diese vor allem aus dem Psychodrama und der Gestalttherapie stammenden Methoden eignen sich in den verschiedenen Varianten hauptsächlich dazu, innere Stimmen der Kundin (vgl. innere Konferenz) und/oder äußere Stimmen von Interaktionspartnern im Coaching zu verdeutlichen. Damit lassen sich Situationen deutlicher wahrnehmen, analysieren und Verhaltensweisen für zukünftige Handlungen konkret vorbereiten und einüben. Beispiele können sein:

- **Rollenspiel mit imaginativem Partner.** Die Kundin (Protagonistin) imaginiert ihre Interaktionspartner (Antagonisten) auf einem leeren Stuhl und tritt – in einem mehrfachen Rollenwechsel – mit diesen in eine Beziehung bzw. in einen Dialog (vgl. Schreyögg, 2012).
- **Monodrama.** Die Kundin sucht für jeden Antagonisten einen (symbolischen) Platz im Raum, geht zu jedem hin, nimmt dort innerlich die Rolle und die dazu äußerlich passende Haltung ein und spricht die ihrer Meinung nach wesentlichen Sätze der imaginierten Person. In die »eigene« Rolle geht sie entweder zuerst oder zuletzt. Eventuell ergibt sich ein Dialog, vielleicht genügen aber auch die wesentlichen Grundaussagen, um die wesentlichen Punkte herauszuarbeiten. Der Coach holt dann die Kundin aus der »Szene« und sammelt Eindrücke. Vielleicht ergibt sich daraus eine Idee, wie die Szene durch die Kundin verändert werden könnte (vgl. Reichel & Rabenstein, 2001, S. 79; Schreyögg, 2012, S. 265).
- **Rollengespräch.** Der Coach als »Alter Ego« stellt sich hinter die Kundin (sowohl in ihrer eigenen Rolle wie in der des Gesprächspartners) und »doubelt« sie. Er wiederholt ihre Worte, um Wirkungen deutlich zu machen oder formuliert bei Schwierigkeit der Kundin Sätze als Angebot und fragt nach der Wirkung (Schreyögg, 2012; Vogelauer, 2004, S. 183).
- **Rollenspiel,** bei dem der Coach die Rolle der Kundin übernimmt und die Kundin ihr Gegenüber spielt (vgl. Radatz, 2000, S. 230 f.) oder auch umgekehrt (Coach in der Antagonistenrolle, Kundin spielt sich selbst), je nach Zielsetzung der Intervention.

Seeding

In Anlehnung an die Erickson'sche Hypnotherapie beschreibt Schmidt (2017, S. 70f.) unter »Seeding« (Erleben wird »gesät«) die Art und Weise, wie auf den diversen Sinneskanälen bewusst und unbewusst-unwillkürlich jeweils Aufmerksamkeit fokussiert wird und Assoziationsprozesse gebahnt werden. Deshalb achtet der Berater bei allen Angeboten sehr genau auf die Art der wechselseitig gewählten Sprachmuster. Am Satzbeispiel »Seit wann hat sich offenbar ein Teil in Ihnen entschieden, etwas so zu unterdrücken, dass Sie dies als Depression erleiden?« zeigt Schmidt auf, dass damit auf eigene aktive Prozesse beim Kunden verwiesen werden kann, die dann eher wieder als veränderbar erlebt werden können. Gleichzeitig fokussiert der Satz auf den Bereich des Unwillkürlichen und ermöglicht z.B. die anschließende Frage, welches nicht wahrgenommene Bedürfnis hinter dem Prozess des Unterdrückens stehen könnte.

Systemdarstellungen

Beim Abschnitt Medienwechsel wurde schon erwähnt, dass die analoge Darstellung z.B. von relevanten Systemen, in denen sich der Kunde befindet, vieles zur Problemanalyse und Entwicklung von Lösungen beitragen kann. Deshalb sei hier nochmals kurz auf Möglichkeiten hingewiesen, wie Systeme im Einzelcoaching dargestellt werden können:

- Systemstrukturzeichnung bzw. Beziehungslandkarte,
- Gegenstände wie Münzen, Knöpfe, Gummibärchen,
- Holzfiguren, Systembrett,
- Netzwerkdarstellung,
- systemische Strukturaufstellung, kataleptische Hand.

Vgl. dazu genauer Fischer-Epe (2002, S. 48ff.), Lippmann (2013b, S. 98ff.), Radatz (2000, S. 260f.), Reichel und Rabenstein (2001, S. 193) und Vogelauer (2004, S. 146f.). Hinweise speziell zur Umfeldanalyse finden sich bei Rauen (2004, im Überblick S. 17), speziell zur systemischen Strukturaufstellung mit kataleptischer Hand bei Sparrer (2008, S. 118f.) und Daimler (2008, S. 374ff.).

Tagebuch

Ein Tagebuch zu führen, eignet sich sehr gut auch im Coaching zur Verarbeitung und Transferhilfe von Sitzungen, zur »Psychohygiene« ganz allgemein sowie auch zur Vorbereitung für weitere Coachingstunden (vgl. Reichel & Rabenstein, 2001, S. 195).

Testverfahren

Testverfahren gehören nicht zum methodischen »Grundhandwerk« eines prozessorientierten Beratungsprozesses, wie es das Coaching in der Regel ist. Dennoch kann der Einsatz von Tests bei bestimmten Fragestellungen sinnvoll sein (vgl. Rauen, 2003, S. 74), besonders natürlich bei Laufbahnfragen (Klink, 2013) oder Freistellungen (Nussbaumer, 2013).

Ungewöhnliche Orte

Als »Form des gemeinsamen Gehens für eine Zeit« zählt Barbara Messer (2017) ungewöhnliche Methoden an ungewöhnlichen Orten auf, die sowohl im Coaching wie auch in anderen Kontexten (Training, Workshops) eingesetzt werden können. Genannt werden u. a. in der Natur sein, beispielsweise auf dem Wasser Paddeln, Wandern, Zelten oder Rituale und Methoden wie am Lagerfeuer sitzen, Tagebuch schreiben, WhatsApp-Nachrichten verfassen.

Umdeuten

Im weitesten Sinn geht es in jeder Beratung darum, die Möglichkeiten zu verändern bzw. zu erweitern, wie »Wirklichkeit« erfahren wird. Mit dieser aus der Familientherapie und Hypnotherapie stammenden Methode können der Kundin Angebote anderer Sichtweisen über eine bestimmte

Situation oder ein bestimmtes Verhalten gemacht werden. Oft kommt die Kundin mit einem Problem bzw. Anliegen ins Coaching, und ihr Blick ist schon relativ eng und häufig auch auf das Negative fixiert. Durch die Umdeutung wird die Situation in einen anderen Rahmen gesetzt (»Reframing«) und damit möglicherweise die »innere Landkarte« und die Erfahrung verändert. Werden z. B. bei der »positiven Konnotation« dem Problem bzw. Symptom auch positive Seiten zugeschrieben, so können diese anerkennenden Aspekte den Druck zur Beseitigung vermindern und der Kundin neue Perspektiven eröffnen, wie sie mit einer Situation umgehen kann. Analog zur Methode des inneren Teams geht es also nicht darum, »schlechte« Seiten zu entfernen und zu bekämpfen, sondern die darin enthaltenen positiven Teile anzuerkennen und zu würdigen. Umgekehrt können auch (gerade bei utopischen Zielsetzungen) kritische Fragen dazu führen, die andere Seite der Medaille zu sehen, wenn beispielsweise etwas überhöht in einem positiven Licht geschildert wird (vgl. Fischer-Epe, 2002, S. 64 ff.; Rauen, 2003, S. 79).

Utilisieren

Dieses aus der Erickson'schen Hypnotherapie stammende Konzept geht davon aus, dass der Berater alles, was die Kundin aktuell in die Sitzung mitbringt sowie auch die eigenen Beiträge und das eigene Erleben zur Zielverwirklichung einbindet und nutzt. Wenn z. B. eine Kundin mit dem widersprüchlichen Auftrag in die Beratung kommt, eine bestimmte bisherige Verhaltensweise zu ändern, und dann im Verlauf doch wieder vom Wunsch abrückt, so können solche »Zwickmühlen« transparent metakommuniziert werden und als Suchhilfe für konstruktivere Aufträge utilisiert werden. Die Arbeit mit der »inneren Konferenz« eignet sich dazu sehr gut. Dabei werden Teile von bisherigen (meist nicht erfolgreichen Lösungsversuchen) nicht einfach abgewertet (z. B. eine ängstliche Seite), sondern in die Suche nach »dritten« Lösungen eingebunden (vgl. Rauen, 2003, S. 78; Schmidt, 2017, S. 60 und 2018, S. 92 ff.).

Vertrag mit sich selbst

Als Alternative zu Hausaufgaben (oder Selbstvorhaben, vgl. oben) nennt Vogelauer (2004, S. 186f.) die Selbstvereinbarung als weitere Möglichkeit, Ergebnisse aus der Coachingarbeit zu präzisieren, eventuelle Unklarheiten für die Umsetzung in den Alltag zu verdeutlichen und daraus konkrete Schritte abzuleiten. Das Vorgehen ist vor allem bei Kunden indiziert, die durch Allgemeinplätze, unkonkrete oder sprunghafte Aussagen signalisieren, dass die Umsetzung des Erarbeiteten in den Alltag alles andere als klar ist. Anhand der Fragen zur Selbstvereinbarung

- *Was* will ich erreichen?
- *Wie* werde ich dies tun?
- *Worauf* werde ich achten?

präzisiert der Kunde die Umsetzungsvorhaben. Der Coach kann ihn dabei bei Unklarheiten konfrontieren oder stützen (»Was meinen Sie damit?«, »Wie sieht das konkret aus?«). Sollte der Kunde zwischen Alternativen unentschlossen sein, so kann der Coach dazu auch Entscheidungshilfen (z. B. durch Skalierungsfragen, s. o.) anbieten.

Wenn der Kunde sein Vorhaben notiert, besprochen und hinterfragt hat, kann er die Ergebnisse anhand von drei Aspekten auf die Anwendung in den Alltag hin überprüfen:

1. Vorteile für mich?
2. Einfach umzusetzen?
3. Machbar? Für mich und für andere?

Visions- und Zielarbeit

Visionsarbeit ist im Coaching vor allem dann geeignet, wenn die Kundin z. B. berufliche und/oder private Veränderungen anstrebt und nicht genau weiß, was sie will und wie sie das angehen soll. Als Einstieg eignet sich die Form der »inneren Reise« (s. o.), um auch an Motive und Wünsche der Kundin heranzukommen, die ihr nicht schon bewusst sind. Daraus abgeleitet können konkrete »Leitbilder« bzw. Ziele herausgearbeitet werden, um daraus Entscheidungen für erste Schritte in diese Richtung abzuleiten und Maßnahmen dazu zu planen. Ausführlicher sind diese Schritte u. a. bei Fischer-Epe (2002, S. 161 ff.) und Vogelauer (2004, S. 238 ff.) beschrieben.

Für die Visionsarbeit braucht es genügend Zeit und die Offenheit der Kundin, sich auf diese kreative Arbeitsform einzulassen. Manchmal kann ein aktueller Problemdruck eher hinderlich sein, deshalb ist es vorteilhaft, die Visionsarbeit »präventiv« vorausschauend und nicht »reaktiv« aus der Not heraus anzugehen.

Virtuelles Team

Statt mit dem »inneren Team« kann die Coachin auch anbieten, mit einem virtuellen Team zu arbeiten. Radatz (2000, S. 254 f.) schlägt diese Methode dann vor, wenn der Kunde in schwierigen Situationen häufig allein ohne Sparringpartner ist bzw. wenn er zum Ausdruck bringt, dass er in gewissen Situationen gar nicht weiß, was er tun soll.

Für die Lösungsfokussierung beschreibt Radatz (2000) folgende Schritte:

1. Hypothetische Frage: Wenn der Kunde die Situation bravourös meistern würde, wen hätte er idealerweise als (möglichst unsichtbaren) Sparringpartner bei sich? Und wen noch?
2. Angenommen, diese Personen wären jetzt hier, wo würde x, wo y usw. sitzen? (Für alle genannten Personen Stühle rund um den Kunden anordnen und mit Kärtchen bezeichnen.)
3. Den Kunden fragen, was ihm jede einzelne Person jetzt hier bedeutet.

Für die Lösungsgestaltung und Maßnahmenbearbeitung sind es folgende Schritte:

1. Mit allen durchgehen: Wenn wir Person x fragen würden, was würde sie Ihnen in dieser Situation genau sagen? Und was würde sie Ihnen raten? Was noch?

2. Was nimmt die Kundin aus all diesen Hilfestellungen, Anregungen und Ratschlägen mit?
3. Ausgehend von der eingangs genannten Situation soll der Kunde angeben, welche der anwesenden Personen er mitnimmt.
4. Wo in der Nähe der Kundin sitzt oder steht dann die Person, und woran merkt die Kundin, dass sie da ist?
5. Wie erfährt die Kundin von diesen Personen, was sie wissen muss? Wie kann sie dafür sorgen, dass sie sich dann auch tatsächlich daran erinnert, dass diese Personen da sind?
6. Konkret: Was macht die Kundin nun in der kommenden Situation? Wie schätzt sie auf einer Skala ein, ob sie mit der Unterstützung in der Situation zurechtkommen wird?

Ziele herausarbeiten

Um Ziele mit dem Kunden herauszuarbeiten sind die in Kapitel 3.1.3 genannten Fragen hilfreich. An dieser Stelle soll auf einige methodische Vertiefungen hingewiesen werden, die sich darüber hinaus für die Zielerarbeitung eignen:

- die bei Vogelauer genannten Zielhorizonte, Zielspiralen, Zielorientierungen und Zielpräzisierungen (2004, S. 264 ff.),
- Zielarbeit und Zielinterview (vgl. Reichel & Rabenstein, 2001, S. 221 f.),
- Zwiebelschalenarbeit in der Zieldefinition und Priorisierung von Zielen (vgl. Radatz, 2000, S. 153),
- diverse Methoden zur Zielklärung (vgl. Überblick bei Rauen, 2004, S. 18),
- Zielarbeit mit dem Zürcher Ressourcen Modell (vgl. Meier & Storch, 2013).

Abschließend soll noch einmal betont werden, dass es nicht die Methoden und Techniken sind, welche den Erfolg eines Coachings ausmachen. Die Haltung der Coachin und ihre Fähigkeit, einen wertschätzenden Prozess mit der Kundin auf Augenhöhe zu gestalten, sind vielmehr das Fundament für ein wirksames Coaching.

3 Teamberatung gestalten

Die Beratung von Gruppen und Teams umfasst die Auftragsklärung, Begleitung und Zusammenarbeit mit gleichzeitig mehreren Individuen. Dabei ist die Zusammenarbeit dieser Individuen wiederum durch wechselseitige Beziehungen sowie das jeweils individuelle Erleben und Verhalten beeinflusst und herausgefordert. Das Verhalten im Team ist also durch vielschichtige intra- und interpersonelle Prozesse beeinflusst. Zudem gibt es externe Faktoren, an denen sich ein Team immer wieder neu ausrichten muss. Hierzu gehören Rahmenbedingungen in der Organisation wie auch gesellschaftliche und technologische Entwicklungen, die als Anforderungen, Begrenzungen oder Entwicklungsmotivatoren wirken können. Auf diese Wirkfaktoren wird individuell unterschiedlich reagiert und gleichzeitig sind Teams zu jeder Zeit bestrebt, eine Balance herzustellen.

Für die Begleitung und Steuerung von Teams ist es daher von Bedeutung, mehr über Gruppenprozesse und psychologische Grundannahmen zu Wechselwirkungen in Systemen zu erfahren.

Wie kann Beratung und Führung gezielt Einfluss nehmen und Teams unterstützen, gute Bedingungen für eine gelingende und an Zielen ausgerichtete Zusammenarbeit zu schaffen?

Oft liegt der Schlüssel in der Beratung darin, die Wahrnehmungen und Perspektiven zu verändern und aus neu gewonnenen Erkenntnissen heraus neue erreichbare Ziele und Handlungsoptionen zu definieren. Dieser Prozess der Veränderung und Neuausrichtung wird erst dann möglich, wenn die hinter einem Verhalten stehenden Interessen und Bedürfnisse, bzw. das, was die Ursache für Widerstände in Veränderungsphasen ist, wahrgenommen und anerkannt werden.

In diesem Kapitel werden daher nach einer begrifflichen Unterscheidung von Gruppen und Teams verschiedene Formen bzw. Settings von

Teamberatungen und die Anlässe hierfür beleuchtet. In Anschluss werden relevante Aspekte für die Auftrags- und Rollenklärung in der Arbeit mit Teams und die Einbindung vorgesetzter Instanzen beschrieben. Die Auftrags- und Rollenklärungen sind bereits Elemente der Gestaltung von Beratungsprozessen im Mehrpersonensetting. Wie der Verlauf der Beratung von Teams aussehen kann und worauf insbesondere zu achten wäre, wird anhand von Phasen in der Arbeit mit Teams dargelegt. Nach diesen Ausführungen folgt die Auseinandersetzung mit zwei für die Prozessarbeit mit Teams relevanten Grundannahmen: die Bedeutung des Feedbacks für gruppale dynamische Prozesse sowie die Bedeutung systemischer Ordnungsprinzipien.

Systemische Ordnungsprinzipien können, wie Naturgesetze, als zentrale Entwicklungsbedingungen für Organisationen und Teams angesehen werden. Ihre Nichtbeachtung ist häufig Ursache für Störungen, für Konfliktsituationen oder Misserfolg. Diese systemischen Prinzipien sind als Hintergrundwissen zu verstehen und helfen in der systemisch-lösungsorientierten Arbeit mit Teams. Eine besondere Form der systemisch-lösungsorientierten Prozessberatung von Teams sind systemische Teamstrukturaufstellungen. Zum Ende dieses Kapitels wird für die ausgewählte Prozessberatung beschrieben, worum es sich bei systemischen Strukturaufstellungen handelt und unter welchen Bedingungen Teamaufstellungen möglich sind.

Zum Schluss werden die wichtigsten Aussagen dieses Kapitels zusammengefasst und ein Ausblick auf weitere Entwicklungen für die Teamberatung gegeben.

3.1 Wann reden wir von einer Gruppe, wann von Teams?

Im allgemeinen Sprachgebrauch, aber auch in der Wissenschaft, werden die beiden Arbeitsformen Gruppe und Team nicht immer klar unterschieden. Verbindliche Definitionen fehlen und es gibt eher Annäherungen und Konventionen. Dennoch soll hier ein weiterer Ansatz folgen. Für die praktische Anwendung in der Teamberatung ist das Wissen um die feinen Unterschiede hilfreich für die bewusste Gestaltung unterschiedlicher Settings sowie entsprechender Beratungsprozesse.

Es gibt Zusammensetzungen von Gruppen (z. B. eine Therapiegruppe) und Gruppengrößen wie beispielsweise eine 30-köpfige Abteilung oder ein großes Orchester, bei denen man eindeutig nicht von Teams sprechen würde. Andersherum kann man jedes Team auch als eine Gruppe bezeichnen. Den Begriff Team verbinden wir automatisch mit Zusammengehörigkeit und einer über eine gewisse Zeit dauernden intensiven Zusammenarbeit. Mit dem Begriff Gruppe verbinden wir dagegen viele verschiedene Vorstellungen von Größe, Dauer, Zusammensetzung und Kontext. Zusätzlich hat sich das Begriffsverständnis von Teams in vielen Organisationen gewandelt und häufig sind implizit sich selbststeuernde oder auch sogenannte agile Teams, mit neuen Rollenbildern und Erwartungen an die Führung wie auch die Beratung, gemeint. Auf die wesentlichen Merkmale soll daher nachfolgend eingegangen werden.

Teams

Teams sind kleine effektive, hierarchische und funktionsgegliederte Gruppen mit einer Leitung und mit intensiven wechselseitigen Beziehungen, die sowohl innerhalb einer Organisationseinheit wie auch bereichsübergreifend eingesetzt sein können. »Ihnen wird im Vergleich zur Gruppe eine noch stärkere Kohäsion oder eine besser funktionierende Kooperation unterstellt« (Antoni, 2004; zit. in Eberhard, 2013, S. 8). Katzenbach und Smith (2005) sehen in »echten Teams«, in denen die Rollen stark aufeinander bezogen sind, die gegenseitige Verantwortung für die Ergebnisse. Die Teammitglieder pflegen sowohl den direkten Austausch als auch die sozialen Beziehungen im Team.

> »Wir sind der Überzeugung, dass das Team – das echte Team, nicht einfach eine Gruppe, die vom Management »Team« genannt wird – die grundlegende Leistungseinheit für die meisten Organisationen sein sollte, unabhängig von der Größe. In jeder Situation, die das Echtzeit-Zusammenwirken vielfacher Fertig-

keiten, Erfahrungen und Beurteilungen erfordert, erbringt ein Team unweigerlich bessere Resultate als eine Gruppe von Einzelpersonen...« (S. 32).

Eine besondere Form von Teams sind nach Katzenbach und Smith (ebd.) sogenannte Hochleistungsteams, die sich durch eine auffallend hohe Intensität der Teamarbeit auszeichnen, eine weitreichende gemeinsame Verpflichtung über die vorgegebenen Leistungsziele hinaus und ein gegenseitiges Interesse an der persönlichen Entwicklung der anderen Teammitglieder sowie am Erfolg.

Teammitglieder von Hochleistungsteams konzentrieren alle Kräfte darauf, die gemeinsamen Ziele zu erreichen. Ihre Kennzeichen sind dabei auch: Energie, Konzentration, Perfektion, Erfolgsorientierung, Vertrauen, Erfolg, Spaß sowie Unterstützung der Hierarchie in ihrer Reaktionsfähigkeit (Katzenbach & Smith, 2005; S. 32 ff.).

Selbstorganisierte Teams

Die Beschreibung der Eigenschaften von Hochleistungsteams treffen auch auf sich selbst steuernde (auch *agile*) Teams zu. Diese selbstorganisierten Teams verfügen über einen hohen Grad an Autonomie und sind in der Regel interdisziplinär zusammengestellt.

Ihnen wird zugetraut, den aktuellen Herausforderungen einer komplexeren und unübersichtlichen Umwelt gewachsen zu sein. Dazu müssen sie ihre internen Kommunikations- und Kooperationsprozesse neu gestalten und es erfordert von der Organisation eine veränderte Rahmensetzung (Geramanis, 2018, S. 4).

Je weniger gemessen und kontrolliert wird, desto mehr wird Spontaneität, Kreativität, Natürlichkeit, Individualität und freier Ideenfluss möglich. Doch auch selbstorganisierte Teams brauchen eine Führung, die jedoch für einen gewissen Zeitraum oder situativ selbstgewählt sein kann. Selbstorganisation bringt ein neues Führungsverständnis im Team hervor; dieses fokussiert auf das Führungsverhalten und nicht auf die Führungsperson (Gloger & Roesner, 2014; zit. in Neumann, 2019, S. 25). Wie Geramanis (2018) weiter ausführt, geht es darum, »Teams zuzugestehen, dass sie lernen, Entscheidungen zu treffen und eine Kultur zu entwickeln, in der sie ebenso aktiv in der Praxis handeln, wie sie sich selbst dabei beobachten und reflektieren, in welcher Situation sie gerade sind« (S. 7). Feedback- und Reviewprozesse kennzeichnen die Zusammenarbeit dieser Teams, die auf diese Art reifen und sich selbst organisieren. Dabei wird eine kollektive Verantwortung herausgebildet. Die Organisation kann durch den Verzicht auf »Organisieren« und »command and control« diese Entwicklung unterstützen und in eine kreativere und innovative Entwicklung neuer Strukturen und Prozesse investieren. Das erfordert in Organisationen eine intensive Auseinandersetzung mit diesem neuen Führungsverhalten. Selbstorganisierende, partizipative Ansätze in Unternehmen erfordern und ermöglichen eine systemische Form von Organisation und Management. »Selbstorganisation bildet Ordnung aus Chaos« ist verkürzt ein Ordnungsprinzip, das eine zentrale Säule des systemischen Beratungsansatzes darstellt (Sattelberger, 2015; zit. in Hänsel, 2015). Zu dieser Arbeitsweise gibt es die Konzepte und Erfahrungen aus der gruppendynamischen Forschung, die in Kapitel 3.6 näher betrachtet werden.

3.2 Formen der Teamberatung

Die Beratung von Teams umfasst alle Maßnahmen der Klärungshilfe in Hinblick auf jedes beliebige Thema, bei denen mehrere Personen gleichzeitig beraten werden. Sie ist als prozessorientierte und professionelle Begleitung von Lern-, Veränderungs- und Entwicklungsprozessen im Arbeits- und Berufsfeld zu sehen.

In den 1960er- und 70er-Jahren wurden Gruppen und Teams zunächst im Umfeld von sozialer Arbeit, Familie und Schule sowie bei der Arbeit von Ärztinnen mit Patienten als Orte des gemeinsamen Lernens, der eigenen professionellen Entwicklung und der Beratung entdeckt (vgl. Eberhardt, 2013). Diese Tätigkeitsfelder zeichnen sich nach wie vor dadurch aus, dass die dort beschäftigten und involvierten Personen Tätigkeiten mit hoher psychischer Belastung ausführen. Es geht darum, die Arbeitssituation, -organisation und -atmosphäre zu optimieren, aber auch aufgabenspezifische Kompetenzen einzelner Rollenträger zu verbessern.

Gruppen- und Teamsupervisionen wurden in viele Berufsfelder übernommen und auch im Businesskontext angewendet, wo eher von *Teamcoaching* gesprochen wird.

Teamsupervision, Teamcoaching, Teamentwicklung

Die Begriffe *Teamcoaching* und *Teamsupervision* werden nach Lippmann (2013a) mittlerweile fast identisch verwendet; ihre Unterscheidung ist nicht evident.

Dominierten in Teams aus Helferberufen thematisch eher die Fallbesprechungen, so haben Fragen der Prozessoptimierung, Verbesserung der Kommunikation und Ausrichtung an Zielen auch in diesen Kontexten zugenommen. Dies hängt vermutlich mit der zunehmenden Ausrichtung auf Wettbewerb und Leistungsorientierung zusammen. So gibt es weniger inhaltliche Unterscheidungsmerkmale zwischen Teamsupervisionen in Non-Profit-Organisationen oder Teamcoachings in Wirtschaftsunternehmen.

Im Folgenden wird der Begriff des Teamcoaching synonym zu Teamsupervision verwendet. Gemeint ist die Beratung von Teams, die als institutionalisierte Subsysteme einer Organisation dauerhaft oder für eine bestimmte Zeit (Projektteams) gemeinsame Aufgaben und Ziele verfolgen. Deshalb richtet sich ein Teamcoaching auch nach diesen Zielen aus. Gründe für Teamcoaching liegen häufig darin, dass die Teamziele nicht mehr oder noch nicht genügend klar sind oder aus anderen Gründen in ungenügendem Maß erreicht werden. Wenn es also darum geht, die Zusammenarbeit in einem Team zu unterstützen und zu verbessern, geschieht dies jeweils vor dem Hintergrund seiner optimalen Zielerfüllung.

Teamcoachings, in denen kollektive Probleme bzw. Fragestellungen bearbeiten werden, werden in der Literatur zu Organisationsentwicklung auch mit den Begriffen »Teamentwicklungstraining« oder »Teambuilding« benannt (Comelli, 2012). Bei Teamentwicklungen handelt es sich um langfristige Klärungs- und Entwicklungsprozesse, in denen ein Teamcoaching oder ein Teamentwicklungstraining jeweils eine Teilmaßnahme der Teamentwicklung sein kann.

Für die Auseinandersetzung mit individuellen oder interaktiven Krisen sind Teamentwicklungen nach Schreyögg (2012) weniger und insbesondere dann nicht geeignet, wenn die Teilnehmenden einen Gesichtsverlust vor ihren Kolleginnen befürchten. Bei der Bearbeitung von Beziehungskrisen könnten sie leicht ihre Kooperationsbasis als gefährdet sehen. Dabei könnte gerade dieser Rahmen das Optimum darstellen, wenn ein Team sich neu etablieren will, wenn es kollektive Krisen meistern muss oder neue Lernmöglichkeiten mobilisieren will (ebd., S. 242). Daher kommt der Auftragsklärung und dem Aushandeln sozialer Kontrakte (mehr hierzu in ▶ Kap. 3.4.1) im Team eine besondere Bedeutung zu. Hierüber kann es gelingen, die Teammitglieder für eine Teamentwicklung zu gewinnen, die anspruchsvolle Auseinandersetzungen und interaktive Lernprozesse ermöglicht.

Bei einer organisatorischen Einbettung der Lernprozesse entstehen darüber hinaus Chancen für das organisationale Lernen. Nach Eberhardt (2013) entsteht organisationales Lernen, »wenn Teams verschiedene Perspektiven diskutieren, Sichtweisen aus verschiedenen Abteilungen oder Disziplinen im Team zusammenkommen und diese neuen gemeinsamen Sichtweisen und das im Team erzeugte Wissen im Unternehmen weitergegeben wird, unabhängig von der Person und vom Team.« (S. 14).

Konkrete Anlässe für Teamentwicklungen sind beispielsweise nach Lippmann (2013a, S. 92):

- Starthilfe: Ausrichtung auf gemeinsame Ziele und Bildung entsprechender Strukturen im Team
- Aufgaben- und Rollenteilung bzw. Rollenklärungen im Team
- (Weiter-)Entwicklung einer guten Zusammenarbeit und Kommunikation
- Unterstützung im konstruktiven Umgang mit Problemen und Konflikten
- Unterstützung bei Veränderungsprozessen, die sich als Konsequenzen von veränderten Umweltbedingungen (innerhalb wie außerhalb der Organisation) ergeben können
- Qualitätsverbesserung und -sicherung im Team
- Verbesserung der Zusammenarbeit mit anderen Systemen in der Organisation

Besonderheiten bei der Beratung von sich selbstorganisierten Teams

In der Regel verfügen selbstorganisierte Teams bereits über Zeremonien und Rituale, die die Integration des Lernens in den Alltag fördern. Sie sind es gewohnt, in regelmäßigen Teambesprechungen Retrospektiven durchzuführen und ihre Arbeitsprozesse wie auch ihre Zusammenarbeit (Werte, Spielregeln, Prinzipien der Zusammenarbeit) zu reflektieren und sich gegenseitig Feedback zu geben. Diese Zeremonien und Rituale können ebenfalls für das organisationale Lernen genutzt werden. In der Teamentwicklung leisten alle Teammitglieder einen eigenverantwortlichen Beitrag und das Team trägt die Gesamtverantwortung. Dies ist in der Zusammenarbeit mit derart »reifen« Teams und in der Auftragsklärung von Bedeutung.

3.3 Auftrags- und Rollenklärung

Eine Teamberatung beginnt mit der Wahrnehmung des Beratungsbedarfs. Das Team selbst oder die Teamleitung erhoffen sich durch die Kompetenz einer Beratungsperson eine wirksame Unterstützung zur Bearbeitung von Themen, die sie mit eigenen Ressourcen nicht zielführend in der gewünschten Weise bearbeiten können. Oder sie möchten sich für Zukunftsanforderungen wappnen und diesen Entwicklungsschritt mit bestmöglicher professioneller Begleitung angehen. Damit beginnt die Suche und Kontaktaufnahme zu einer Beratungsperson, einer internen oder externen Beraterin, oder einer Beratungsorganisation. Beratungsdienstleistungen sind ein Empfehlungsgeschäft und der Kontakt kommt in der Regel über das Human Ressource Management oder die Vermittlung durch –ehemalige – Kunden zustande. Gelegentlich werden Kunden auch durch eine kompetenzvermittelnde Marktpositionierung beispielsweise über einen adäquaten Internetauftritt angesprochen.

Von der Kontaktaufnahme über die Vorgespräche bis zur Klärung eines geeigneten Formats begibt sich die Beraterin in die Rolle der Expertin für Beratung (u. a. van Kaldenkerken, 2014, S. 83). Sie orientiert sich an einem diagnostischen Modell und unterstützt die Kunden dabei, schon mit der ersten Kontaktaufnahme beginnend, ihr Anliegen, ihre Zielsetzungen und ihre Erwartungen an die Beraterin zu klären.

3.3.1 Auftragsklärung als Prozess

Die Auftragsklärung kann bis zur Ausformulierung eines schriftlichen Kontrakts mehrere Prozessschritte mit mehreren Beteiligten umfassen. Darüber hinaus kann sich auch nach der formalen Vereinbarung in der konkreten Ausgestaltung der Zusammenarbeit mit dem Team die Auftragsklärung fortsetzen. Schreyögg (2012, S. 358) nennt dieses Aushandeln von Situationsdefinitionen »einen festen Bestandteil des gesamten Coaching-Prozesses« und bezeichnet die Aushandlungsprozesse als soziale Kontrakte. Im Verlauf einer Beratung kann dies auch dazu führen, dass formale Kontrakte wieder neu ausgehandelt und angepasst werden. Der Auftragsklärungsprozess beginnt mit diagnostischen Erstgesprächen und ist bereits eine Intervention, die das Beratungs- und das Kundensystem unterstützt, zu klären, worum es geht. Welche Erwartungen sind mit dem Auftrag verbunden und welche Ziele werden angestrebt? Nicht selten verändern sich die Sichtweisen der Beteiligten im Klärungsprozess und dies hat Auswirkungen auf den Umfang, die Gestaltung und die Zielsetzung der Teamberatung. So kann einer Teamentwicklung für ein Team, in dem es Spannungen und unklare Kompetenzregelungen gibt, ein Coaching der Führungskraft vorangestellt werden. Dies beispielsweise dann, wenn sich in den Vorgesprächen gezeigt hat, dass die Führungskraft nicht klar kommuniziert oder sie sich der Wirkung ihres Verhaltens nicht bewusst ist. Dann geht es vorrangig darum, die Führungskraft in ihrer Rolle zu stärken und ihr zu helfen, mit einer neu gewonnenen Zuversicht in die gemeinsame Auseinandersetzung mit dem Team zu gehen. Damit das vorangestellte oder begleitende Coaching nicht zu einem Gesichtsverlust führt und als Schwäche ausgelegt wird, kann es auch passender sein, vorbereitende oder begleitende Gespräche mit der Führungskraft für die Teamentwicklungsmaßnahme durchzuführen (▶ Kap. 3.3.2).

Sind in der Auftragsklärung mehrere Hierarchieebenen eingebunden, ist auch immer die Frage der Unterstützung durch vorgesetzte Instanzen und deren Zuversicht hinsichtlich der Zielerreichung zu stellen. Wenn beispielsweise eine Abteilungsleiterin einem Teamleiter nicht wirklich zutraut, zielorientiert zu führen, zu delegieren oder das Team stärker zu befähigen, kann der Erfolg der Teamentwicklung wegen fehlender Unterstützung im System ausbleiben. Andersherum kann die Stärkung eines Teams und seiner Teamleitung Auswirkungen auf die Zusammenarbeit mit vorgesetzten Instanzen haben. Diese möglichen Auswirkungen und die Bereitschaft der Auseinandersetzung über die Hierarchien hinweg sollte thematisiert werden.

Der Auftragsklärungsprozess wird durch die Beratenden als neutrale Instanz gestaltet und durchgeführt. Dabei sind auch zeitliche und finanzielle Mittel mit ausschlaggebend dafür, welchen und wie vielen Beteiligten die Möglichkeit geboten wird, ihre jeweiligen Perspektiven einzubringen. Hiervon hängt ebenfalls ab, ob bereits während dieses Prozesses Dialoge und Reflexionen im Team angestoßen werden.

Der Auftragsklärungsprozess besteht aus Interviews, Hypothesenbildung, Reflexion und Empfehlungen. In der systemischen Auftragsklärung geht es nicht nur darum, dass die Beratenden eine zutreffende Diagnose für eine adäquate Prozessgestaltung stellen, sondern alle Beteiligten im Kundensystem sollen angeregt werden, in einen Klärungsprozess zu gehen und Vorstellungen über Vorgehensweisen und Ziele herauszubilden und zu konkretisieren. Entscheidungskriterien für den Umfang einer Teamberatung und den Einbezug von weiteren Personen werden dabei auch der finanzielle und zeitliche Aufwand sein (u. a. Sagebiel, 2012).

Die Beratenden können im Verlauf der Auftragsklärung über ihren Beratungsansatz informieren, Werte und Grundhaltungen abgleichen und erfahren, inwieweit diese für beide Seiten kompatibel sind. Sagebiel (2012, S. 149 ff.) schlägt sechs Schritte der Auftragsklärung vor. Die unten beispielhaft genannten ziel-, lösungs- und ressourcenorientierten Fragen der systemisch-lösungsorientierten Beratung (vgl. auch Lippmann, 2013b, S. 112 ff.) helfen, neue Perspektiven, konkrete Problemdefinitionen und Vorstellungen über den gewünschten Zustand zu gewinnen.

1. Perspektiven der Auftraggeber

Auftraggeber können die Teamleitung, das – selbstorganisierte – Team selbst, deren Vorgesetzte, die Geschäftsleitung und auch die Personalabteilung sein. Für sie können folgende Fragen nach Unterschieden interessant sein:

- Woran würde es der Auftraggeber merken, dass eine – wie auch immer geartete – Maßnahme erfolgreich war?
- Wer würde bei einer erfolgreichen Maßnahme dann was tun?
- Welche Konsequenzen hätte es, wenn alles so bleibt wie es ist?
- Wer würde dann was tun?
- Angenommen, das Team würde seine Leistungsfähigkeit signifikant in die Höhe schrauben – wie beständig könnte dies in der aktuellen Firmenkultur sein?
- Welche neuen Themen tauchen bei beständiger hoher Leistungsfähigkeit – eventuell auch für andere Teams – auf? (Sagebiel, ebd.)

2. Die Beraterin interviewt die Führungskraft des Teams

Als mögliche Fragen für das Erstgespräch mit der Führungskraft oder dem selbstorganisierten Team nennt Sagebiel (ebd.):

- Was sind Ihre Zielvorstellungen bzw. was soll nach einer solchen Maßnahme anders sein?
- Welche Themen sollen behandelt werden, welche nicht?
- Wer würde wann wie reagieren, wenn ich als Beraterin den Auftrag so annehme?
- Was tragen Sie selbst dazu bei, dass es so ist wie es ist? Was haben Sie in der Vergangenheit dazu beigetragen, dass es heute so ist, wie es ist?

- Welche unterschiedlichen Perspektiven auf die Situation kennen Sie? Können Sie die in Ihren Worten beschreiben?
- Was wäre, wenn nichts passiert?
- Sind im Team Ihre Sichtweisen, Prioritäten und Hintergründe bekannt?
- Wie reagieren die Teammitglieder auf Ihre Vorstellungen?
- Welche bisherigen Versuche einer Teamentwicklung in Ihrem Sinne hat es schon gegeben?
- Welche Fähigkeiten und Stärken sehen Sie in diesem Team?
- Woran würden Sie erkennen, dass die Fähigkeit im Team für bessere Ergebnisse steigt?
- Angenommen, ihr Zielzustand wäre erreicht, womit wären Sie dann beschäftigt?
- Woran werden Sie Erfolge erkennen?

3. Die Beraterin interviewt die Mitglieder des Teams

Mit dem Einverständnis der Führungskraft kann die Beraterin mit weiteren Beteiligten in den Dialog treten und sie über Möglichkeiten des Beratungsprozesses informieren sowie ihre Erwartungen abfragen. Je nach Größe des Teams bietet es sich an, möglichst auch in Abstimmung mit dem Team, für das Interview Teamrepräsentanten zu wählen. Eine bevorzugte Möglichkeit wäre, zusätzliche Beraterinnen hinzuzuziehen, um alle Beteiligten zu interviewen. Dies würde auch eine Dokumentation der Informationen und den Austausch über Wahrnehmungen und Hypothesen im Beratersystem unterstützen. Berücksichtigt werden sollten alle Teammitglieder, unabhängig von ihrer Funktion und der Dauer ihrer Teamzugehörigkeit. Die Entscheidungen für die Vorgehensweise sind sorgsam abzuwägen, da die Gespräche bereits Auswirkungen im System haben und das Nichteinbeziehen von Teammitgliedern unerwartete Störungen hervorrufen kann (mehr dazu in ▶ Kap. 3.6.2).

Mögliche Fragestellungen nach Sagebiel (ebd.) für die Teammitglieder:

3 Teamberatung gestalten

- Wie erleben Sie dieses Team?
- Welches Image hat das Team in der Organisation?
- Was läuft gut im Team?
- Was läuft nicht so gut?
- Was fehlt?
- Wie wird Führung erlebt?
- Wie klar und verständlich sind Visionen, Ziele und Strategien?
- Ist die Aufgabenverteilung effizient genug?
- Welche Rollenvielfalt gibt es im Team, und wie flexibel können unterschiedliche Rollen von unterschiedlichen Personen genutzt werden?
- Welche Funktion hat das Team für die Teammitglieder? Welche sollte es haben?
- Für welche Aufgaben und Themen wird überhaupt ein Team gebraucht?
- Was wird als hilfreich wahrgenommen?
- Was wird als störend erlebt?
- Gibt es eine Problemdefinition oder einen konkreten Veränderungswunsch?
- Spielt die Historie des Teams eine Rolle?
- Wie hoch auf einer Skala von 0 bis 10 ist die Bereitschaft bei den Einzelnen zum Lernen zusätzlicher Kooperationsmöglichkeiten?
- Welche Maßnahme wäre aus der Sicht dieser Perspektive hilfreich?

Die Auftragsklärung könnte mit dem Team auch im Rahmen eines Gruppeninterviews erfolgen. Hierbei können noch folgende Prozessfragen hilfreich sein, wenn Antworten nur zögerlich oder gar nicht kommen:

- Wenn wir jetzt auf einem Teamworkshop wären und das Engagement in der Gruppe wäre genauso – wäre das eher typisch oder eher untypisch für das Team?
- Was müssen Beratende tun – oder lassen – um das Schweigen zu verstärken?

- Fehlen Informationen? Ist es beispielsweise unklar, was Vertraulichkeit hier bedeutet?
- Welche anderen Fragen müssten wir stellen, um auf die wirklich relevanten Themen zu kommen?
- Welches Zutrauen gibt es in den Sinn einer solchen Maßnahme?
- Welches Zutrauen gibt es in die Kompetenz der Beratenden?

4. **Interviews mit Kunden, Partnerinnen sowie anderen Abteilungen (nicht immer obligatorisch)**

Wenn andere Unternehmensbereiche oder auch Kunden Einfluss auf die Leistungsfähigkeit des Teams haben, empfiehlt es sich, auch diese Perspektiven einzubeziehen:
Mögliche Fragen für Partnerinnen, Personen aus anderen Unternehmensbereichen, Kunden (Sagebiel, ebd.):

- Wie wird das Team aus diesen Perspektiven wahrgenommen?
- Welche Stärken und Schwächen dieses Teams haben Bedeutung für die Organisation und den Unternehmenserfolg?
- Woran würde aus diesen Perspektiven deutlich werden, dass eine positive Veränderung eingetreten ist?
- Und welche neuen Herausforderungen würden sich dann für das Team ergeben?

5. **Die Beraterin fasst alle Informationen zusammen und meldet das Ergebnis der Vorgespräche zusammen mit einer Empfehlung dem Auftraggeber**

Die Beraterin dokumentiert die Aussagen aller Beteiligten anonymisiert, um die Vertraulichkeit wahren zu können. Dabei bietet sich eine Kategorisierung nach Themenschwerpunkten und Handlungsfeldern oder auch ausgerichtet an Teamdiagnosemodellen an. Die Aussagen werden ausgewertet, Hypothesen gebildet und Hauptthemengebiete benannt. Auf dieser Basis werden Maßnahmen empfohlen und anschließend mit den Auftraggebern diskutiert, um eine Entscheidung über das weitere Vorgehen zu treffen.

6. Gemeinsame Zielformulierung – ist oft schon Bestandteil des nächsten Schrittes

Nach Schmidt (2017) steht die Entwicklung von Zielen im Fokus von Teamentwicklungen: »Der Sinn des Teams, aber auch der Teamentwicklung entsteht aus den Zielen.« (S. 394)

Je nach Anlass und Einbettung der Teamberatung in der Organisation kann es erforderlich und sinnvoll sein, auf mehreren Ebenen Ziele zu formulieren. Beispielsweise können strategische Ziele oder Leitlinien der Organisation den Rahmen und die Ausrichtung für die Teamberatung setzen. Ein Beispiel für ein strategisches Ziel des Unternehmens könnte sein: »Wir binden Mitarbeitende durch attraktive Arbeitsbedingungen und Entwicklungsmöglichkeiten.« Für ein Team, in dem es zuletzt eine hohe Unzufriedenheit und viel Fluktuation gab, könnte dies bedeuten, dass nach Auswertung der Interviewergebnisse oder – in der Regel – im Verlauf eines Teamworkshops mehrere Ziele für das Teamcoaching formuliert werden wie z. B.: »Die Teammitglieder haben eine gemeinsame Vision für das Team entwickelt und sind in der Lage, diese weiterzuentwickeln.« Oder: »Zwischen Teammitgliedern und der Führungskraft sind die gegenseitigen Erwartungen offen ausgesprochen und es gibt einen verbindlichen Modus, sich darüber regelmäßig abzustimmen.« Für die Zielformulierungen auf Teamebene sind die Führungskraft und das Team verantwortlich. Beratende unterstützen hierbei und dies kann für sie bei widersprüchlichen Anforderungen eine große Herausforderung sein. Wenn zum Beispiel ein Teil des Teams zu Veränderungen motiviert werden soll, dieser Teil aber die anderen als Teil des »Problems« sieht, wird die Beraterin vor »Zwickmühle«-Aufträge gestellt (vgl. Schmidt, 2017, S. 401). Dies erhöht die Komplexität und fordert von den Beratenden hohe methodische und soziale Kompetenzen.

Der Verlauf des Auftragsklärungsprozesses und die Einbindung der Beteiligten haben entscheidenden Einfluss auf den Abschluss eines formalen Kontraktes und den sozialen Kontrakt. Im Teamcoaching findet laufend ein komplexer Aushandlungsprozess noch während der Durchführung der Beratung statt, auch wenn es vorher schon persönliche Kontakte und Klärungen gab. Der Erfolg der Teamberatung hängt von gut geklärten Kooperationsbeziehungen und tragfähigen sozialen Kontrakten ab (▶ Kap. 3.4.1).

3.3.2 Rollenklärung zwischen Auftraggebern, Führung, Team und Beraterin

In den 1970er und 1980er Jahren war es selbstverständlich, Teamentwicklungen ohne Einbindung der Führungskräfte durchzuführen. Den Mitarbeitenden sollte Raum und Gelegenheit geboten werden, die Zusammenarbeit ohne Beobachtung durch die Vorgesetzten zu besprechen und sich frei zu äußern. Die Befürchtung, offene und kritische Äußerungen könnten Sanktionen nach sich ziehen, überwogen. Die sich daraus ergebenden Einschränkungen wurden erst nach den Workshops deutlich, wenn die vom Team beschlossenen Maßnahmen bei den Führungskräften auf Widerstand stießen und sich häufig nicht oder nur zum Teil realisieren ließen.

Das Rollenbild »Führungskraft« war eher hierarchisch geprägt und die Rolle der Führungskraft als Teammitglied stand nicht im Vordergrund. In der Zwischenzeit hat sich das Verständnis von Führung und Zusammenarbeit gewandelt. Die Teamleitung wird heute als vorgesetzte Person wie auch als Teammitglied gesehen, ohne das Teamziele und -maßnahmen nicht ausgehandelt werden können. Gleichzeitig steht die Teamleitung im Spannungsfeld zwischen übergeordneten Instanzen, Organisation und Teambedürfnissen.

In Unternehmen mit selbstorganisierten Teams hat sich ein gänzlich neues Führungsverständnis herausgebildet. Dies drückt sich auch in der Bezeichnung durch Begriffe wie »Agile Leaders« oder »Servant Leaders«[1]

---

1 *Servant Leader* ist ein Rollenbegriff nach Greenleaf (2012), der eine neu begrün-

aus. Die Führung im Team wird durch situativ eingesetzte oder auch im Team gewählte Leader mit häufig fachlicher und nicht personeller Verantwortung wahrgenommen. In der neuen *agilen* Welt finden sich eher Matrixstrukturen, in denen die Mitarbeitenden personell und fachlich unterschiedlich zugeordnet werden. Das Hierarchieverständnis ist also nochmals ein anderes. Der Begriff »Führungskraft« ist hier unzutreffend, denn es geht nunmehr nur noch um die jeweilige Rolle. Die Rolle »Servant Leader« kann im Team oder von außen (z. B. durch die Rolle des Agile Coachs) wahrgenommen werden. Ihre Kernaufgabe besteht darin, Teams in ihrer Selbstorganisation und Autonomie effektiv zu unterstützen und anzuleiten.

Die unterschiedlichen im organisationalen Kontext gegebenen Strukturen und Vorstellungen über Verantwortung und Zusammenarbeit haben Einfluss auf die Rollenklärung. Die Aufgabe der Berater ist es daher auch, dafür zu sorgen, dass die Beziehung zwischen den Beteiligten, ob *Führungskraft* oder *Servant Leader* und dem Team durch eine achtsame und rollenbewusste Kommunikation unterstützt und gestärkt wird. Die Aufmerksamkeit sollte jederzeit auf diesen Aspekt der Kooperation mit Auftraggebern, Führung und dem Team gerichtet sein und reflektiert werden.

Werden Beratende als Begleiter wahrgenommen oder werden vorübergehend Führungsaufgaben an sie delegiert? Welche Wirkungen haben ihr Beratungsverständnis und die damit verbundenen Intentionen in das System? Ist eine Zusammenarbeit auf Augenhöhe möglich oder muss diese erst hergestellt werden durch das Aushandeln von Erwartungen? Wenn beispielsweise eine Teamleitung nicht von allen Teammitgliedern akzeptiert wird, geschieht es schnell, dass diese sich an der Beraterin ausrichten und insgeheim sogar hoffen, die Beraterin solle beweisen, dass die Teamleitung ungeeignet sei oder sie möge der Teamleitung wirkungsvoll demonstrieren, »wie man es richtig macht«.

Die Zusammenarbeit muss mit der Führungskraft klar abgesprochen sein. Es ist z. B. zu überlegen, wer was kommuniziert und wie die Team-

---

dete Philosophie der Führung etabliert hat und das Wirken der Führenden als Dienst am Geführten im Gegensatz zum beherrschenden Führen beschreibt.

leitung, beispielsweise durch ein begleitendes Coaching oder durch eine detaillierte Vorbereitung der Prozessschritte und von Workshops, befähigt wird, ihre Rolle wahrzunehmen. Dazu gehört auch, dass die Teamleitung – und im Kontext von sich selbststeuernden Teams das Team – befähigt wird, den durch die Teamberatung angestoßenen Prozess und die Umsetzung von Maßnahmen eigenständig fortzuführen (vgl. Sagebiel, 2012, S. 161). Wie bereits in Kapitel 3.3.1 beschrieben, betont auch Lippmann (2013a, S. 94), dass das Einzelcoaching für die Führungskraft nicht deklariert werden sollte, damit nicht der Eindruck entsteht, dass diese für defizitär gehalten wird. Die Gespräche mit der Führungskraft können stattdessen als hilfreich für den Berater definiert werden, um die Teamberatung in Kooperation mit der Führungskraft besser abstimmen zu können. »Gleichzeitig muss bei dieser Konstellation der Berater besonders darauf achten, dass er nicht (verdeckte) Führungsaufgaben übernimmt« (ebd.).

Demgegenüber ist abzuwägen, ob nicht zur Vermeidung dieser Rollenkomplexität und auch für das Selbstverständnis von Coaching die Bereitschaft der Teamleitung zu persönlicher Weiterentwicklung sowie zur Selbstreflexion kommuniziert werden kann. Durch Offenheit und Transparenz kann dies einen positiven Einfluss auf die Kultur der Zusammenarbeit und die Teamentwicklung nehmen. In dem Fall bietet es sich an, die Zusammenarbeit im Team und das Coaching der Teamleitung durch unterschiedliche Coachs wahrzunehmen. Wobei diese idealerweise miteinander im Austausch sein sollten.

Aus der Perspektive der Teammitglieder stellt sich schnell die Frage, wie die Beraterin zu vorgesetzten Instanzen steht und ob sie deren Interessen vertritt. Hier hilft, die systemische Haltung von Allparteilichkeit, Neugier, Transparenz, Vertraulichkeit und Absichtslosigkeit zu deklarieren und von Beginn an spürbar werden zu lassen. In dieser Hinsicht gibt es einen wesentlichen Unterschied zwischen internen und externen Beratern.

Interne Beratende können in ihrer Grundhaltung ebenfalls diesen Prinzipien folgen. Sie sind jedoch immer Systemmitglieder, die in ihrer Wahrnehmung und ihrem Handeln den Ausrichtungen und Grenzen des Systems Organisation unterliegen. »Er sieht nur das, was er sehen kann, und er versteht nur das, was in der Organisation verstanden wird« (Luhmann, 1990; zit. in Sagebiel, 2012, S. 163).

Zur Vermeidung von Rollenkonfusionen und Beziehungsunklarheiten gibt es für interne Beratende Einschränkungen hinsichtlich der Themen und Arbeitsformen. Aus strukturellen Gegebenheiten könnten immer auch eigene Interessen oder die Loyalität zum Unternehmen berührt sein. Die Teamberatung durch interne Coachs kann dennoch insbesondere dann sinnvoll sein, wenn

- eine enge Verknüpfung mit anderen und weiteren Teamentwicklungsmaßnahmen sinnvoll ist,
- die Teamberatung eine Teilmaßnahme im Rahmen einer umfassenden Organisationsentwicklung ist,
- organisationsspezifisches Know-how sowie Fach- und Feldkompetenz von Nutzen sind,
- organisationsinterne Beratungskompetenz aufgebaut werden soll und ein einheitliches Vorgehen in der Organisation gewünscht ist (Lippmann, 2013a, S. 100).

In der Rolle des externen Beraters kann demgegenüber »die gesamte Spannbreite der beratungsrelevanten Themen abgedeckt werden« (Lippmann, 2013a, S. 96). Die Begleitung durch externe Beratende ist dann besonders sinnvoll, wenn

- eine neutrale sowie unabhängige und unvoreingenommene Beratung zentral ist,
- Know-how-Transfer aus anderen Organisationen oder spezielle Methodenkompetenzen gewünscht sind,
- in besonderem Maße Diskretion gewahrt werden soll (ebd., S. 9).

3.4 Kontrakte (Verträge)

Kontrakte oder auch Verträge sind die wesentliche Grundlage der Beratung. Sie sollen Orientierung geben über Inhalte und Ziele sowie Sicherheit und Klarheit geben über das, worauf man sich einlässt. Auch werden finanzielle, institutionelle und emotionale Aspekte des gemeinsamen Arbeitsbündnisses geregelt. Sie lassen sich in einen formalen und einen *sozialen* (Schreyögg, 2012, S. 352 ff.) oder auch *psychologischen* (Lippmann, 2013a, S. 18) Anteil unterscheiden.

Formale Verträge bilden den rechtlichen Rahmen für ein Beratungsmandat und schaffen eine professionelle Ausgangssituation für die Beratung. Dies gilt auch – oder besonders – für interne Beratende, die in das gleiche Organisationssystem eingebettet sind wie die Kunden. Hier schaffen Kontrakte eine höhere formale Verbindlichkeit (u. a. Schreyögg, 2012, S. 353).

3.4.1 Soziale oder auch psychologische Kontrakte in der Teamberatung

Während formale Kontrakte nach den Vorgesprächen und der Auftragsklärung in der Regel abgeschlossen werden können, finden während des gesamten Beratungsprozesses weitere Aushandlungsprozesse statt, die einen dynamischen Bestandteil von Kontrakten bilden (u. a. Schreyögg, 2012, S. 324; Lippmann, 2013a).

Vieles vollzieht sich unbemerkt und es obliegt der Beraterin, grundlegende Parameter der Beratungssituation einzuführen. Zu den Parametern gehören das Vorstellen des Beratungsverständnisses und der Rolle, evtl. das Eingehen auf ethische Grundpositionen, das Aushandeln von Themen und Zielen, die Einführung von Spielregeln oder auch die Klärung von Grenzen und Tabuzonen. Schreyögg (ebd.) bezeichnet dieses Aushandeln als »Sozialen Kontrakt«; Lippmann (2013a, S. 18) spricht hier von »Psychologischen Verträgen«. Mit Blick darauf, dass bei Teamberatungen immer mit mehreren Personen im Prozess verhandelt werden muss, wird der Begriff der »Sozialen Kontrakte« im Weiteren verwendet.

Schreyögg (ebd.) unterscheidet soziale Kontrakte im Coaching von Gruppen und im Teamcoaching. Da im Gruppencoaching Menschen teilnehmen, die unterschiedliche Themen, Intentionen und Methodenpräferenzen ins Coaching hineintragen können und dabei auch noch aus unterschiedlichen beruflichen Kontexten kommen, stellt dies bereits ein komplexes Interaktionsgeflecht dar. In der Beratung von Teams steht die Beraterin einem komplexen sozialen Gebilde gegenüber, das mehr oder weniger fest gefügte Interaktionsmuster entwickelt hat und in einem spezifischen organisatorischen Kontext eingebettet ist. Hier können sich die sozialen Aushandlungsprozesse als anspruchsvoller erweisen. In der Zusammenarbeit mit dem Team und gerade auch zu Beginn der Beratung sollte die Beraterin deshalb tragfähige soziale Kontrakte unter Beachtung folgender Fragen aushandeln (in Anlehnung an Schreyögg, 2012, S. 360):

- **Wie steht das Team zur Beratung?** Wenn es noch eine gewisse Skepsis über die Teamberatung an sich oder Uneinigkeit über Themen und Zielsetzungen gibt, geht es darum, möglichst einen Konsens zu finden. Dies gelingt eher dann, wenn kritische Sichtweisen benannt und einbezogen oder gewürdigt werden. Beim Aushandeln von Themen und Zielen sollten dabei die realen Bedingungen und Restriktionen hinsichtlich des Gestaltungsspielraumes beachtet und thematisiert werden (vgl. auch das »Prinzip der Nichtleugnung«; ▶ Kap. 3.6.2). Neben einem übergeordneten bzw. vorgegebenen Ziel durch die Auftraggeber (beispielsweise »Prozessoptimierung« oder »Stärkung der Kundenorientierung«) können auch »Nebenziele« der Teammitglieder verfolgt werden wie »Klarheit über Kompetenzen« oder »verbesserte Kommunikation«, wenn diese Zielsetzungen nicht einander entgegenstehen. Häufig dient gerade die Auseinandersetzung mit den Themen, die für die Teammitglieder an oberster Stelle stehen, auch den übergeordneten Zielen.
- **Welche Wünsche und Erwartungen hat das Team an den Coach?** Nicht selten gibt es implizite Erwartungen an den externen Berater. Gerade dann, wenn die strukturellen Bedingungen als einschränkend erlebt werden, Unsicherheiten hinsichtlich der künftigen Positionierung des Teams bestehen oder das Verhalten von vorgesetzten Instanzen als wenig wertschätzend erlebt wird, kann in der Zusammenarbeit mit dem Coach die Sehnsucht entstehen, er möge es richten. Sogenannte »Sehnsuchtsziele« (Schmidt, 2017) sind zu thematisieren und zu verhandeln wie auch das Rollenverständnis des Beraters.

3.4.2 Soziale Kontrakte mit den Auftraggebern bzw. vorgesetzten Instanzen

Neben dem permanenten Aushandeln von Erwartungen zwischen den Teammitgliedern und den Beratenden wäre es in vielen Fällen auch sinnvoll, einen sozialen Kontrakt mit vorgesetzten Instanzen zu ermöglichen. Dies ist vor allem bei Teamberatungen durch externe Beratende relevant, die häufig auf der Basis von Drei- bzw. Vierecksverträgen bestehen (Schreyögg, 2012, S. 357). Grundsätzlich kann davon ausgegangen werden, dass vorgesetzte Instanzen am Gelingen der Teamberatung und damit auch an der Vorgehensweise durch die Beratenden und den Verlauf interessiert sind. Sollten Vorgesetzte den Kontakt zu den Beratenden nicht aktiv suchen, empfiehlt es sich, dass die Beraterin von sich aus die Gesprächsinitiative übernimmt. Da sich im Verlauf der Teamberatung auch neue Entwicklungen ergeben können, kann es sinnvoll sein, den sozialen Kontrakt mit den Vorgesetzten in gewissen Abständen aufzufrischen oder auch zu verändern. Zur Wahrung der Vertraulichkeit sollten jedoch keine Details aus der Beratung übermittelt werden, sondern nur grundlegende Entwicklungen und Aspekte. Außerdem sollten diese Gespräche den Teammitgliedern gegenüber offengelegt werden (ebd., S. 362).

Die beschriebenen sozialen Aushandlungsprozesse finden also nicht nur vor der Durchführung der eigentlichen Teamberatung statt, sondern auch laufend während der Durchführung. Wie diese eingebettet werden können und der Beratungsprozess gestaltet werden kann, wird im folgenden Abschnitt vorgestellt.

3.5 Teamberatungsprozesse gestalten

Wie Schreyögg (2012) treffend formuliert, entfaltet sich in Beratungssituationen mit mehreren Personen ein »komplexes Netz von Interaktionen und ein generell höheres Komplexitätsniveau kommunikativer Akte als in der Einzelberatung« (S. 276). Die Herausforderung für die Beraterin besteht nun darin, nicht nur ihre eigene Gesprächsführung zu steuern, sondern auch die in der Gruppe. In diesem Kontext ist es daher nützlich, den Arbeitsprozess zu strukturieren.

Zur Strukturierung gruppaler Gesprächsverläufe empfiehlt Schreyögg (ebd.) die Orientierung an gruppentherapeutischen Verfahren. Sie verweist auf die sinnvollen Strukturierungsmuster des Psychodramas als klassisches gruppentherapeutisches Verfahren. »Dort werden drei Stadien gruppaler Gesprächsverläufe unterschieden: eine Initialphase, eine Arbeitsphase im eigentlichen Sinn und eine Abschlussphase, in der das Erarbeitete von jedem Einzelnen und der Gesamtgruppe »verdaut« werden kann« (S. 276). Diese Strukturierung lässt auch einen Vergleich mit dem Dreiphasenmodell (Unfreezing, Moving, Freezing of Group Standards) von Kurt Lewin (1890–1947) für die Gestaltung von Veränderungsprozessen zu. Lewin hatte sich mit der Frage befasst, was geschehen muss, damit ein Mensch oder eine Gruppe überhaupt in einen Veränderungsprozess einsteigt. Teamberatungen lassen sich ebenfalls nach diesen drei Phasen gliedern.

Auch sich selbststeuernde Teams nutzen diese Vorgehensweise, um sich weiterzuentwickeln. Obwohl sie primär auf eine evolutionäre Entwicklung fokussieren und in kurzen Reflexionskadenzen arbeiten, findet man die nachfolgend dargestellten Phasen (in Anlehnung an Schreyögg, 2012, S. 276 ff.) auch in ihren Prozessen, Ritualen und Zeremonien.

3.5.1 Die Initialphase

Teamcoaching oder Teamentwicklungsmaßnahmen erzeugen in Teams Spannungen. Die Teammitglieder müssen davon ausgehen, dass gewohnte Abläufe, Handlungen und Reaktionsmuster hinterfragt werden und eventuell aufgegeben werden müssen. Dies erzeugt Irritation, Verunsicherung und Widerstand. Diese Phase kann man nach Lewin mit *Unfreezing* oder *Auftauen* bezeichnen.

Nun geht es darum, das Team auf die gemeinsame Arbeit einzustimmen, die Themen festzulegen und den Ablauf sowie die Bearbeitung der Themen grob vorzustrukturieren. In dieser Phase können auch die Ergebnisse der Einzelrückmeldungen aus etwaigen Vorinterviews eingebracht werden.

3.5 Teamberatungsprozesse gestalten

Die Einstimmung

In der ersten gemeinsamen Sitzung geht es um ein gegenseitiges Kennenlernen. Die Beraterin hat hier die Gelegenheit, sich in einladender Weise persönlich vorzustellen und dann den Teilnehmenden zu ermöglichen, sich mit ihrem beruflichen Hintergrund und ihren Themen kurz darzustellen. Hierfür gibt es verschiedenste unterstützende Methoden, wie der Einsatz von Symbolen oder Bildern, über die sich die Beteiligten mitteilen können und oft mehr von sich preisgeben als in einer herkömmlichen Vorstellungsrunde. Selbst wenn man sich schon vorher in Vorgesprächen getroffen hatte oder die Teilnehmenden sich gut kennen und häufig miteinander kommunizieren, erfahren alle oft mehr bzw. Neues voneinander.

Eine Vorstellungsrunde dient außerdem dazu, der gesamten Veranstaltung eine gewisse Verbindlichkeit zu verleihen. Gleichzeitig werden die Teilnehmenden darauf eingestimmt, sich zuzuhören. Die Beraterin gewinnt Eindrücke von den Teilnehmenden und ihren Präferenzen und kann im weiteren Verlauf hierauf Bezug nehmen.

Folgende Erfahrungswerte sind für die Kommunikation von Teammitgliedern nach Schreyögg (ebd.) beachtenswert. Es könnte sein,

- »dass sie sich im Allgemeinen zurückhaltender äußern bzw. intensivere Formen der Selbstoffenbarung vermeiden;
- dass sie oft festgefahrene Kommunikationsmuster etabliert haben, wie z. B. sich gegenseitig nicht zuzuhören;
- dass sich ihre Fragen oft innerhalb eines eng gesteckten Bereichs bewegen, denn ihnen sind ja meistens kollektiv gebildete Problemformulierungen unterlegt« (Schreyögg, 2012, S. 280).

Die Aufgabe der Beraterin könnte dann darin bestehen, nicht nur zu moderieren, sondern mit geeigneten Interventionen auch dafür zu sorgen, dass neue Kommunikationsmuster herausgebildet werden und eine kollektive Lernerfahrung möglich wird. Beispielhaft sei hier erwähnt, dass für eine Entwicklung der Kommunikationskompetenz im Team erfahrungsgemäß die Befähigung zum Zuhören, zum Formulieren von Ich-Botschaften und zum konstruktiven Feedbackgeben besonders wertvoll sind.

In weiteren gemeinsamen Sitzungen wird jedes Mal aufs Neue nach den Befindlichkeiten und nach aktuellen Themen gefragt. Möglicherweise erfordern aktuelle Ereignisse, vorrangig vor geplanten Inhalten thematisiert zu werden.

Die Themenfindung

Das Thema oder die Themen können bereits aufgrund der Vorgespräche und Zielsetzungen klar vorgegeben sein. Häufig jedoch sind die Zielvorgaben nur über mehrere Prozessschritte und die Bearbeitung verschiedener Themen zu erreichen. Wenn es beispielsweise darum geht, die Kundenorientierung des Teams zu stärken, könnten Themen, die von den Teammitgliedern benannt werden, folgende sein: Umgang mit Reklamationen oder Umgang mit schwierigen Kunden, zeitnahe Informationen über Produktanpassungen, Klärung von Kompetenzen innerhalb des Teams, gegenseitige Unterstützung bei Überlastungen u. v. m. Oft haben Teams auch schon in vorausgegangenen Teamsitzungen die aktuell relevanten Themen ausgehandelt. Andernfalls ist ein Themenfindungsprozess erforderlich.

Fragen nach der Dringlichkeit von Themen oder nach der Praktikabilität helfen, diesen Prozess zu strukturieren. Die Beraterin unterstützt durch Paraphrasieren, konkretisierende Fragen, Visualisieren und mit weiteren geeigneten Moderationstechniken.

Die Grobstrukturierung des Themas

Hier geht es darum, zu erfassen, worum es geht, was zur Auseinandersetzung mit dem Thema bisher unternommen wurde und welche Ziele mit der Thematisierung verbunden werden. Dazu tragen entweder einzelne Mitglieder das Thema vor oder es werden alle gebeten, ihre Sichtweisen darzulegen. Hierbei können schon Kontroversen auftreten, sodass die Beraterin immer wieder bitten muss, dass alle aufmerksam zuhören. Hilfreich ist hier wie auch in allen weiteren Phasen, dass alle Teammitglieder erfahren, dass sie gehört werden, in ihren Anliegen wahrgenommen werden und die unterschiedlichen Perspektiven verstanden wurden. Auf dieser

Grundlage kann die Beraterin das Team darin unterstützen, die kollektiven Perspektiven des Teams zu verbalisieren.

3.5.2 Die Arbeitsphase

In dieser Phase geht es darum, einen unter Umständen längeren Prozess zu begleiten. Die Spannung im Team kann hoch sein und die Aufgabe ist es, die Diskrepanz zwischen dem Ist und dem Soll zu verringern. Die Herausforderung besteht zudem darin, den Prozess so zu moderieren, dass Sichtweisen im Team benannt und subjektive Einschätzungen und Problemdefinitionen offengelegt werden. Dies wird durch die Arbeit z. B. mit kreativen Moderationstechniken, Visualisierungen, der Arbeit mit Bildern, Aufstellungen oder Rollenspielen unterstützt. Jede Form, in der sich die Beteiligten über andere als rein sprachliche Ausdrucksmöglichkeiten äußern können, hilft allen Beteiligten, sich mitzuteilen und so zum eigentlichen Kern des Themas zu kommen.

In dieser Phase sollte die Beraterin Aussagen von Einzelnen paraphrasieren, spiegeln oder wiederholt präzisierende Fragen stellen. Oder sie lädt die anderen Teammitglieder ein, dies zu tun. Auch können zirkuläre Fragen unterstützen, die unterschiedlichen Perspektiven einzunehmen und einzubeziehen.

Wenn die Thematik und die Sichtweisen offen liegen, ist es für den Gruppenprozess förderlich, nach Resonanzen zu fragen, Feedbacks einzuholen und Entwicklungsfragen zu stellen. Hierbei ist darauf zu achten, dass keine verletzenden Konfrontationen entstehen oder diese ggf. aufgelöst werden, indem Vorhaltungen in Wünsche umformuliert werden. Die Beraterin kann diesen Prozess unterstützen, indem auch sie eigene Feedbacks und Lernfragen einbringt. Systemisch-lösungsorientierte Fragen, insbesondere hypothetische Fragen sind zum Ende dieser Phase hilfreich, um erste Ideen oder Schritte für die Erreichung der Ziele zu formulieren:

- Angenommen das, worüber wir uns heute ausgetauscht haben und was wir erarbeitet haben, trägt schon Früchte, woran werden sie dies als erstes bemerken?
- Woran werden andere merken, dass dieser Workshop stattgefunden hat?

- Was werden Sie morgen Ihren Mitarbeitenden/Kolleginnen/Partner erzählen?

Für die Erarbeitung zukünftiger Handlungsmöglichkeiten kann es auch in diesem Stadium des Prozesses von Nutzen sein, weitere methodische Maßnahmen vorzuschlagen.

3.5.3 Die Abschlussphase

Diese Phase beinhaltet die Auswertung der Teamberatung Workshops hinsichtlich der Inhalte und dem, was erreicht wurde sowie hinsichtlich der Prozessphänomene.
Alle Teilnehmenden sollten die Möglichkeit erhalten, sich zu äußern. Auch kann es wieder hilfreich sein, mit Visualisierungen (Bildern, Zeichnungen oder Statements zu verschiedenen Fragen mit Bewertungsskalen) zu arbeiten. Die Beraterin sollte sich ebenfalls mit einem kurzen Feedback anschließen, in dem sie deutlich macht, wie das gerade behandelte Thema in den Gesamtzusammenhang der Teamziele einzuordnen ist.

Die zuvor beschriebenen Phasen der Teamberatung dienen als Gestaltungsrahmen und die dadurch gegebene Struktur hilft der Beraterin, sich in den jeweiligen Phasen auf die Unterstützung der relevanten Prozesse zu fokussieren und sich dabei auf das Team einzulassen. Dieser Gestaltungrahmen gibt der Beraterin und den Teilnehmenden Orientierung und ermöglicht gleichzeitig beweglich und situativ stimmig auf das einzugehen, was sich zeigt.
Im folgenden Abschnitt wird auf die Bedeutung von zwei ausgewählten Grundannahmen eingegangen, deren Beachtung und Einsatz in der Arbeit mit Teams hochwirksam sein können: die Unterstützung gruppendynamischer Prozesse durch Feedback und die Systemischen Ordnungsprinzipien quasi als Naturgesetze zur Entwicklung »gesunder« Systeme.

3.6 Ausgewählte gruppendynamische und systemische Grundannahmen für die Arbeit mit Teams

Wenn man mit Teams als eine besondere Form der Gruppe arbeitet, begegnet man unausweichlich der stattfindenden Gruppendynamik, auch wenn man diese nicht immer bewusst wahrnimmt. König und Schattenhofer (2006, S. 9) bezeichnen Gruppendynamik treffend als »das Kräftespiel und die Veränderungen, die zwischen den Beteiligten ablaufen« und die erst dann wahrgenommen wird, wenn Störungen oder ein Mangel auftreten. Das kann beispielsweise dann geschehen, wenn Rollen und Erwartungen nicht geklärt sind, Ressourcen knapp sind oder es Einflüsse (individuelle Befindlichkeiten, Konflikte oder von außen) gibt, die Klärung verlangen.

Eine weitere Gegebenheit sind Grundordnungen in menschlichen Systemen. Systeme können stabil sein und sich nachhaltig weiterentwickeln, wenn die systemischen Grundordnungen beachtet werden. Ihre Nichtbeachtung kann zu Störungen und zur Schwächung des Systems führen. Die Berücksichtigung systemischer Prinzipien nach Sparrer (2016) sowie Varga von Kibéd und Sparrer (2009) kann die Wiederherstellung von Ordnungen im System fördern. Im Folgenden wird zunächst die Bedeutung des Feedbacks zur Förderung gruppendynamischer Prozesse und im anschließenden Abschnitt die systemischen Ordnungsprinzipien beschrieben.

3.6.1 Bedeutung des Feedbacks für gruppendynamische Prozesse

Die Wurzeln oder frühen Entwicklungen der Gruppendynamik sind auf die Gruppenforschung von Kurt Lewin (1890–1947) und Jakob Moreno (1889–1974) zurückzuführen. Ihnen ging es darum, gruppale Gesetzmäßigkeiten zu entwickeln. Die aus beiden Quellen entwickelte *Aktionsforschung* legte nahe, die Zusammenhänge und Gesetzmäßigkeiten der Gruppendynamik, die Entwicklung von Führungsphänomenen und den

Transfer von Lern- in Anwendungssituationen in eigens veranstalteten *Laboratorien* zu untersuchen. Ein im Jahre 1946 durchgeführtes Forschungsseminar gilt als die Geburtsstunde der gruppendynamischen Trainingsgruppe (T-Gruppe genannt). Im Verlauf dieses Seminars wurde auch die besondere Bedeutung des *Feedbacks* entdeckt. Es zeigte sich, dass die Rückmeldungen der Teilnehmenden untereinander besondere Möglichkeiten sozialen Lernens aktualisieren (u. a. Rechtien, 2007; Schreyögg, 2012; Antons & Stützle-Hebel, 2017). Die Besonderheit der T-Gruppe als eine Form gruppaler Selbsterfahrung war, dass sie sich am Hier und Jetzt orientierte und die soziale Kompetenz der Teilnehmenden schulen sollte (König & Schattenhofer, 2018; Schreyögg, 2012).

König und Schattenhofer (2018, S. 12 f.) definieren drei verschiedene Bedeutungen zum Begriff Gruppendynamik als

- das Geschehen in Gruppen hinsichtlich Dynamik von Veränderung und Kontinuität,
- die wissenschaftliche Erforschung von Kleingruppen als Disziplin in der Sozialforschung und
- ein Verfahren sozialen Lernens für soziale Lernprozesse und Verhaltensänderungen.

Hinsichtlich der Bedeutung des Feedbacks in der Teamentwicklung und Teamberatung geht es in diesem Abschnitt vor allem um die erste und dritte Bedeutungsebene.

Die gruppendynamischen Konzepte werden seit den 1980er Jahren durch systemtheoretische Konzepte ergänzt. Der systemische Ansatz geht davon aus, dass ein soziales System wie ein Team nicht von außen steuerbar ist und niemand vorhersagen kann, wie ein bestimmter Einfluss von außen wirkt. So führt jede Intervention zu unvorhersehbaren Rückkoppelungsprozessen und neu ablaufenden wechselseitigen Abstimmungsprozessen. Diesen Rückkoppelungsprozessen verdanken soziale Systeme ihr Eigenleben und ihre Entwicklungsmöglichkeiten (ebd., S. 19).

Demzufolge ist die Steuerung eines Teams vor allem als Selbststeuerung möglich, die sich aus dem Reflexionsprozess in Bezug auf sich selbst ergibt: »Indem die Beteiligten Beobachter und Beobachtete zugleich sind, sich und der Gruppe Feedback geben und ihre Beobachtungen zum Thema

3.6 Ausgewählte gruppendynamische und systemische Grundannahmen

machen, wird für sie die spezifische Ordnung ihrer Gruppe erkennbar und damit auch gestaltbar.« (ebd., S. 20)

In der Teamberatung kommt es folglich darauf an, die Teammitglieder darin zu unterstützen, dass sie sich über ihre Wahrnehmungen klar werden, diese mitteilen können, Wahrnehmungen von anderen erfragen und diese mit den eigenen Wahrnehmungen abgleichen können (ebd.).

Dieses geschieht durch Feedback, das im Kontext der Teamberatung wirksam sein kann, wenn es nach bestimmten Regeln erfolgt. Die Bereitschaft, Feedback zu hören und sich damit auseinanderzusetzen, wird dann erhöht, wenn den Teilnehmenden, neben den Regeln, der konstruktivistische Aspekt von Wahrnehmungen verdeutlicht wird:

Das, was ich beobachte und wahrnehme, wird durch meinen Lebensraum geprägt und durch meine Erfahrungen, Vorlieben und Abneigungen sowie gegenwärtigen Befindlichkeiten gefärbt. Es ist eine Wirklichkeitskonstruktion. Auch ist für mich nicht wahrnehmbar, welche Kommunikationsprozesse zwischen anderen Personen stattfinden; ich kann nur Vermutungen darüber anstellen.

Daher ist es hilfreich, wenn Rückmeldungen über Wahrnehmungen mit Achtsamkeit und ausgehend von der Annahme, dass es auch anders sein könnte, formuliert werden. Im Feedback sollten die Wahrnehmungen konkret beschrieben werden, mit Respekt formuliert sein und Vorwürfe oder Beurteilungen vermieden werden. Zu den Regeln gehört auch, dass die Feedbackempfänger, ebenfalls ausgehend vom konstruktivistischen Ansatz, nicht in die Rechtfertigung gehen. Sie können jedoch nachfragen, wenn sie etwas nicht verstanden haben und entscheiden, was von dem Feedback für sie bedeutsam ist und was sie nicht annehmen wollen.

Wie König und Schattenhofer (ebd.) treffend formulieren, bietet Feedback »die (einzige) Möglichkeit, die Selbstwahrnehmung systematisch mit der Fremdwahrnehmung zu vergleichen und die Wirkungen eigener Verhaltensweisen kennen zu lernen, die einem bisher nicht bewusst waren« (S. 85). Dieser Abgleich bietet die Chance, blinde Flecken in der Selbst- und Fremdwahrnehmung zu verringern. An dieser Stelle wird auf das Modell des *Johari-Fenster* nach Luft und Ingham (Luft, 1993) verwiesen, welches diesen Effekt anschaulich verdeutlicht.

Für die Entwicklung eines Teams bietet es sich außerdem an, Prozessreflexionen durchzuführen. Dabei wird auf die Phasen des Gruppenprozesses zurückgeblickt. Dieses Vorgehen gehört heute zu einem selbstverständlichen Bestandteil in Teammeetings oder in den entsprechenden agilen Zeremonien von selbstorganisierten Teams. Es ermöglicht den Austausch darüber, wie Einzelne auf Teamsituationen reagiert haben, wie die anderen Teammitglieder die jeweilige Situation aufgefasst haben und welche Wirkungen Situationen und Verhalten auf Einzelne oder das ganze Team hatten.

Antons und Stützle-Hebel (2017) beschreiben ebenfalls, dass in einem reifen Team laufend Auseinandersetzungen und Klärungen stattfinden und dadurch die Lebensräume der Mitglieder so differenziert werden, dass die je anderen in stimmiger Weise darin repräsentiert sind. »Das ist die Voraussetzung dafür, dass jeder das eigene Verhalten angemessen auf das der anderen abstimmen kann. Dann weiß in einem »idealen« Fußballteam jeder Spieler zu jeder Zeit, wohin die anderen laufen werden, kennt ihre Stärken und Schwächen und kann so exakte Pässe spielen oder offene Räume abdecken.« (S. 102).

Die Entwicklung von Teams zu »reifen« oder Hochleistungs-Teams wird also durch den Austausch über Selbst- und Fremdwahrnehmungen und durch Prozessreflexionen gefördert. Zur nachhaltigen Entwicklung von Teams lohnt es sich außerdem, die systemischen Ordnungsprinzipien und grundlegende systemische Orientierungen zu beachten.

3.6.2 Systemische Ordnungsprinzipien als zentrale Grundannahmen in der Beratung

Insa Sparrer und Matthias Varga von Kibéd haben die *Systemischen Grundsätze* oder auch *Systemischen Prinzipien* für soziale Systeme definiert und eine Einteilung vorgenommen, die wie ein Raster oder Leitfaden als Hintergrundwissen dienen kann, wenn es darum geht, Organisationen und Teams bei der Klärung ihrer Anliegen und Ziele zu unterstützen.

Diese Grundsätze sollen jedoch einem konstruktivistischen Weltbild entsprechend eher richtungsweisend sein und nicht dogmatisch verstanden werden.

»Wenn wir uns darauf einigen können, dass es eine Vielfalt von Grundsätzen gibt, die in ihrer Komplexität hier nicht erfasst werden können, wenn wir uns auch

3.6 Ausgewählte gruppendynamische und systemische Grundannahmen

darauf einigen können, dass im Einzelfall scheinbar klare Grundsätze anders ausgelegt werden können – dann macht eine Aufzählung solcher Prinzipien Sinn. Das Betrachten von Systemischen Grundsätzen dient nicht dazu, einen Mangel zu diagnostizieren, sondern um zu sehen, wo möglicherweise Nützliches – wie zum Beispiel Anerkennung, Wertschätzung, Würdigung von Einsatz – vermehrt werden kann.« (Insa Sparrer und Matthias Varga von Kibéd)

Zunächst werden die auf dem Erkennen von Grundordnungen fußenden systemischen Ordnungsprinzipien beschrieben, die nicht nur im Kontext von systemischen Strukturaufstellungen, sondern in jedem Beratungskontext für hoch relevant gehalten werden (u. a. Sparrer, 2004, 2014, 2006; Varga von Kibéd & Sparrer, 2009; Daimler, 2008; Daimler, Varga von Kibéd & Sparrer, 2003). Im darauffolgenden Abschnitt wird die Methode der Simulation von Teamaufstellungen vorgestellt.

Systemische Ordnungsprinzipien

Die folgende Darstellung der Systemischen Ordnungsprinzipien basiert auf den Beschreibungen und vielfältigen Quellen von Matthias Varga von Kibéd und Sparrer (u. a. 2009).

Das 1. Metaprinzip der Nichtleugnung: Das Gegebene anerkennen

Nichtleugnung ist das grundlegende Prinzip und damit das 1. *Metaprinzip*, das für alle nachfolgenden Prinzipien gegeben sein sollte. Hier geht es um eine Haltung der Würdigung und Anerkennung dessen, was ist. Für Organisationen und Teams bedeutet dies, dass bei jeder Veränderung zunächst der Ist-Zustand des Teams betrachtet werden sollte. Gegebenheiten sollen akzeptiert, angesprochen und nicht verdrängt werden. Es geht um Themen wie Werte, Regeln oder Bedeutungen von Entscheidungen. Dazu können auch Konflikte gehören, Kündigungen oder eine Verletzung der anderen nachfolgend beschriebenen Prinzipien. Wenn beispielsweise einem Teammitglied gekündigt wurde und die Gründe hierfür nicht klar kommuniziert wurden, kann es geschehen, dass die nachfolgende Person, die diesen Platz einnimmt, unerklärliche Schwierigkeiten hat, ein voll-

3 Teamberatung gestalten

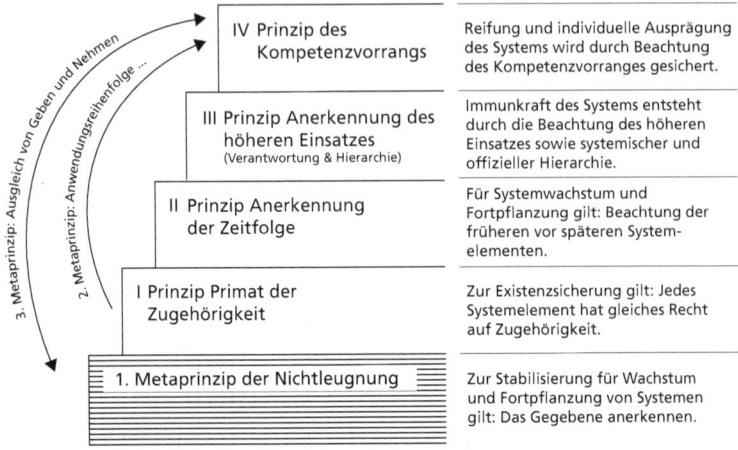

Abb. 3.1: Systemische Ordnungsprinzipien (in Anlehnung an Varga von Kibéd & Sparrer, 2009, S. 185)

wertiges Teammitglied zu werden. Das Fundament für die weitere Entwicklung des Teams wäre brüchig.

Dabei kann es auch darum gehen, das, was gegeben ist, hinzunehmen (Nichtleugnung der Wirklichkeit). Die Anerkennung des begrenzten Einflusses oder von Vergänglichkeit, beispielsweise wenn keine Aufgaben mehr da sind, sowie die Anerkennung der Realitäten des wirtschaftlichen Umfelds gehören ebenfalls dazu. Für die Auftragsklärung oder in der Arbeitsphase mit dem Team könnten hierzu beispielsweise folgende Fragen gestellt werden:

- Wie war die Entwicklung des Teams und welche Veränderungen gab es?
- Wie wurden diese bewältigt, was hat diese unterstützt oder was hat es schwierig gemacht und hätte stattdessen sein können?
- Was wurde vernachlässigt oder geleugnet?

Dieses Metaprinzip der Nichtleugnung ist das Fundament und Voraussetzung dafür, dass die Berücksichtigung der nachfolgend beschriebenen Prinzipien I bis IV wirkungsvoll sein kann.

3.6 Ausgewählte gruppendynamische und systemische Grundannahmen

I   Prinzip des Primats der Zugehörigkeit: Das Recht auf Zugehörigkeit

Die Bedeutung der Zugehörigkeit zu einer Gruppe wird bereits von Lewin (1946, S. 388) als entscheidender Faktor für ein Sicherheitsgefühl postuliert. In Teams spielt die Zugehörigkeit, auch wenn sie nur vorübergehend ist, ebenfalls eine wesentliche Rolle. Klarheit über Systemgrenzen sorgt für Stabilität und dient der *Sicherung der eigenen Existenz*. Unklarheit kann die Ursache sein für fehlende Verbindlichkeit, Mobbing, innere Kündigung und verminderte Produktivität. Mitglieder könnten dadurch mehr damit beschäftigt sein, ihren Platz zu finden oder zu verteidigen. Die Beachtung des Rechts auf Zugehörigkeit kann also eine wichtige Ressource sein.

Ein System gewinnt besonders an Kraft, wenn alle, die zugehörig sind, dies auch im inneren Bild der Beteiligten sind. Die *Systemorientierung auf Existenzsicherung* verlangt also Klarheit hinsichtlich der eigenen Grenzen und darüber, wer dazugehört.

- Alle Beschäftigten einer Organisation sollten ungeachtet ihrer Stellung gleichermaßen das Recht haben, dazuzugehören.
- Wenn Mitarbeitende unfreiwillig ausscheiden, kann es sein, dass die damit zusammenhängenden negativen Ereignisse sich wiederholen. Verlässt jemand beispielsweise ein Team, weil er hinausgemobbt wurde, erhöht sich die Wahrscheinlichkeit, dass die nächste Person wieder gemobbt wird. »Es wirkt fast so, als ob es eine Art Firmengedächtnis gäbe, das daran erinnert, dass es eine Möglichkeit der passenden Einbeziehung gibt, die bisher noch nicht genutzt wurde.« (Daimler, 2008, S. 44)
- Zugehörigkeit kann auch dadurch entstehen, dass Freelancer oder temporär eingestellte Personen durch gute Leistungen oder besondere Verdienste das Team unterstützt haben. Eine Abwertung der Zugehörigkeit wäre riskant. Hier sind u. U. besondere Würdigungen angebracht und auch klare Kommunikation darüber, warum eine Festanstellung nicht möglich ist.
- Die Zugehörigkeit von Gründern eines Unternehmens oder eines Teams sollte auch über ihr Ausscheiden hinaus oder auch wenn sie verstorben sind, gewürdigt werden. Dies kann durch symbolische Akte geschehen wie Erwähnungen auf Firmenfeiern, Porträts in Räumen, Benennungen

von Gebäuden nach ihnen, anerkennende Geschichten etc. Handlungen, die Gründer ausschließen, können besonders problematisch sein, selbst dann, wenn sie keine sichtbare Rolle mehr spielen.

Für die Beratung von Teams ist daher interessant:

- Ist es klar, wer dazugehört?
- Über wen spricht man nicht (mehr)?
- Von wem habe ich spät erfahren, wurden Personen oder Teilgruppen (systematisch) vernachlässigt oder vergessen?

Weitere nützliche Fragen nach Daimler (ebd.) können sein:

- Wer hat das Unternehmen oder die Projektgruppe oder das Team gegründet?
- Gibt es jemanden, der früher schon mitgearbeitet hat und das Team oder die Abteilung verlassen hat?
- Gab es vorher ein anderes Projekt, eine andere Abteilung, die sich mit dem Thema beschäftigt hat, und wenn ja, was ist daraus geworden?
- Was sind die »alten Werte« des Unternehmens und wo finden sie Berücksichtigung, wenn jetzt »neue Werte« kommen?
- Gab es schon einmal Pläne zu diesem oder einem verwandten Projekt (z. B. im Architekturbereich oder in der Stadtplanung) und was ist aus ihnen geworden?
- Wessen Idee war der Werbeslogan, das Logo, das neue Produkt usw.?

II	Prinzip der zeitlichen Reihenfolge: Die Anerkennung der zeitlichen Reihenfolge

Für *wachstumsorientierte Systeme* spielt die Anerkennung der zeitlichen Reihenfolge eine wesentliche Rolle. Dazu gehört die Würdigung der längeren Zugehörigkeit zum Unternehmen wie auch zum Team. Bei Nichtbeachtung kann es zu Gegenreaktionen gegen das Systemwachstum kommen.

3.6 Ausgewählte gruppendynamische und systemische Grundannahmen

Auch wenn sich die Hierarchie in Unternehmen und Teams durch unterschiedliche Karrieren verändern kann, sollten »die Ersten für immer die Ersten und die Zweiten die Zweiten« bleiben (Sparrer, 2006).
Mitarbeitende, die schon länger da sind, sollten grundsätzlich gegenüber Neuen Vorrang haben. Dies kann durch das bewusste Einbeziehen bei Innovationen geschehen oder auch durch Würdigung zum Beispiel durch Jubiläumsfeiern. Wachstum bedeutet, dass Unternehmen oder Teams größer werden und neue Systemelemente oder auch neue Projekte hinzukommen. Diese haben einen gewissen »Platzbedarf«, womit räumliche, aber auch funktionale Aspekte gemeint sind, beispielsweise neue Positionen. Damit kann auch eine Ressourcenverknappung verbunden sein. Damit die Bereitschaft, neue Mitarbeitende zu integrieren oder neue Projekte zu unterstützen, nicht sinkt, braucht es für die vorhandenen Mitarbeitenden einen Ausgleich oder eine besondere Anerkennung.

Wird z. B. eine Teamleitung mit einer neuen Person von außen besetzt, ist diese gut beraten, zu fragen: »Was ist gut? Was kann so bleiben, wie es ist? Wie habt ihr das bisher gemacht?« Auf einer Grundlage von Wertschätzung für bisher Geleistetes kann eine Neuerung ohne große Widerstände gelingen.

Die *Wachstums- und Fortpflanzungsorientierung* von Systemen erfordert also gute Bedingungen, die dadurch gefördert werden, dass Klarheit darüber herrscht, wer die Gründer waren, wer früher da war und wer später hinzugekommen ist. Vorübergehend kann die Betonung der zeitlichen Reihenfolge umgekehrt werden, wenn es um die Fortpflanzung des Systems geht.

Vorübergehende Umkehr der zeitlichen Reihenfolge:
Wenn Systeme nicht nur wachsen, sondern sich durch die Bildung neuer Systeme auch fortpflanzen, kann es vorübergehend notwendig sein, dem neuen System mehr Aufmerksamkeit und mehr Ressourcen zur Verfügung zu stellen.

Eine Familie ist beispielsweise ein gleichzeitiges wachstums- und fortpflanzungsorientiertes System. Kommt ein Neugeborenes in die Familie, braucht dieses vorübergehend eine besondere Zuwendung. Mit dem Heranwachsen sollte es sich jedoch in die Geschwisterreihe einfügen und seinen Platz zugewiesen bekommen.

3 Teamberatung gestalten

In Organisationen kann die Bildung eines Tochterunternehmens, einer Filiale oder eines neuen Teams ebenfalls dazu führen, dass mehr Aufmerksamkeit, mehr Personal, mehr Werbung und Budget zur Verfügung gestellt werden. Auch die Einführung neuer Mitarbeitenden erfordert eine erhöhte Aufmerksamkeit und Begleitung. Nach einer angemessenen Phase muss dieses neue Systemelement jedoch wieder »in die Reihe treten«. Folgende Fragen zur zeitlichen Reihenfolge können hilfreich sein (vgl. Daimler, 2008, S. 48):

- Wer war zuerst da, wer kam danach?
- Welches System war vorher da, was kam danach?
- Wurden neue Mitarbeitende so eingeführt, dass sie auf die Unterstützung der erfahrenen Mitarbeitenden zählen können?
- Ist der zeitliche Vorrang der länger Angehörigen so anerkannt, dass sie nicht darum kämpfen müssen?
- Welche Vorteile und welche Nachteile zeigen sich verbunden mit dem Wachstum?
- Welche Bedürfnisse sind daraus entstanden?
- Wie kann Altes anerkannt und mit Neuem gut verbunden werden?
- Wie können die Ausrichtungen »Beständigkeit und Tradition« vs. »Innovation und Fortschritt« gewürdigt und gut verbunden werden?

III Prinzip der Anerkennung des höheren Einsatzes für das Ganze

Bei diesem Prinzip geht es um die Berücksichtigung von Einsatz und Hierarchie. Gemeint ist – unabhängig von Leistungsfähigkeit oder Erfolg – der höhere Einsatz für das Ganze beispielsweise in einem Projekt oder durch die Wahrnehmung von Führungsaufgaben. Dies sollte gewürdigt werden, auch wenn die Arbeit einmal nicht so erfolgreich ist wie gewünscht. Das Commitment von Mitarbeitenden, das sich in der Übernahme von Verantwortung zeigt, fördert die Krisenresistenz und stabilisierende Kräfte des Unternehmens sowie von Teams, gerade in Übergangszeiten. Wenn sich jemand einsetzt und dann nicht die Anerkennung dafür bekommt, kann dies die *Immunkraft des Systems* schwächen.

3.6 Ausgewählte gruppendynamische und systemische Grundannahmen

Ebenso können unklare Verantwortlichkeiten das Gleichgewicht stören. In der Regel wird davon ausgegangen, dass *offizielle Hierarchien* sichtbar sind und nicht geleugnet werden können. Wird die höhere Verantwortung jedoch nicht wahrgenommen und an Mitarbeitende abgewälzt, leugnet die Organisation damit ihre eigene explizite Hierarchie und destabilisiert das System.

Andersherum können durch besondere Einsätze oder Verdienste von Mitarbeitenden inoffizielle (implizite) Hierarchien entstehen. Werden Pflichten übernommen, die nicht dem offiziellen Rang entsprechen, sondern darüber hinausgehen, sollte das explizit gewürdigt werden. Inoffizielle hierarchische Beziehungen können gerade dadurch ein besonderes Gewicht bekommen.

Bei der *Orientierung auf Immunkraftbildung* geht es also darum, dass Systeme ihre langfristige Überlebensfähigkeit und Krisenresistenz sichern wollen.

»In menschlichen Systemen entspricht die Immunkraft der Kommunikationsfähigkeit, der Übernahme von Verantwortung und der Einsatzbereitschaft. Je besser die Mitglieder eines Systems miteinander kommunizieren können, umso schneller kann neue Information verarbeitet und verbreitet werden. Je höher die Einsatzbereitschaft der Mitglieder ist, umso eher gelingt es, Krisenzeiten zu überstehen.« (Sparrer, zit. in Daimler, 2008, S. 42)

Dieses Prinzip gilt nicht nur in hierarchisch geführten Systemen, sondern auch in selbstorganisierten Systemen. Daher wird im Folgenden der Begriff *Führung* im Sinne von Rolle verwendet.

Folgende Fragen können hilfreich sein:

- Wer fühlt sich verantwortlich (für das Ganze)?
- Wer wird verantwortlich gemacht?
- Wer ist übergeordnet?
- Wer hat mehr Einfluss?
- Wie wird höherer Einsatz honoriert?
- Werden Leistungen jenen zugeordnet, die sie erbracht haben oder werden sie als Abteilungsleistung gewürdigt?
- Gelingt es der neuen Führungskraft, ihre Führungsrolle zu übernehmen?

3 Teamberatung gestalten

IV Prinzip des Kompetenzvorrangs: Vorrang von höheren Leistungen und Fähigkeiten

Der Leistungs- und Fähigkeitsvorrang sichert die Reifung und individuelle Ausprägung des Systems (*Individuation*). Er fördert damit eine Systemausrichtung, die über den reinen Weiterbestand hinausgeht. Dabei ist die Anerkennung der real vorliegenden Leistungen gegenüber der Anerkennung der Fähigkeiten und Begabungen vorrangig.

Unterbleibt die Anerkennung von Leistung und herausragenden Resultaten in einem Team, besteht die Gefahr, dass auch die Leistungsbereitschaft anderer Teammitglieder verspielt wird. Auch wenn beispielsweise die Leistungen von Teammitgliedern durch die Führung selbst für sich beansprucht werden, kann die fehlende zustehende Anerkennung schädlich für das System sein. Ebenso kann Neid entstehen und die Teamleistung schwächen, wenn die Leistungen von einzelnen Teammitgliedern wiederholt herausgestellt werden bzw. eine hohe Aufmerksamkeit erhalten, während andere hohe Einsätze für das Team als selbstverständlich angesehen werden und keine besondere Anerkennung erhalten.

Neben der Anerkennung von höheren Leistungen ist auch das Prinzip des Fähigkeitsvorrangs zu beachten. Hier geht es darum, höhere Qualifikation und Kompetenz zu fördern und noch nicht genutzte Fähigkeiten und Potenziale von Mitarbeitenden zu entwickeln.

Die *Orientierung auf Individuation* ist dann von Bedeutung, wenn Systeme sich weiterentwickeln und lernen möchten.

Fragen, die unter Beachtung dieses Prinzips gestellt werden:

- Wer ist wofür effektiver?
- Wer ist wofür fähiger?
- Gibt es Anreize zum Erwerb neuer Fähigkeiten oder zur Übernahme neuer Aufgaben?
- Werden Fortbildungen gefordert und/oder gefördert?
- Werden kreative Prozesse gefördert?

3.6 Ausgewählte gruppendynamische und systemische Grundannahmen

Das 2. Metaprinzip: Berücksichtigung der Reihenfolge der Prinzipien

Die zuvor beschriebenen Prinzipien I bis IV sollten idealerweise auch in dieser Reihenfolge priorisiert werden. Dabei soll dies keine Wertung ihrer Bedeutung sein, sondern der Praktikabilität dienen. Wird beispielsweise in einem Unternehmen die Förderung von Leistungen und Fähigkeiten angestrebt, bleibt dieses Bemühen ohne Wirkung, wenn besonderer Einsatz und bestehende Hierarchien missachtet werden. Legt ein Unternehmen Wert auf die Beachtung von Hierarchie und die Übernahme von Verantwortung, darf nicht achtlos mit zeitlichen Reihenfolgen umgegangen werden.

Störungen in Systemen können häufig auf die Nichtbeachtung Systemischer Prinzipien zurückgeführt werden. Eine nachträgliche Würdigung dieser Prinzipien kann durch geeignete Maßnahmen erfolgen. So kann es beispielsweise im Rahmen einer Teamentwicklung sehr förderlich sein, wenn die langjährige Zugehörigkeit von Teammitgliedern und ihre Leistungen von neuen Teammitgliedern gesehen werden und diese Kenntnisnahme zum Ausdruck gebracht wird. Ein Satz wie »Ich sehe jetzt, was du schon für Erfahrungen mitbringst und geleistet hast« kann heilsam sein, wenn zuvor Spannungen im Team dadurch entstanden sind, dass den »gut ausgebildeten Neuen« plötzlich mehr zugetraut wird. Die Würdigung der längeren Zugehörigkeit kann sich dann als kraftvolle Ressource erweisen.

Die Beachtung der Prinzipien fördert das Überleben und die Entwicklungsfähigkeit von Systemen.

Das 3. Metaprinzip: Der Ausgleich zwischen Geben und Nehmen

In unterschiedlichen Therapieschulen wurden über Jahrzehnte Erfahrungen gemacht, welche die Bedeutung generationenübergreifender Muster und die Betonung von Ausgleichsbedingungen im menschlichen Miteinander hervorbrachten. Das Prinzip des *Ausgleichs von Geben und Nehmen* und die Wichtigkeit der *transgenerationellen Solidarität* (gemeint ist die Übernahme von Verhaltensmustern vorheriger Generationen) sind Ideen von Martin Buber (1878–1965) und Ivan Boszormenyi. Nagy (1920–2007), die von der Heidelberger Schule (Stierlin, Weber u. a.) aufgegriffen wurden und weiter in die Arbeit mit *systemischen Strukturaufstellungen* einflossen. Ethische Prinzipien, nach denen Schuld zu einem Ungleichgewicht führt, das nach Ausgleich verlangt, wurden in die Ökonomie übertragen: »Es wird nach einem Ausgleich gesucht, anstatt auf dem Schuld-Sein zu beharren.« (Daimler, 2008, S. 54). Die Ausgleichsprinzipien wurden von Varga von Kibéd (vgl. Sparrer, 2006) noch weiter ausgeführt und ergänzt. Fünf von zehn Ausgleichsprinzipien werden im Folgenden beschrieben, um die Bedeutung dieses Metaprinzips in seinem Wesensgehalt verständlich zu machen (vgl. Daimler, ebd.).

- *Der Ausgleich im Guten soll ein vermehrter sein.*
  Gute Beziehungen mit Kunden oder im Team oder der besondere Einsatz von Mitarbeitenden sollen durch großzügige Gesten (Prämien, Firmenfest, mitarbeiterfreundliche Angebote wie Elternzeit, Sabbatical, Weiterbildungsmöglichkeiten u.a.m.) anerkannt werden.
- *Der Ausgleich im Übel soll ein verminderter sein.*
  Wird ein Schaden oder Aufwand verursacht, sollte der Ausgleich geringer sein. Hier geht es um Fehlerfreundlichkeit in Unternehmen und den Verzicht auf Rache.
- *Ein allzu exakter Ausgleich sollte vermieden werden.*
  Eine genaue Aufrechnung und »Bezahlung« von Leistungen und Aufwand kann trennend wirken. Wer auf eine gute Beziehung Wert legt, sollte großzügig denken und handeln.
- *Der Schuldner hat ein Recht auf Mahnung.*
  Ein Gläubiger sollte die Chance auf eine Ausgleichsleistung erhöhen und erinnern, dass eine Schuld auszugleichen ist. Wenn jemand im Team viel Unterstützung für jemand anderen leistet und ein Ungleichgewicht entsteht, sollte er darüber reden, damit die Kooperation nicht gefährdet wird.
- *Der eigentliche Ausgleich liegt in der Anerkennung der Ausgleichsverpflichtung.*
  Eine Ausgleichsleistung ohne Anerkennung der Ausgleichsverpflichtung (z. B. eine Schadensersatzleistung ohne Bedauern) wirkt wie eine Bezahlung und kann den Schaden erhöhen.

Wie Daimler (2008, S. 61) betont, ist der Begriff »Ausgleich« eine Konstruktion und die Notwendigkeit des Ausgleichs hängt von der Bedürftigkeit der Personen ab. Wer Mangel erlebt, wünscht eher Ausgleich, wer Fülle und Beschenktsein erlebt, wird eher auf Ausgleich verzichten wollen. Die Systemischen Prinzipien dienen wie bereits erwähnt als Hintergrundwissen. Sie können dort, wo Irritationen auftreten, wenig Kraft für Veränderung vorhanden ist, sich Störungen in der Zusammenarbeit oder in Abläufen in Organisationen zeigen, wichtige Hinweise oder Ideen für Lösungen liefern. Ihre Beachtung und Hinzuziehung hat sich gerade bei der lösungsorientierten Herangehensweise in der Arbeit mit Systemischen Strukturaufstellungen bewährt. Im Folgenden soll diese Form der Teamberatung veranschaulicht werden.

3.7 Systemisch-lösungsorientierte Strukturaufstellungen in der Teamberatung

Systemische Strukturaufstellungen nach Insa Sparrer und Matthias Varga von Kibéd bauen auf der systemisch-lösungsorientierten Arbeit von Steve de Shazer und Insoo Kim Berg, der Hypnotherapie nach Milton Erickson und den Organisationsaufstellungen (nach Weber, Hellinger, Gross u. a.) auf. *Teamstrukturaufstellungen* sind eine Untergruppe der Systemischen Strukturaufstellungen, bei denen eigene Strukturen und Vorgehensweisen zu beachten sind.

In der Aufstellungsarbeit werden Systeme wie beispielsweise ein Team als Modell abgebildet und Interaktionen simuliert. Systemische Strukturaufstellungen können mit Symbolen oder auch mit Personen durchgeführt werden, die dann für das jeweilige Systemelement, das sie repräsentieren, gestellt werden. Bei Personen, die anstelle von Systemelementen ausgewählt werden, spricht man von *Repräsentanten*.

3 Teamberatung gestalten

Teamstrukturaufstellungen sind ein eindrückliches Mittel, um Ordnungen im System sichtbar zu machen, Konstruktionen von Wirklichkeit zu stellen und dadurch verschiedenste Fragestellungen bearbeiten zu können. Sie können eingesetzt werden,

- um Beziehungs- und Kommunikationsstrukturen zu veranschaulichen,
- um ungenützte Kooperationschancen zu verdeutlichen,
- zur Veranschaulichung von Auswirkungen getroffener Maßnahmen wie Kündigungen, Umstrukturierungen, Einstellungen,
- für die Auswahl von neuen Mitarbeitenden,
- zum Testen neuer Produkte am Markt,
- zur Verdeutlichung und Verbesserung von Beziehungen zu Kunden und Lieferanten,
- zur Konfliktbearbeitung im Team oder unter Mitarbeitenden,
- zum Generieren von Ideen,
- um Handlungsoptionen zu erproben,
- um das Team zu stärken durch Bewusstwerden von blinden Flecken und Neuausrichtung auf Ziele,
- zur Simulation künftiger Entwicklungen,
- u.v.m.

3.7.1 Phasen

Das Vorgehen in systemische Strukturaufstellungen gliedert sich in folgende Phasen.

Vorgespräch (Lösungsfokussiertes Interview)

Die Kunden (Einzelpersonen oder Teams) werden in einem Auftragsklärungsgespräch, auch *Vorgespräch* genannt, darin unterstützt, ihr Anliegen zu klären. Zu welchem Zweck soll die Strukturaufstellung dienen? Wann hätte sich diese Arbeit für sie gelohnt? Mithilfe von systemisch-lösungsorientierten Fragen wird der systemische Kontext einbezogen, werden förderliche oder hinderliche Bedingungen erfragt, um am Ende die wichtigsten Informationen darüber zu haben, welche Elemente hinsicht-

3.7 Systemisch-lösungsorientierte Strukturaufstellungen in der Teamberatung

lich des Anliegens relevant sind. Es geht darum, zu klären, welche Beteiligte (Teammitglieder, Kunden, vorgesetzte Instanzen) und welche weiteren Elemente (Ziele, Aufgaben, Hindernisse oder Ressourcen) gestellt werden sollten, um Hinweise und Lösungsideen für einen zielführenden Prozess zu erhalten.

Wichtig ist auch zu erfragen, welche Loyalitäten zu anderen Personen der Zielerreichung im Wege stehen und ob es Personen gibt, die im aufgestellten System fehlen und bisher nicht erwähnt wurden oder früher einmal dazu gehörten.

Für den Aufstellungsprozess und die Unvoreingenommenheit der Repräsentanten kann es nützlich sein, dieses Gespräch vor der Aufstellung und nicht in Gegenwart der Repräsentanten zu führen. Findet das Gespräch in Gegenwart der Gruppe von Repräsentanten statt, werden ausschweifende Erzählungen und Fragen zum System vermieden und das Anliegen eher kurz zusammengefasst.

Durchführung der Aufstellung

Die aufzustellenden Elemente werden für die Aufstellung und den dann beginnenden Prozess festgelegt und die Repräsentanten (oder Symbole) gewählt. Die Reihenfolge der Aufstellung von Repräsentanten erfolgt nach den systemischen Ordnungsprinzipien. Bei Teamaufstellungen werden die Hierarchien berücksichtigt und Repräsentanten für Vorgesetzte zuerst gestellt.

Die Aufstellungsleiterin führt durch den Prozess und bezieht die Kundin mit ein. Die Repräsentanten werden durch die Kundin intuitiv und achtsam im Raum eingeführt. Dabei werden die Repräsentanten eingeladen, auf Unterschiede seit ihrer Wahl, während der Einführung und während der Einführung weiterer Repräsentanten oder Symbole zu achten. Fragen zur Unterschiedsbildung im Sinne von: »Was ist jetzt besser, schlechter, anders oder gleich«, wenn die Repräsentanten platziert sind, fördern die Bearbeitung des Anliegens.

Die Repräsentanten werden in der Reihenfolge, in der sie eingeführt wurden, nach wahrgenommenen Unterschieden gefragt. Die Aufstellungsleiterin wiederholt die Aussagen oder fasst diese zusammen (Echo,

Paraphrasieren) und bleibt möglichst im (Augen-)Kontakt mit der Kundin. Über den laufenden Kontakt mit der Kundin wird überprüft, ob die Rückmeldungen zum Anliegen passen und so fortgefahren werden kann. Aufgrund der Rückmeldungen der Repräsentanten über Wahrnehmungen erfolgen Umstellungen oder auch Ergänzungen durch weitere relevante Systemelemente. Möglich sind auch Dialoge zwischen den Repräsentantinnen und die Durchführung von Probeumstellungen, die aus Impulsen von den Beteiligten angeregt und von der Aufstellungsleiterin angeleitet werden. Es folgen Veränderungen durch Platzwechsel und weitere Befragungen der Repräsentanten, solange, bis für alle Beteiligten das formulierte Ziel bzw. ein erster Schritt in diese Richtung erreicht wird.

Abschluss, Auswertung und Nachbesprechung

Die Repräsentanten werden gebeten, sich sorgfältig aus ihrer Rolle zu begeben. Im Abschlussgespräch teilt die Kundin erste Erkenntnisse und Handlungsüberlegungen mit. Die Repräsentanten erhalten Gelegenheit, etwaige bisher nicht genannte Wahrnehmungen nachträglich zur Verfügung zu stellen. Im Anschluss wird ein weiterer Termin für die Nachbearbeitung nur mit dem Kunden vereinbart. Erfahrungsgemäß können Erkenntnisse, Fragen oder auch schon Auswirkungen der Aufstellungsarbeit erst nach einigen Tagen oder Wochen auftreten.

Die zuvor beschriebenen Phasen der Aufstellungsarbeit gelten für alle Formate von systemischen Strukturaufstellungen. Im folgenden Abschnitt wird mit Blick auf das Format der Teamstrukturaufstellungen beschrieben, wie der Prozess der Aufstellung genau vorbereitet und angeleitet wird und worauf insbesondere bei Teamstrukturaufstellungen zu achten ist.

3.7.2 Wie funktionieren Aufstellungen mit oder für Teams?

Anders als in Rollenspielen und der bewussten Auseinandersetzung mit inhaltlichen Fragen der Klienten, wird in Aufstellungen mit »spontanen repräsentierenden Wahrnehmungen« gearbeitet. Gemeint sind Phänomene, die Sparrer (2014; 2016) und Varga von Kibéd und Sparrer (2009) unter diesem Begriff zusammenfassen, wie Körperempfindungen, Impulse für Bewegungen, Gedanken oder Empfindungen, die auftauchen. Diese Wahrnehmungen werden im Aufstellungsprozess erfragt und von den Repräsentanten mitgeteilt.

Zunächst erstellen die Kunden ein Anfangsbild, das den wahrgenommenen Ist-Zustand des Teams abbildet. Es werden die inneren Bilder über das gegenwärtige Beziehungsgefüge, Nähe und Distanz, Strukturen im Team, häufige und lose Kontakte, Ressourcen und Hinderliches externalisiert und sichtbar gemacht.

Die Veränderungen, die durch Aufstellungen transparent gemacht werden, können Veränderungen der inneren Bilder bewirken und auf Grund dieser Perspektivenerweiterung werden Lösungsideen kreiert.

Wenn Teammitglieder gemeinsam ein Anfangsbild stellen, wählen sie für sich selbst einen Platz im Raum und legen dort einen Platzhalter, z. B. ein großes Blatt Papier oder eine Moderationskarte, hin. Dann suchen die Teammitglieder für die anderen Elemente wie Aufgaben, Stakeholder, Ressourcen usw. gemeinsam einen Platz, der für alle Anwesenden passend ist.

Wenn die Ist-Situation eines Teams aus der Perspektive des Aufstellenden oder der Teammitglieder sichtbar wird, kann dies schon zu einem Aha-Effekt führen. Die konkrete Situation so vor Augen zu haben, ist häufig überraschend (u. a. Sparrer, 2016).

3.7.3 Aufstellungen mit Symbolen

In der Einzelberatung können Strukturaufstellungen mit symbolischen Gegenständen durchgeführt werden, wenn keine weiteren Personen verfügbar sind oder auch, wenn Kunden selbst die unterschiedlichen Perspektiven einnehmen und sich ein Bild über die Teamsituation machen möchten. Dies ist dann hilfreich, wenn ein Teammitglied oder die Teamleitung zunächst für sich allein klären möchte, wie sie sich verhalten und möglicherweise Einfluss auf die Kommunikation und die Zusammenarbeit nehmen kann.

Die Kunden können in diesem Fall für alle Teammitglieder und weiteren relevanten Elemente des Systems Symbole wählen und diese im Raum verteilen, ggf. auch hin und her schieben, bis sie für alle Elemente einen Platz gefunden haben, der zunächst als passend erlebt wird. Die Symbole können Moderationskarten sein, Stühle oder Figuren (letztere können auch auf einem Tisch aufgestellt werden). Bei der Arbeit mit Karten, die auf den Boden gelegt werden (sog. Bodenanker), oder mit den Stühlen nehmen die Kunden selbst der Reihe nach den Platz der Symbole ein und werden unterstützt, ihre unterschiedlichen Wahrnehmungen mitzuteilen.

Im Verlauf des Aufstellungsprozesses werden die Kunden wiederholt eingeladen, das Erlebte und Erfahrene zu reflektieren und auszuprobieren, ob es für einzelne Symbole einen besseren Platz im System geben könnte. Sie werden angeregt, die Perspektiven der anderen Teammitglieder einzunehmen und aus deren Position heraus das System und seine Strukturen zu betrachten. Dadurch können Aspekte von Nähe und Distanz, Zugehörigkeit, Bedeutungen und Wahrnehmungen geklärt und verändert werden. Wiederholt wird im Prozess des Aufstellungsprozesses eine Metaposition eingenommen und sich mit der Beraterin ausgetauscht, ob es neue Erkenntnisse gibt und ob es eine bessere Position für das Systemelement geben könnte. Im Wechselspiel zwischen Resonanz und Reflexion durchlaufen die Kundinnen einen Klärungs- und Lösungsprozess und finden ein für sie stimmiges Lösungsbild.

3.7.4 Aufstellungen mit Repräsentanten

Repräsentanten sind wie zuvor erwähnt Personen, die in der Aufstellungsarbeit Plätze für Systemelemente einnehmen und ihre Wahrnehmungen mitteilen. Für die Arbeit mit Repräsentanten findet in den häufigsten Fällen die Arbeit in Gruppen statt, in denen sich Personen zur Verfügung stellen, die nicht zum aufgestellten System gehören. Hier bieten sich Intervisionsgruppen an oder eigens für Strukturaufstellungen eingeladene Teilnehmende.

Die Personen, die ihr Anliegen bzw. ihre Fragestellung in einer Gruppe einbringen, werden darin unterstützt, ihr Thema zu definieren und wählen dann aus der Gruppe Personen aus, die für das jeweilige Element im Raum

3.7 Systemisch-lösungsorientierte Strukturaufstellungen in der Teamberatung

aufgestellt werden sollen. Wenn nicht genügt Personen verfügbar sind, gibt es auch Mischformen in der Arbeit mit Repräsentanten und Symbolen. Dann können sowohl Personen wie auch Bodenkarten im Raum aufgestellt werden und die Personen können bei Bedarf im Verlauf des Prozesses ihre Positionen wechseln und an den Platz eines Bodenankers gehen. Dort werden sie dann als Repräsentanten für dieses Element befragt. Für Teammitglieder oder Teamleitungen, die ihre Teamsituation aufstellen wollen, kann die Arbeit mit Repräsentanten besonders eindrücklich sein, wenn sie Aussagen hören, die bei ihnen selbst auf starke Resonanz stoßen und nicht selten bisher Unbeachtetes aufzeigen.

Sowie die Repräsentanten im Raum an ihren Platz geführt wurden, stellen sich erfahrungsgemäß in kürzester Zeit Wahrnehmungen und Körperempfindungen ein, die sich als passend zum aufgestellten System erweisen. Sie nehmen Beziehungsqualitäten und Impulse wahr, ohne die Beteiligten des Systems zu kennen oder etwas darüber erfahren zu haben.

Die Aufstellung erfolgt so, dass die Kunden die Repräsentanten (einschließlich des Repräsentanten für sich selbst) einzeln und nacheinander intuitiv zu einem Platz führen. Dabei werden wie bereits erwähnt Hierarchien beachtet und beispielsweise Vorgesetzte zuerst eingeführt. Wenn alle, Repräsentanten und Symbole, ihren Platz haben, stellen sie nun ein Abbild des inneren Bildes des vom Kunden aufgestellten Systems dar.

Die Kunden können sich dann einen Platz im Raum suchen, von dem aus sie das weitere Geschehen beobachten können. Sie werden während des folgenden Prozesses laufend nach der Beurteilung der Stimmigkeit der Situation befragt und können jederzeit Fragen stellen.

Die Aufstellungsleitung befragt nun die einzelnen Repräsentanten in der Reihenfolge, in der sie eingeführt wurden, nach Unterschieden in ihrer Wahrnehmung, insbesondere nach ihren körperlichen Wahrnehmungen. Es zeigt sich sehr schnell, dass dies repräsentierende Wahrnehmungen eines fremden Systems sind, da die Repräsentanten von Köperempfindungen berichten, die in der Regel nicht vertraute eigene Körperempfindungen sind (z. B. Schwankungen, Druck auf den Schultern, Kälte in den Beinen, Impulse von »hin zu« oder »weg von«). Die Aussagen der Repräsentanten werden von der Aufstellungsleitung wiederholt, aber es wird vermieden, Deutungen oder Bewertungen zu machen.

Nachdem alle aufgestellten Repräsentanten befragt wurden, wird die Kundin gefragt, ob das darzustellende System gut simuliert wurde. Sie kann jetzt bereits Hinweise geben, welche Veränderungen sie gerne vornehmen würde.

Nun beginnt ein Prozess, in dem mit unterschiedlichen Interventionen wie Umstellungen, Testungen und ggf. Ritualen gearbeitet wird. Die Aufstellungsleitung kann ihre Hypothesen in Form von Testungen überprüfen, indem sie beispielsweise Repräsentanten umstellt oder Blickrichtungen verändert. Auch von den Repräsentanten kann es hilfreiche Impulse für Veränderungen geben. Ziel ist, dass eine Struktur aufgestellt wird, in der es allen Systemelementen »besser geht«. Nach jeder Intervention werden die Repräsentanten gefragt, ob es ihnen besser, schlechter, gleich oder anders geht.

Der Aufstellungsleiter behält während des ganzen Prozesses den Kontakt zur Kundin und überprüft, ob diese folgen kann und die Interventionen für sie passend sind. Die Aufstellung kann dann abgeschlossen werden, wenn eine Lösungsbild gefunden wurde, in dem sich alle Repräsentanten besser als am Anfang und insgesamt neutral oder sehr gut fühlen. Am Ende wird die Kundin gebeten, sich auf den Platz ihres Repräsentanten zu begeben und das neue Bild auf sich wirken zu lassen.

Durch die Ausrichtung auf das Ziel (Lösungsfokussierung), Allparteilichkeit der Aufstellungsleitung und Wertschätzung für alle Beteiligten, auch für Schwieriges (z. B. durch Reframing) wird dafür gesorgt, dass die wechselseitige Achtung der Teilnehmenden füreinander ebenso wie für abwesende Systemmitglieder wächst. Es geht darum, den Prozess ressourcenorientiert, gesichtswahrend wie auch zieldienlich zu unterstützen und zu führen.

Die Erfahrung zeigt, dass die Strukturaufstellungen der Anfang einer Veränderung in der äußeren Welt sind. Wie Varga von Kibéd (in Weiterbildungen und auf verschiedenen Veranstaltungen) wiederholt äußerte: »Wir wissen nicht wie SySt [Systemische Strukturaufstellung] funktioniert, aber wir wissen, dass es funktioniert.«

Die Interventionen dienen dazu, Ideen für übersehene oder neue Handlungsmöglichkeiten zu entwickeln und dadurch den Handlungsspielraum zu erweitern. Es wird an der Struktur gearbeitet und dadurch verändert sich das innere Bild des Kunden. Neue Sichtweisen können

3.7 Systemisch-lösungsorientierte Strukturaufstellungen in der Teamberatung

entdeckt oder neue Visionen angestoßen werden. Diese können dann im »echten« System ihre Wirkung entfalten.

Nach Abschluss der Strukturaufstellungen gibt es ein Auswertungsgespräch und es wird eine Nachbesprechung nach einigen Wochen vereinbart, um die Kundin nachhaltig zu begleiten.

3.7.5 Aufstellungen mit den Teammitgliedern

In der Arbeit mit Teams wird das Vorgespräch für die Aufstellung gemeinsam mit allen Beteiligten geführt. Es geht darum, gemeinsam zu klären, was das Ziel ist und welche Systemelemente als relevant angesehen werden. Je nach Größe des Teams und Anliegen, wäre es auch möglich, dass nur Teile des Systems und nur einige gewählte Teammitglieder aufgestellt werden.

Die Strukturaufstellung für ein Team mit den eigenen Teammitgliedern könnte dann problematisch sein, wenn die Teammitglieder sich selbst repräsentieren. Zum einen wäre schwer zu trennen, wie weit die geäußerten Wahrnehmungen zu den eigenen gehören, und es dürfte den Teammitgliedern zudem schwerfallen, sich von den eigenen Hypothesen zu lösen. Mögliche Aussagen von einem Teammitglied an ein anderes wie: »Es fühlt sich an, als wäre eine Wand zwischen uns« könnten schon irritieren und zusätzliche Spannungen im Team erzeugen, obwohl noch völlig offen wäre, was diese Wahrnehmung bedeuten könnte.

Daher empfiehlt es sich, Aufstellungen mit Teammitgliedern mit »iteriertem Repräsentantenwechsel« (Sparrer, 2014) durchzuführen. Bei diesem Verfahren werden die repräsentierenden Personen häufig ausgewechselt und sie werden nicht für sich selbst, sondern für Kollegen oder andere Systemelemente aufgestellt. So werden die Repräsentanten darin unterstützt, verstärkt das wahrzunehmen, was sich spontan körperlich zeigt, sowie Wahrnehmung von Wissen zu trennen.

Durch den Aufstellungsprozess können die Ordnungsprinzipien, die bisher in nicht genügendem Maße Beachtung fanden, gewürdigt und zu Ressourcen werden.

> **Positive Effekt der Teamaufstellung**
>
> - Das Potenzial einer Teamstrukturaufstellung zeigt sich in der nachhaltigen Wirkung im System.
> - Ein Lösungsbild entwickelt sich schon nach kurzer Zeit, ohne dass konkrete Maßnahmen verabredet oder umgesetzt wurden.
> - Häufig werden in Teams eine stärkere Zugehörigkeit und größere Zuversicht spürbar.

Im Wissen, dass systemische Strukturaufstellungen eine hochkomplexe Intervention sein können und die vorangestellten Beschreibungen noch abstrakt sind, wird an dieser Stelle empfohlen, die Kompetenz für die Aufstellung von Teams in entsprechend fundierten Weiterbildungen zu erwerben.

3.8 Zusammenfassung und Quintessenz

Die wichtigsten Erkenntnisse aus der Praxis und vielfältigen Quellen, welche die bisherigen Erfahrungen untermauern, sind:

- Der Erfolg der Teamberatung hängt von gut geklärten Kooperationsbeziehungen und tragfähigen, situativ anzupassenden, sozialen Kontrakten ab.
- Die Auftragsklärung ist eine Intervention, die das Beratungs- und das Kundensystem unterstützt, zu klären (und zu erkennen), worum es geht.
- Die Erkenntnisse aus gruppendynamischen und systemisch-lösungsorientierten Ansätzen gelten auch für aktuelle Entwicklungen in Organisationen, als hätten die »Mütter und Väter« der agilen Arbeitsmodelle

sich bei den »Großeltern« der Gruppendynamik und der systemischen Ordnungsprinzipien bedient.
- Die im organisationalen Kontext gegebenen Strukturen und Vorstellungen über Verantwortung und Zusammenarbeit haben Einfluss auf die Rollenklärung. Die Aufgabe der Beratenden ist es daher, dafür zu sorgen, dass die Beziehung zwischen den Beteiligten durch eine achtsame und rollenbewusste Kommunikation geklärt, unterstützt und gestärkt werden.
- Grundlage einer erfolgreichen Teamberatung ist die systemische Haltung von Allparteilichkeit, Neugier, Transparenz, Vertraulichkeit und Absichtslosigkeit.
- Zur Strukturierung gruppaler Gesprächsverläufe empfiehlt sich die Einteilung in eine Initialphase, eine Arbeitsphase und eine Abschlussphase.
- In der Teamberatung kommt es darauf an, die Teammitglieder darin zu unterstützen, dass sie sich über ihre Wahrnehmungen klarwerden, Feedback geben und nehmen und sich über den Austausch von Selbst- und Fremdwahrnehmung weiterentwickeln.
- Die Beachtung von Grundordnungen in menschlichen Systemen kann eine nachhaltige Entwicklung und Stabilisierung von Systemen ermöglichen.

Die Unterstützung und Befähigung von Teams zu einer aktiven Auseinandersetzung über die Zusammenarbeit mit einer offenen und von Wertschätzung geprägten Feedbackkultur fördert das Vertrauen und stärkt die Selbstkompetenz der Teammitglieder. Hieraus kann eine sinn- und orientierungsstiftende Identität von (reifen) Teams entstehen (vgl. Jonassen, 2013).

3.9 Ausblick auf die Zukunft der Teamberatung

Wie schon in den vorigen Unterkapiteln festgehalten gibt es in vielen Organisationen zunehmend Demokratisierungsprozesse und ein Teamverständnis von selbstorganisierten Teams, in denen Führung vor allem dazu dient, die Prozesse und die Zielerreichung zu begleiten und wo nötig anzuleiten. Eine Managementkultur mit »command-and-control« wäre hinderlich. Teams sollen befähigt werden und durch Erleben von Selbstwirksamkeit und Übernahme von Verantwortung für ein gemeinsames Ziel hoch wirksam werden.

Für die Beratung von Teams ist dabei spannend, dass das Prinzip der Selbstorganisation eine zentrale Säule des systemischen Beratungsansatzes ist. Selbstorganisation bildet Ordnung aus Chaos. Die neuen Ordnungsmuster können dabei nicht von außen importiert werden, sondern sie bilden sich aus einem Prozess systeminterner Interaktionen heraus. Organisationen werden systemischer. Nicht mehr die Verstärkung hierarchischer Kontrolle ist die Antwort auf die Komplexitätsfrage. Vielmehr sind eine intelligente Vernetzung und fortlaufende Kommunikations- und Feedbackprozesse von Bedeutung. Teams als selbstorganisierte Systeme zu verstehen, heißt, die inhärent im System vorhandenen ordnungsbildenden Prozesse wahrzunehmen. Dafür brauchen Teams hohe Freiheitsgrade und eine Ausrichtung auf einen gemeinsamen Sinn (u. a. Hänsel, 2015).

Die Grundhaltung in der Teamberatung sollte daher sein, die selbstregulierenden Kräfte und Wachstumsprozesse zu fördern. Mit Blick auf Führung gibt der Organisationscoach Wolfgang Looss zu bedenken, »dass in immer komplexeren Organisationen, in einem hochdynamischen Umfeld, mit sehr gut ausgebildeten und anspruchlichen Führungskräften, die auch auf der Werteebene eine Antwort haben wollen, sich Steuerbarkeit nur erreichen lässt, wenn man in der Organisation Orte und Räume schafft für das Verhandeln von Sinnfragen« (Looss in Hänsel, 2012, S. 76; zit. in Hänsel, 2015, S. 12). Hierin kann Beratung Systeme begleiten und konstruktiv moderieren.

4 Das Feld der Organisationsberatung betreten

4.1 Wozu Organisationen und Menschen ganzheitlich betrachten und entwickeln?

Angekommen im Zeitalter der Digitalisierung und der sogenannten »Arbeitswelt 4.0« ist eine *partizipative und iterative Vorgehensweise* für die Entwicklung und den langfristigen Erhalt von Organisationen unausweichlich: die Fähigkeiten und das Wissen der Menschen vor Ort einzubeziehen, zu systematisieren und kanalisieren, um auf diese Weise für eine schnelle Reaktionsmöglichkeit und dauerhafte Anpassungsfähigkeit der Organisation zu sorgen; die Leistungsbereitschaft, Eigeninitiative und Verantwortung der Menschen zu bekräftigen, um die Zugehörigkeit, die sachliche Einbindung und emotionale Bindung sowie die Identifikation mit »ihrer« Organisation zu stärken. Insgesamt kann diese Art der Organisationsentwicklung auch als ein Beitrag erkannt werden, die Arbeitswelt zu *humanisieren:*

- Die Mitarbeitenden werden in ihren Erfahrungen, Fähigkeiten und Stärken erkannt, anerkannt und gewürdigt. Menschen haben das Bedürfnis in ihrer Einzigartigkeit gesehen und geschätzt zu werden.
- Die Mitarbeitenden können sich mit ihren Potenzialen im Arbeitsfeld stärker entfalten und verwirklichen.
- Indem alle in das Ganze einbezogen, die individuellen Beiträge für die Weiterentwicklung der Organisation gewürdigt und gestärkt werden, wird die Sinnhaftigkeit für den Einzelnen erkennbarer.

- Die Mitarbeitenden identifizieren sich vielmehr mit ihrer Tätigkeit und dem Ergebnis. Sie werden von Mitarbeitenden, die Anweisungen im Einzelnen befolgen, zu Mitdenkenden, die Verantwortung für das Ganze empfinden.
- Die tagtägliche Arbeit kann zu einem erfüllenden, sinn- und anspruchsvollen Bestandteil des Lebens und somit der eigenen Existenz werden.
- Die Resilienz des Einzelnen und somit auch der Gesamtorganisation wird gestärkt.

4.1.1 Systemischer Ansatz als Metakonzept

Der hier zu Grunde liegende *systemische Ansatz* sollte als beständiges Metakonzept und weniger als eine flüchtige »Modewelle« betrachtet werden. Beim systemischen Ansatz handelt es sich um ein Denken, das ohne modische Begriffe auskommt und gleichzeitig den immer häufigen aufkommenden Strömungen und Wellen standhält. Schon heute sind in manchen Organisationen die Begriffe wie »VUKA-Welt« oder »Agile« abgenutzt. Systemisches Denken beinhaltet schon seit den 1980er Jahren Prinzipien der Selbstregulation bzw. Selbstorganisation, ohne diese immer wieder neu benennen zu wollen.

Aus systemischer Sicht ist alles Lebendige komplex und dynamisch. Lebende Systeme sind autonom, selbstregulierend und in ihrem Verhalten nicht vorhersagbar und somit nicht steuerbar. Lebende Systeme sind offen, stehen in Wechselwirkung mit ihrer Umwelt und sind gefordert, sich fortlaufend der sich verändernden Umwelt anzupassen, um ihre Existenz zu sichern. Aufgrund der dynamischen und komplexen Umwelten, aufgrund des ständigen Wandels ist ein *iteratives Vorgehen* mit immanenten Feedbackschlaufen erforderlich. Ein Denken in einfachen Ursache-Wirkung-Kategorien oder lineares Projektmanagement ist nicht hilfreich.

Aufgrund der subjektiven Wahrnehmung und Verarbeitung äußerer Ereignisse können wir die Welt nicht objektiv erfassen, sondern nur intersubjektiv beschreiben.

Für die Entwicklung von Organisationen ist es geboten, verschiedene und relevante Perspektiven zusammenzuführen und miteinander zu verschränken, woraus eine gemeinsam getragene intersubjektive Sichtweise über das Gemeinte hervorgehen kann. Hierfür braucht es fach- und hierarchieübergreifende Interaktion und die Bereitschaft, die eigenen Wahrnehmungen ehrlich in den Dialog einzubringen und dem Gegenüber vorbehaltslos zuzuhören. Nicht monologische, sondern *dialogische Führung* wird für die Weiterentwicklung von Organisationen gebraucht.

4.1.2 Einführung neuer Arbeitsformen

In vielen Fällen ist bei der Einführung sogenannter agiler Arbeitsformen ein elementarer Widerspruch zu erkennen: Da mit diesen neuen Arbeitsformen über Abbau von Hierarchien mehr *Selbstverantwortung und Selbstorganisation* verbunden wird, wird per se davon ausgegangen, dass diese ohne sorgfältige Einführung und Begleitung *von selbst* gelebt werden. Jedoch benötigt gerade die Ausgestaltung dieser Formen eine professionelle Begleitung auf der psychosozialen Ebene, sodass sich auch die geforderte Haltung und Mentalität entfalten können und die Menschen sich nicht überfordert fühlen.

Auch die Einführung neuer Arbeitsformen wie »Scrum« oder »Holakratie« muss zunächst auf der sachlogischen Ebene angedacht, mit konkreten oder allgemeinen Zielvorstellungen verbunden, auf der Leitungsebene entschieden und konzeptionell mehr oder weniger detailliert ausgestaltet werden. Gerade diese radikalen strukturellen Veränderungen sind in der Regel mit erheblichen Konsequenzen für die betroffenen Mitarbeitenden und Führungskräfte verbunden und bedürfen häufig eines radikalen Wandels im Denken und Handeln und folglich einen wesentlichen Wandel der Organisationskultur. Auch wenn bei diesen Konzepten von Partizipation und Selbstorganisation die Rede ist, unterliegt die Einführung häufig denselben radikal-autoritären Prinzipien wie bei allen strukturellen Veränderungen einer Organisation.[1]

---

[1] Hier sei nur am Rande erwähnt, dass bei diesen »neuen« Arbeitsformen zum Teil bewährte Prinzipien der Organisationsentwicklung wie aus dem »Lean-Management« oder »KVP« (Kontinuierlicher Verbesserungsprozess) neu aufgelegt werden, jedoch verknüpft mit engen Rollendefinitionen und weitreichenden Kontrollmechanismen.

4 Das Feld der Organisationsberatung betreten

Bei der Einführung neuer Arbeitsformen handelt es sich oft um einen *Zwangskontext* für die betroffenen Mitarbeitenden und Führungskräfte. Wir sollten uns dessen bewusst sein, dass neue Formen nicht unbedingt mit Offenheit oder gar mit »Begeisterung« aufgenommen werden, sondern in der Regel auch mit verdeckten oder offenen Widerständen. Mögliche Ängste, persönliche Vorbehalte oder sachliche Einwände sollten wir ernst nehmen und sorgfältig in unserem Vorgehen berücksichtigen. Bevor weitreichende Entscheidungen getroffen werden, sollte man sich die Zukunft gedanklich vorstellen, die Dinge sorgfältig bedenken und die möglichen Auswirkungen sich bildlich vor Augen führen und körperlich-emotional nachspüren. *Denken und Fühlen sollen miteinander verbunden werden.*

4.1.3 Sinn und Zweck von ganzheitlicher Organisationsentwicklung

Dabei steht über allem die Frage: Wozu das Ganze? Neue Strukturen und Arbeitsformen sollten dazu führen,

- die Produktionsprozesse und Arbeitsabläufe kontinuierlich zu optimieren,
- den Informationsfluss zu beschleunigen,
- die Abstimmungs- und Entscheidungsprozesse zu vereinfachen,
- das Wissen und das Potenzial der Mitarbeitenden stärker zu nutzen,
- die interdisziplinäre Zusammenarbeit reibungsloser und effizienter zu gestalten.

Damit verbunden ist die übergeordnete *strategische Zielsetzung*: Die Innovationskraft zu stärken und somit schneller auf Kundenanforderungen zu reagieren, um einen hohen Kundennutzen dauerhaft zu gewährleisten. *Der Customer-Value steht im Fokus.*

Dafür bedarf es einer *Organisationskultur*, die sowohl die Zusammenarbeit im Gesamtgefüge erleichtert als auch die Einzelnen stärkt und in ihrer Entwicklung fördert. Es geht darum, gemeinsam mit den Menschen einer Organisation eine Kultur zu entwickeln, die

- die Zusammenarbeit, Kooperation und Kommunikation der Mitarbeitenden verbessert,
- ein wertschätzendes und vertrauensvolles Arbeitsklima fördert,
- eine klärende und entwicklungsfördernde Feedbackkultur etabliert,
- die Leistungsbereitschaft, Eigeninitiative und Verantwortungsübernahme des Einzelnen und im Team stärkt,
- das Wissen und die Potenziale des Einzelnen erkennt und anerkennt,
- die Zugehörigkeit und Identifikation der Mitarbeitenden und somit die emotionale Bindung an die Organisation erhöht.

Bei der ganzheitlichen Entwicklung wird dauerhaft die *resiliente Organisation* angestrebt.

4.2 Der Fokus auf das soziale System: die Kultur als Wesenskern entwickeln und stärken

Es sind immer Menschen, die durch ihr Verhalten und Handeln die Organisation zum Leben bringen, Strategien entwickeln, Abläufe, Prozesse und Arbeitsweisen definieren, einhalten oder optimieren, Maschinen und Computer bedienen, Veränderungen gestalten, einführen oder umsetzen und durch diese mehr oder weniger betroffen sind. Aus dieser Betrachtung erscheinen Organisationen als *soziale Systeme*, die aus einer Vielzahl von Kommunikationen und Handlungen bestehen, die sich gegenseitig beeinflussen.

Aus den Interaktionen und Wechselwirkungen der Menschen etabliert sich als emergentes Phänomen wie von selbst eine Kultur.

Kultur ist das Gefüge von Normen, Regeln, Interaktions- und Verhaltensmustern, die ein soziales System aus dem Verlauf seiner Geschichte hervorbringt. Dieses Gefüge beeinflusst gleichzeitig das gegenwärtige

Wahrnehmen, Denken, emotionale Erleben und Handeln der Einzelnen, wodurch wiederum dieses Gefüge realisiert und stabilisiert wird.

Oder anders gesagt: Aus der Gesamtheit der Wechselwirkungen geht eine einzigartige (soziale) Struktur hervor, ein Set formeller und informeller Normen und Regeln, die wiederum das Verhalten und die Handlungen der Einzelnen organisieren und regulieren. Verhalten und Handlungen eines sozialen Systems sind demnach selbstrückbezüglich bzw. wirken auf sich selbst zurück, weil sie die Strukturen (Normen und Regeln) selbst hervorbringen, durch welche sie bestimmt sind.

Um die formal definierte Organisationsstruktur entwickeln und verfestigen sich zum Beispiel informelle Informationswege und -blockaden, Abstimmungs- und Entscheidungswege, Rituale, Formen der Zusammenarbeit, der Kooperation und Arbeitsorganisation und bestimmte Führungsstile. Dabei existiert und wirkt im Hintergrund eine bestimmte emotionale Atmosphäre, *das Betriebsklima*.

Organisationskultur ist ein Phänomen der Selbstorganisation.

Die Kultur einer Organisation beinhaltet bestimmte Wahrnehmungsmuster, Bedeutungszuschreibungen, Erklärungsmuster, Glaubenssätze und Erzählweisen, woraus *gemeinsame Konstrukte von Wirklichkeit* entstehen, die zur Gewohnheit werden können (»Gewohnheitswirklichkeit«).

Eine Veränderung der Kultur wird dann notwendig, wenn sie problemerzeugend, konflikthaltig oder zu rigide ist und somit die Denkweisen, Handlungsmöglichkeiten und Innovationskraft der Mitarbeitenden zu sehr einschränkt. Unter diesen Bedingungen können sich die vorhandenen Potenziale nicht entfalten und folglich könnte es für die Organisation schwierig werden, die Anforderungen des Umfeldes dauerhaft zu bewältigen.

Der wesentliche Bestandteil einer Organisationskultur sind die gelebten und erwünschten Werte.

Werte sind eine begrenzte Anzahl von Überzeugungen und Grundannahmen, die sich auf wünschenswerte Verhaltensweisen, Ziele oder Zustände eines sozialen Systems beziehen. Sie dienen häufig unbewusst als Entscheidungsprämissen bei der Wahl aus verschiedenen Handlungsalternativen und steuern die Bewertung von Verhalten und Ereignissen (Landau, 2003; König & Volmer, 2008). Die gelebten und erwünschten

Werte sind wesentlich für die Innovationskraft, Leistungsbereitschaft, Produktivität und Entwicklungsfähigkeit einer Organisation sowie für das Gelingen oder Misslingen erwünschter Veränderungen. Werte prägen das Identitätsbewusstsein und können dementsprechend als »Quintessenz« der Organisationskultur bezeichnet werden (Schein, 1997).

Je nachdem, wie sehr wir mit den individuell erlebten und den gemeinsam erwünschten Werten im Einklang sind, empfinden wir ein *Gefühl von Zugehörigkeit und Identität im Sinne von »Sich-wieder-finden«*. Das Ausmaß der jeweils individuell empfundenen Zugehörigkeit oder Identität beinhaltet auch den Aspekt, inwieweit wir uns den äußeren Gegebenheiten eher ohnmächtig ausgeliefert fühlen oder uns eher als aktiv gestaltend und einflussnehmend erleben.

Jeder der einem System zugehörig ist, hat ein Recht auf Zugehörigkeit (Klaus Lumma). Die zentrale Frage ist, inwieweit die Mitarbeitenden ein Gefühl von Zugehörigkeit in ihrem organisationalen Umfeld erleben und welche Auswirkungen dieses Erleben auf ihr Denken, Fühlen und Handeln hat.

Soziale Systeme sind *autonom*, weil sie sich selbst erzeugen, regulieren und entwickeln. Entsprechend sind sie von außen nicht steuerbar oder kontrollierbar. Autonomie bedeutet jedoch nicht Unabhängigkeit von der Umwelt. Die systeminternen Operationen können durch Signale oder Impulse aus der Umwelt beeinflusst werden. »Wie sich aber ein System verhält, welche Entscheidungen es trifft, hängt von ihm selbst, seinen Interaktionsmustern und seiner Geschichte ab« (Probst, 1987, S. 82).

4.3 Werte als Ansatz der Kulturentwicklung: Zugang zu den mentalen Modellen finden

Werte bilden den Wesenskern einer Organisationskultur. Sie prägen die Art und Weise, wie Menschen arbeiten, miteinander umgehen und kooperieren und haben einen erheblichen Einfluss auf das Befinden und

Empfinden des Einzelnen. Aus den gelebten und gespürten Werten bildet sich eine Atmosphäre mit einem emotionalen Klima, das sich auf den Menschen stärkend oder schwächend, fördernd oder hemmend, Energie freisetzend oder Energie bindend auswirken kann. Werte können den Zusammenhalt, die Gemeinschaft und die Identifikation mit der Organisation stärken oder aber das soziale Gefüge schwächen.

Ein Schwerpunkt systemischer Organisationsberatung ist die Entwicklung einer erwünschten Kultur mit entsprechenden Werten.

Hier kommt den *Führungskräften* eine wesentliche und erhebliche Rolle zu: Sie haben aufgrund ihrer Funktion – gewollt oder nicht gewollt – Einfluss auf das soziale System und dienen dementsprechend als Promotorinnen für die erwünschten Werte.

»Das Verhalten der Führungskräfte entscheidet darüber, ob die Werte ernst genommen werden oder nicht. Wenn Führungskräfte nicht das Verhalten leben, wird niemand von den Mitarbeitern sich verpflichtet fühlen.« (König & Volmer, 2008, S. 188)

Die Führungskräfte verkörpern, leben und kommunizieren bewusst oder nicht bewusst die Werte, mit denen sie sich identifizieren. Sie bringen durch ihre Haltung und ihr Verhalten unmittelbar zum Ausdruck, was für sie wichtig oder unwichtig, richtig oder falsch, legitim oder illegitim ist; damit leisten sie einen entscheidenden Beitrag zur Entwicklung oder Stabilisierung kultureller Ausprägungen.

Führungskräfte sind in ihrem Reden und Handeln »lebendige Kulturträger«. Sie wirken als Repräsentanten der ausgesprochenen oder unausgesprochenen Unternehmensphilosophie. Sie sanktionieren und prägen auf Grund ihrer Position, die wesentlichen Bereiche und Handlungsfelder einer Unternehmenskultur wie Kommunikation, die Art der Zusammenarbeit, der Umgang mit Konflikten, Zugang zum Menschen, Einbezug von Mitarbeitenden, die Menschen in ihrer individuellen Situation wahr- und ernstnehmen oder die Art des Lernens (Hülshoff, 2010).

Der persönliche Satz an Werten ist aus prägenden Ereignissen und Erlebnissen der eigenen (beruflichen) Sozialisation hervorgegangen und beeinflusst das gegenwärtigen Wahrnehmen, Denken, Fühlen und Handeln. Jeder Mensch bildet sich geschichtlich aus seinen Erfahrungen persönliche Werte heraus: Was ist mir wichtig in der Zusammenarbeit? Mit welchem zwischenmenschlichen Umgang fühle ich mich wohl und zugehörig? Welcher Umgang ist für mich stärkend? Welcher eher schwächend? Welches Verhalten anderer Menschen ist für mich wertvoll? Von welchem Verhalten grenze ich mich ab? Wofür habe ich Verständnis und wofür keines?

Die persönlichen Werte sind biographisch erwachsen.

Werte sind keine reinen kognitiven Konstrukte, sondern werden vor allem emotional gelebt und erlebt: In welchen Momenten fühle ich mich harmonisch und in welchen disharmonisch? Wann fühle ich Stimmigkeit und wann Unstimmigkeiten oder gar Spannungen? Worüber freue ich mich und was ärgert mich? Wann fühle ich mich gut aufgehoben? Dabei kann sich ein dauerhaftes negatives Erleben auch körperlich auswirken, zum Beispiel durch Verspannungen, Verkrampfungen oder Druck, Unruhe, Schlaflosigkeit oder Kopfschmerzen bis hin zu Depressionen oder Angstzuständen.

Hier wird deutlich, dass die Bedeutsamkeit von Werten nicht überschätzt werden kann: Eine Atmosphäre von Stimmigkeit, Anerkennung, Zugehörigkeit und Freude setzt Energien frei für die eigentlichen Aufgaben und somit für die Erfüllung der gemeinsamen Anforderungen – eine Atmosphäre, in der sich auch die Potenziale und Kreativität der Mitarbeitenden entfalten dürfen. Hingegen binden lang andauernde Unstimmigkeiten, Spannungen, dauerhafter Ärger oder Abgrenzung immens viel Aufmerksamkeit und somit Energie, die für die Bewältigung der eigentlichen Aufgaben fehlt.

Das Top-Management bringt implizit durch jede Entscheidung diejenige Werthaltung der Unternehmensleitung zum Ausdruck, welche für die gesamte Organisation prägend ist.

Führungskräfte können den Mitarbeitenden die erwünschten Werte und Leitgedanken zumindest inhaltlich vermitteln, sodass die Organisationskultur sich eher wahrscheinlich in diese angedachte Richtung herausbildet. Allerdings lassen sich hier die Grenzen instruktiver Veränderung bzw. des direkten Einwirkens aufzeigen. Instruktionen in Form von Weisungen, Broschüren oder Handbüchern führen nicht dazu, dass die erwünschten Werte auch tatsächlich aus ehrlicher Überzeugung gelebt werden.

Auch können die erwünschten Werte nicht unmittelbar in ihrer gemeinten Bedeutung vermittelt werden. Jeder Mensch verbindet Begriffe wie »Vertrauen«, »Zuverlässigkeit« oder »Ehrlichkeit« mit eigenen Erlebnissen und Erfahrungen, wodurch sie individuell verstanden werden und Bedeutung erhalten.

Hier könnten die Führungskräfte gemeinsam mit ihren Mitarbeitenden nach Beispielen suchen: Wann, wo, durch wen, wie und mit welchen Auswirkungen werden die Werte gegenwärtig oder wurden sie bereits in der Vergangenheit schon gelebt? Diese »Geschichten« verdeutlichen sinnbildlich und somit vorstellbar, was mit den Werten im Arbeitsumfeld konkret gemeint sein könnte.

Gemäß dem systemisch-konstruktivistischen Denken können wir annehmen, dass es »die Kultur« außerhalb einer Beobachterin in Form einer objektiv wahrnehmbaren und fassbaren Entität nicht gibt. Kultur wird immer von einer Beobachterin durch ihr Wahrnehmen und Denken (re-)konstruiert und vor allem durch deren Sprache bzw. Erzählweise erst erschaffen(▶ Kap. 4.4.3).

Kultur ist kein reales Gebilde, sondern ein mentales Modell.

Es ist bedeutsam, mit welchen Worten bzw. Begriffen und auf welche Weise die wahrgenommene oder erwünschte Kultur erzählt wird. Dabei ist jede *Erzählung oder Geschichte* je nach Bedeutung unmittelbar mit einem emotionalen Erleben verknüpft.

Auf der Grundlage dieser Überlegungen sollten wir eher erfragen, welche derzeit gelebte als auch künftig erforderliche Organisationskultur die Mitarbeitenden aus ihrer Sicht erkennen und wie diese jeweils mit ihren eigenen Werten stimmig bzw. unstimmig ist.

Durch den sprachlichen Austausch zwischen den Mitarbeitenden werden verschiedene Sichtweisen und Erzählweisen gegenübergestellt und miteinander verschränkt, wobei subjektive Ansichten, Überzeugungen oder Wertungen hinterfragt werden. Aus diesem intersubjektiven Austausch und Hinterfragen werden sowohl Gemeinsamkeiten als auch Unterschiede deutlich, die das bisherige Wahrnehmen, Denken und Verhalten aller Beteiligten beeinflussen und in eine gemeinsame Sicht- bzw. Erzählweise münden können (für die konkrete Darstellung einer längerfristigen Maßnahme zur Kulturentwicklung s. Kiel, 2014).

4.3 Werte als Ansatz der Kulturentwicklung

Bei diesem interaktiven Vorgang ist vor allem zu beachten, dass alle Aussagen über Kultur nicht in ihrem gemeinten Sinn verstanden werden, sondern dass alle Beteiligten aufgrund des von ihnen Gehörten ihren eigenen Sinn rekonstruieren. Jeder verbleibt in seiner einzigartigen Sinnenwelt.

»Der Hörer, nicht der Sprecher bestimmt die Bedeutung einer Aussage. Gewöhnlich glaubt man, dass der Sprecher festlegt, was ein Satz bedeutet, und der Hörer verstehen muss, was der Sprecher gesagt hat. Aber das ist ein fundamentaler Irrtum. Der Hörer ist es, der die merkwürdigen Laute, die ich oder ein anderer mit Hilfe der Stimmlippen hervorrufen, interpretiert und ihnen einen bzw. seinen Sinn gibt.« (v. Foerster, 1998, S. 100)

Zurzeit wird beispielsweise vermehrt und häufig schon zum Überdruss von Agilität gesprochen und agiles Verhalten von den Mitarbeitenden eingefordert. Doch auch Agilität lässt sich sicher nicht allein durch geschriebene oder ausgesprochene Anweisungen entwickeln oder gar instruieren. Und: Was ist eigentlich mit Agilität gemeint oder gewollt? Hier ist es unabdingbar, grundlegende Begriffe gemeinsam zu klären, um abstrakte Worthülsen mit bildlich inneren Vorstellungen, mit konkretem Erleben und sinnvoller Bedeutung handlungsbezogen zu füllen:

- Was verstehen wir unter Agilität?
- Welche Bedeutung hat Agilität für uns?
- Wie stellen wir uns agiles Verhalten vor?
- Woran würden wir konkret erkennen, dass wir agil arbeiten?
- In welchen Situationen haben wir schon agil zusammengearbeitet? Mit welchen Ergebnissen?
- Welche Ereignisse oder Geschichten können wir über Agilität erzählen?
- In welchen Situationen und wie genau wollen wir in Zukunft agil arbeiten?
- Mit welchen positiven und negativen Auswirkungen?
- Was würde passieren, wenn wir es nicht täten?
- Welche Strukturen und Rahmenbedingungen sind für agiles Arbeiten erforderlich?

Begriffe werden für den gemeinten Kontext durch schon erlebtes oder bildlich vorstellbares Verhalten konkretisiert und mit sinnvoller Bedeutung versehen.

4.4 Systemtheoretische Ansätze der Organisationsberatung: das Handeln im Praxisfeld orientieren und begründen

Es ist von zentraler Bedeutung, vor welchem theoretischen Hintergrund Menschen und Organisationen betrachtet und beschrieben werden. Je nach Sicht- und Betrachtungsweise rücken bestimmte Aspekte und Phänomene in den Vordergrund, wobei andere im Hintergrund bleiben. Die Perspektive bestimmt auch die Grundannahmen über Möglichkeiten, Grenzen und Gestaltung von Veränderungen. Verinnerlichte Annahmen und Überzeugungen prägen unsere Wahrnehmung, Haltung und Methodologie.

Systemische Organisationsberatung beruht auf systemtheoretischen Ansätzen.

Im Folgenden werden Menschen und Organisationen vor dem Hintergrund der Theorie autopoietischer Systeme und der Theorie der Selbstorganisation aus einem systemischen Blickwinkel betrachtet und beschrieben. Dabei wird das Phänomen der Selbstorganisation besonders in den Blick genommen.

Die Abgrenzung und Beschreibung von Systemen erfolgt immer von einem *Beobachter* durch seine derzeitigen Interessen und die zur Verfügung stehenden sprachlichen Möglichkeiten und Unterscheidungen vor dem Hintergrund seiner aktuellen körperlichen und psychischen Verfassung. In diesem Sinn ist ein System ein subjektives gedankliches Konstrukt. Zum Beispiel könnten wir als *psychisches System* den Menschen oder als *soziales System* das Team, die Abteilung, den Bereich oder die gesamte Organisation jeweils gesondert und unter bestimmten Kriterien wie Produktivität, Innovation, Identität oder emotionale Bindung in den Blick nehmen und beschreiben.

4.4.1 Autonomie lebender Systeme: die Eigenart und Eigenlogik achten und würdigen

Der Ansatz der Autopoiese nach Maturana und Varela hat weitreichende Konsequenzen für das Verständnis von Beratung: Beraterinnen können

4.4 Systemtheoretische Ansätze der Organisationsberatung

Menschen nicht direkt beeinflussen, sondern nur Veränderungen anregen. Sie können zwar Informationen, Perspektiven, Ansichten oder Hinweise anbieten, jedoch werden diese, wie oben beschrieben, individuell verarbeitet. Aufgrund dieser Eigenart und Eigenlogik der Verarbeitung äußerer Impulse ist es unvorhersehbar, ob und wie sich die einzelnen Menschen und in der Summe das soziale System verändern werden.

Die Wirkung einer Intervention kann nicht verordnet oder bestimmt werden, sondern geschieht immer gegenwärtig und einzigartig bedingt durch die Struktur des Menschen (Maturana & Pörksen, 2002, S. 120). *Einfache Ursache-Wirkung- bzw. Input-Output-Beziehungen greifen nicht.*

Beratungen sind aufgrund der unzähligen individuellen Möglichkeiten autonomer Verarbeitung erheblich vielschichtiger und nicht direkt steuerbar. In der Konsequenz müssen seitens der Beraterin Machbarkeitsansprüche und überhöhte Steuerungs- bzw. Kontrollbedürfnisse beiseitegelegt werden. Stattdessen sind Haltungen erforderlich wie Aufmerksamkeit, Offenheit für das Offensichtliche bzw. eine ausgeprägte sinnesbewusste Wahrnehmung für das, was im Moment geschieht, die Fähigkeit, sich an das Wahrgenommene anzupassen, Neugierde im Sinne von Interesse an der »Eigengesetzlichkeit« und »das ihm Eigene« des zu beratenden Systems, oder Bescheidenheit bezogen auf das eigene Steuerungsvermögen.

Die Beraterin sollte die Eigenart, Eigenlogik und Selbststeuerung der Menschen und der Organisation achten und würdigen und ein Bewusstsein dafür haben, dass neben der eigenen Wahrnehmung und Beschreibung vielfältige Möglichkeiten der »Wahrgebung« und Erzählweise existieren, die jeweils eine andere Wirkung auf das Erleben entfalten.

Menschen erzeugen ihr Erleben der äußeren Welt selbst. Deshalb kann sich unser Erleben augenblicklich wandeln, wenn wir unsere Wahrnehmung auf Hindernisse, Nachteile und Probleme oder auf Ressourcen, Vorteile und Lösungen fokussieren. Je nachdem verändert sich das Erleben und Verhalten merklich und beobachtbar: von einer sogenannten *Problemphysiologie* zu einer *Lösungsphysiologie*.

An dieser Stelle werden die Themen von Selbstverantwortung, Selbstmotivation und Selbstmanagement relevant:

- Wie nehme ich die Situation wahr?
- Welche Vorstellungen oder inneren Bilder erzeuge ich über die Geschehnisse?
- Mit welchen Begriffen oder Worten beschreibe und bewerte ich diese? Welche Geschichte erzähle ich über das Erlebte? Welche Rolle (»Opfer«, »Retterin« oder »Täter«) nehme ich in dieser Geschichte ein? Erzähle ich ein Drama, Märchen, eine Gruselgeschichte oder eine Komödie?
- Auf welche Aspekte fokussiere ich? Auf Veränderbares oder Nicht-Veränderbares? Auf die negativen oder positiven Aspekte? Auf Probleme oder Lösungen? Auf die Vorteile oder Nachteile? Welche Aspekte übersehe ich?
- Suche und (er)-finde ich das »Gute« im »Schlechten« oder das »Schlechte« im »Guten«?
- Arbeite ich mit dem, was vorhanden ist, oder fokussiere ich auf das, was fehlt?
- Leitet mich ein »Müssen« oder leitet mich ein »Dürfen«?
- Welche inneren Bilder und welche inneren Sätze begleiten mich auf dem Weg zur Organisation?
- Wie gehe ich mit Fehlschlägen, Rückschlägen oder Restriktionen um?
- Wie gehe ich mit meiner derzeitigen Befindlichkeit bzw. mit meiner allgemeinen Grundstimmung um?
- Wie würde eine veränderte (Körper-)Haltung meine Wahrnehmung und Bewertung verändern?
- Welche anderen positiven Bedeutungen oder Bewertungen könnte ich der Situation zuschreiben? Mit welchen Auswirkungen?
- Wo kann ich Einfluss nehmen und mitgestalten? Und wo nicht?

Die Gefahr besteht, die Verantwortung für die Wirkung von Beratung allein dem zu beratenden System zu übergeben und die Beraterinnen der Verantwortung zu entheben. Beraterinnen sind jedoch sehr wohl verantwortlich, wie zum Beispiel für die Gestaltung von Rahmenbedingungen, die erwünschte und förderliche Entwicklungen möglich machen, sowie einer entwicklungsfördernden Atmosphäre. Dazu gehört auch die Gestaltung zwischenmenschlicher Beziehungen im Sinne einer wertschätzenden und vertrauensvollen Atmosphäre. Daneben sollten auch Voraussetzungen dafür geschaffen werden, dass die Mitarbeitenden baldmöglichst und unkompliziert ihre Aufgaben mit den erforderlichen Kenntnissen und Fähigkeiten eigenverantwortlich erfüllen. Auch geht es darum dafür (mit) zu sorgen, dass Menschen erfolgreich sind und Freude über die erbrachte Leistung empfinden.

4.4.2 Strukturelle Kopplung lebender Systeme: einen gemeinsamen sprachlichen Bereich schaffen und Entwicklung fördern

Maturana beschreibt mit dem Begriff »strukturelle Kopplung« die Fähigkeit lebender Systeme, sich strukturell an veränderte Umweltbedingungen anzupassen. Lebende Systeme gleichen ihre Struktur an das gegebene Umfeld an, um ihre Organisation bzw. ihre Autopoiese zu bewahren. Diese Fähigkeit lebender Systeme, auf Umwelteinflüsse mit strukturellen Anpassungen zu reagieren, bezeichnet er als die »strukturelle Plastizität« eines autopoietischen Systems (ebd., 1985, S. 143 f.).

Die zentralen Momente bei sozialen Systemen bestehen zum einen darin, dass aus der strukturellen Kopplung von Individuen ein *sprachlicher Bereich* hervorgeht, der den Existenzbereich des Systems darstellt, und zum anderen, dass menschliche soziale Systeme nicht nur die Erhaltung der Mitglieder, sondern auch deren *Entwicklung* ermöglichen (ebd., 1987, S. 216 f.). In der Konsequenz sollten Berater ihre Sprache an die Organisationsmitglieder so anpassen und gegenseitiges Verstehen so fördern, dass ein gemeinsamer sprachlicher Bereich mit einem gemeinsamen Verständnis über die gemeinte Situation entstehen kann.

Bei Maßnahmen zur Organisationsentwicklung können beispielsweise die Teilnehmenden immer wieder erfahren, wie Begriffe wie »Organisation«, Führung« oder »Kultur« von jeder am Austausch beteiligten Person einzigartig verwendet werden. Durch Nachfragen der jeweiligen Erfahrungen mit den relevanten Begriffen (»individuelle Geschichte«) und dessen Bedeutungen, durch Austausch und Klärungen entsteht mit der Zeit ein gemeinsames Verständnis (»gemeinsame Geschichte«), das ausschließlich für diese Workshop-Gruppe zu dieser Zeit gültig ist. Neben dem verbalen Austausch besteht auch die Möglichkeit, mit analogen Methoden wie zum Beispiel durch Zeichen oder Bilder nonverbal Zugang zu den subjektiven Ansichten und Bedeutungen der Teilnehmenden zu finden, um ein gemeinsames Verständnis zu erzeugen (zur ausführlichen Beschreibung der Anwendung analoger Verfahren in Coaching, Team- und Organisationsentwicklung s. Kiel, 2020). Die weiteren Äußerungen beziehen sich auf dieses Konstrukt und werden vom Gegenüber durch diese gemeinsam erzeugte Sichtweise subjektiv wahrgenommen und erfahren und erhalten vor diesem Hintergrund ihre Bedeutung. Die Betonung liegt hier auf subjektiv. Jeder Einzelne erzeugt immer nur eine »ihm eigene« Sichtweise von einer gemeinsamen Sichtweise. Durch Interaktion geschieht zwar eine Annäherung zwischen den subjektiven Sichtweisen, jedoch bleibt jede Sichtweise immer eine einzigartige, die durch die Eigengesetzlichkeit des jeweiligen Individuums erzeugt und kommuniziert wird. Im Grunde bleiben den Menschen auch ihre Vorstellungen über die gemeinsamen Vorstellungen »ihnen eigen« und sind in dem Sinne »eigengesetzlich« bzw. autonom.

Wir sollten offen und neugierig sein für die verschiedenen Sichtweisen, uns fragend und zuhörend an die Sichtweise des Gegenübers annähern und unsere eigene Sichtweise über die Sichtweise des Gegenübers reflektieren und mitteilen. Zum Beispiel: »Für mich klingt das so, als ob Sie den Führungskräften die erforderlichen Kompetenzen für die Einführung der angedachten Veränderung absprechen würden. Was sagen Sie dazu?« Oder: »Ich habe den Eindruck, dass Sie bei ihren Mitarbeitenden wenig Bereitschaft erkennen, diesen Entwicklungsprozess mitzutragen. Wie empfinden Sie das? Wie sehen Sie das?«

Wir sollten den Austausch zwischen den Beteiligten anregen; alle ermutigen, ihre Sichtweisen Meinungen, Annahmen und Vermutungen sowie ihr Erleben den anderen nachvollziehbar zu vermitteln. Auf diese Weise fühlt sich jeder angesprochen und gefragt. Unterschiede in den Wahrnehmungen und im Erleben werden deutlich, die verschiedenen Perspektiven können sich verschränken – mehr Verstehen und gegenseitiges Verständnis werden möglich.

Hier sei noch einmal betont, dass dies nur in einem ehrlichen und unbefangenen Austausch möglich ist. Die Mitarbeitenden sollten sich frei fühlen, ehrlich zu äußern, was sie wahrnehmen, denken und empfinden.

Ein soziales System erhält seine Stabilität, wenn sich ein gemeinsamer sprachlicher Bereich herausbildet und wenn sich alle in diesem Bereich persönlich entwickeln und ihre Potenziale entfalten können. Aus den Beziehungen und Wechselwirkungen zwischen den Individuen entsteht eine emotionale Atmosphäre wie zum Beispiel das Gefühl von Mitmenschlichkeit, Zugehörigkeit oder Gemeinschaft, das für die Einzelne isoliert nicht erlebbar wäre. Diese Atmosphäre kann den Zusammenhalt und das Gemeinschaftsgefühl des sozialen Systems stärken.

Menschliche Entwicklung geschieht in Beziehung und Austausch mit anderen Menschen. Menschen regen sich gegenseitig zu Veränderungen an, verbal und nonverbal wie zum Beispiel über Gestik, Mimik oder über Zeichen und Bilder. Dabei gilt als Voraussetzung für Entwicklungen, dass diese Impulse an die kognitive Struktur des Einzelnen anknüpfen, sodass diese überhaupt wahr- und aufgenommen werden. Gerade unter diesen Aspekten können wir Beratungssettings mit Einzelnen oder Gruppen als strukturell gekoppelte Systeme zwischen Individuen betrachten, woraus sich ein neuer Phänomenbereich mit einer eigenen Sprache und emotionalen Atmosphäre herausbildet. Im Kontext von Beratung mit Einzelnen oder Gruppen ist es grundlegend, dass sich diese Atmosphäre für die Entwicklung des Einzelnen als förderlich erweist. Auch Gruppen oder Teams können als strukturell gekoppelte Systeme zwischen Individuen betrachtet werden, woraus sich ein neuer Phänomenbereich mit einer eigenen Sprache und emotionalen Atmosphäre herausbildet: Eine Sub-Kultur innerhalb der Organisation.

Wesentlich für eine entwicklungsfördernde Atmosphäre scheinen Vertrauen, Loyalität, Wohlwollen, Wertschätzung, Zusammenhalt, Identität und Zugehörigkeit zu sein. Aufgabe der Beraterin ist es, durch eigene Beiträge diese Atmosphäre (mit) zu beeinflussen und zu fördern. Andererseits können auch Dynamiken entstehen, welche die Entwicklung Einzelner hemmen oder sogar schädlich dafür sind wie Missgunst, Misstrauen, Ausgrenzung oder Abwertung. In diesen Fällen ist das Gleichgewicht des sozialen Systems gestört. Es verliert seine Stabilität, kann aus den Fugen geraten, auseinanderfallen und sich auflösen. Gerade bei organisationalen Veränderungen ist die Stabilität des sozialen Gefüges häufig bedroht. Fühlen sich Mitarbeitende beispielsweise nicht gefragt, gehört oder einbezogen, geht dieses Empfinden oft mit einem Gefühl von Abwertung oder Geringschätzung einher. Die empfundene Missachtung kann auf Einzelne kränkend oder gar krankmachend wirken.

Schlüsselbegriffe beachten

Indessen gehen in einem sprachlichen Bereich aus der gemeinsamen Geschichte auch bestimmte *Schlüsselbegriffe* hervor, die für diesen Bereich eine besonders negative oder positive Bedeutung beinhalten. Zum Beispiel sind in manchen Bereichen Begriffe wie »Chance«, »Change-Agent« oder auch »Change-Management« oder »Agile« vor dem Hintergrund der gemeinsamen Erfahrungen im Laufe der organisationalen Geschichte negativ geprägt. Generell sind Schlüsselbegriffe des jeweiligen Bereiches äußerst sorgsam zu verwenden oder gar zu vermeiden, da diese Begriffe die Menschen augenblicklich für Neues verschließen können.

Wann immer wir etwas als positiv oder negativ bewerten, setzen wir damit sofort Annäherungs- oder Vermeidungstendenzen in Gang. Dabei geschieht sowohl die Bewertung als auch die Reaktion unwillkürlich, blitzschnell und unbewusst. Dieses Phänomen wird in der Sozialpsychologie als *Priming* bezeichnet (Schmidt, 2008, S. 40 ff.)

Ressourcen- und entwicklungsorientiert fragen

In Moderationen, Workshops oder Meetings können wir mit *Fragen* die Aufmerksamkeit der Anwesenden auf Schwierigkeiten und Hemmnisse oder auf Ressourcen und Lösungen lenken. Fokussieren wir mit Fragen die Nachteile oder die Vorteile? Nehmen wir die Vergangenheit, Gegenwart oder die Zukunft und somit die künftige Entwicklung der Organisation in den Blick?

Fragen sind Angebote, die Aufmerksamkeit auf bestimmte Aspekte der Wirklichkeit zu lenken, mögliche Vorteile in den Blick zu nehmen oder Lösungen zu suchen. Zum Beispiel könnte die Beraterin zu Beginn eines Entwicklungsvorhabens durch Fragen die Aufmerksamkeit auf vorhandene Stärken, Fähigkeiten und Ressourcen des Teams, des Bereiches oder der gesamten Organisation lenken:

- Was sind Ihre besonderen Stärken?
- Worauf sind Sie stolz?

- Was läuft aus Ihrer Sicht derzeit besonders gut?
- Was sollten Sie unbedingt bewahren?

Erst nachdem die vorhandenen Stärken, Fähigkeiten und Ressourcen gestärkt und verankert sind, besteht ein gefestigtes Fundament, um Veränderungen oder Anpassungen anzudenken und zu erarbeiten bzw. anzugehen:

- Was kann bezüglich der Arbeitsweise bzw. -abläufe optimiert werden?
- Wie kann Ihre Zusammenarbeit verbessert werden?
- Welche Auswirkungen hätten diese Veränderungen auf Ihre Kunden, auf das Ergebnis, auf Sie?

Oder:

- Wie könnten Sie mit diesen Herausforderungen umgehen?
- Angenommen, diese (unerwünschten) Veränderungen hätten auch positive Aspekte bzw. Vorteile für Sie? Welche könnten das sein? Was könnte das Gute im Schlechten sein?

Wir sollten auch die Frage nach dem *Sinn von Entwicklung und Veränderung* in den Raum stellen und gemeinsam in einem ehrlichen und ergebnisoffenen Austausch beantworten:

- Wozu könnte es wichtig sein, dass sich die Organisation in diese Richtung entwickelt und verändert?
- Was würde passieren, wenn wir nichts verändern würden?
- Was steht auf dem Spiel?

4.4.3 Die Perspektive des Beobachters bestimmt sein Erleben: die gegebenen Sichtweisen erkunden und erweitern

Nach Maturana und Varela (1987) ist Erkennen ein aktiver Prozess der Menschen. Die Welt ist in ihrer Beschaffenheit, in ihrem tatsächlichen

Sein, für den Menschen unzugänglich. Sie wird durch die Menschen selbst bedingt und durch deren eigene Struktur hervorgebracht.

Wir schaffen uns selbst unsere Wirklichkeit, indem wir Reize aus der Umwelt über Sehen, Hören, Fühlen, Riechen oder Schmecken durch die Struktur unseres Nervensystems zu sinnesbezogenen Ereignissen wie Bilder, Geräusche, Empfindungen, Gerüche oder Geschmäcker im Inneren des Organismus verarbeiten. Indem wir wahrnehmbare oder erfahrbare sinnliche Erlebnisse durch Bezeichnungen oder Beschreibungen sprachlich erfassen wie beispielsweise durch Begriffe wie »Tisch«, »Baum«, »Freude«, »Spannung« oder »Druck«, gelangen diese fassbarer in unser Bewusstsein und erhalten Sinn und Bedeutung.

Folglich bringt der Mensch sein Erleben von Wirklichkeit insbesondere durch Sprache selbst hervor.

Je nachdem, *aus welcher Perspektive* wir Ereignisse sichten und wahrnehmen, je nachdem, welche *Worte oder Begriffe* wir verwenden, um unsere Erlebnisse und Erfahrungen zu beschreiben, je nachdem, auf welche Weise wir diese erzählen, erzeugen wir unsere Wirklichkeit.

Dieses Phänomen kommt beispielsweise zum Tragen, wenn wir verschiedene Personen bitten, »ihre« Organisation zu beschreiben. Je nach Perspektive und Erfahrungen wie etwa der Personalabteilung, dem Controlling, der Produktion oder der Geschäftsleitung sind die Beschreibungen sehr unterschiedlich und bringen nicht selten vollkommen verschiedene Wirklichkeiten innerhalb derselben Organisation zum Vorschein. Hierbei geht es nicht um wahr oder unwahr, richtig oder falsch, sondern ausschließlich darum, wie dienlich oder hinderlich die jeweiligen Beschreibungen für eine erwünschte Entwicklung der Organisation *und* des wahrnehmenden Menschen sind.

Jeder macht sich seine eigenen *Vorstellungen* von der Organisation, in der er arbeitet und leitet aus diesen Vorstellungen Annahmen und Vermutungen ab, was einen Einfluss darauf hat, wie er die Organisation beschreibt und welche Bedeutung er ihr gibt. »Niemand hat eine Organisation im Kopf – oder eine Familie oder eine Gemeinschaft. Was wir in unseren Köpfen haben, sind Bilder, Annahmen und Geschichten.« (Senge, 2006, S. 213)

4.4 Systemtheoretische Ansätze der Organisationsberatung

Relevante Perspektiven zirkulär erfragen

Auch Sinn und Bedeutung von Veränderungen existieren nicht objektiv an sich, sondern sind immer subjektiv vom Beobachter gegeben, je nachdem, aus welcher Perspektive er diese Veränderung wahrnimmt und erlebt. Diese subjektive Perspektive kann zusätzlich erweitert werden, wenn wir über *zirkuläre Fragen* auch andere Perspektiven hypothetisch einbeziehen wie zum Beispiel:

- Angenommen, Ihre Kunden hätten die Entwicklung der Organisation in den letzten fünf Jahren beobachtet. Wie würden sie die die Entwicklung beschreiben und bewerten? Was würden die Kunden Ihnen empfehlen?
- Angenommen, Ihre Kunden würden Ihre Vision betrachten. Wo würden sie sich wiederfinden? Was würde ihnen fehlen?
- Angenommen, der Vorstand hätte an dieser Besprechung teilgenommen. Welchen Eindruck würde er mitnehmen? Was würde er Ihnen empfehlen?
- Angenommen, einzelne Mitarbeitende aus der Produktion wären hier in dem Workshop anwesend. Wie würden die die Ergebnisse kommentieren? Was wäre wohl ihnen wichtig?

Es kann auch sehr erhellend sein, nicht nur die Perspektive von relevanten Personen hypothetisch einzubeziehen, sondern auch wesentliche Aspekte der Organisationsentwicklung sprechen zu lassen wie zum Beispiel:

- Angenommen, das »Ziel« hätte eine Stimme. Was würde es sagen? Wie klar oder unklar wäre es in seiner Ausdrucksweise/Formulierung? Wie mächtig würde es sich fühlen? Wäre es stark oder schwach? Wäre es attraktiv oder unattraktiv?
- Angenommen, die »Motivation« könnte uns etwas sagen. Was wäre ihr wichtig? Was würde sie brauchen? Fühlt sie sich groß oder klein?
- Angenommen, die »Dringlichkeit« könnte sprechen. Was wäre ihr ein dringliches Anliegen?

Negativ Erlebtes positiv umdeuten

Auch über Umdeuten können wir andere Sichtweisen gewinnen: Durch das Anbieten anderer Begriffe oder Beschreibungen für das als problematisch empfundene Verhalten oder Ereignis beabsichtigen wir, eine neue Sichtweise und damit verbunden ein positiveres Erleben der Situation zu ermöglichen. Über andere Beschreibungen oder Erzählweisen werden bisher nicht oder zu wenig erkannte positive Aspekte beleuchtet, wodurch das Gemeinte als weniger problematisch und somit annehmbarer empfunden werden könnte (Kiel, 2020, S. 85).

> **Zum Beispiel:**
>
> Die Mitarbeitenden: »Immer wieder müssen wir uns mit neuen IT-Systemen herumschlagen. Ständig werden wir in irgendwelche Schulungen geschickt.«
>
> Beraterin: »Ja, die Unternehmensleitung investiert hier wirklich einiges. Sie ist anscheinend sehr daran interessiert, diesen Standort für die Zukunft fit zu machen und zu sichern. Und gut, dass Sie immer wieder etwas Neues lernen dürfen und sich weiterentwickeln können.«

Durch eine neue Sichtweise auf das Problematische, Störende oder Beklagenswerte eröffnen sich andere sinnvolle Bedeutungen, wodurch sich das Erleben plötzlich und erheblich wandeln könnte.

Die Perspektive der Betroffenen nachvollziehen und einbeziehen

Unser Erleben in Veränderungssituationen ist vor allem dadurch bestimmt, aus welcher Perspektive wir diese wahrnehmen, erfahren und entsprechend beschreiben. Dabei ergibt sich unser Blickwinkel aus zwei wesentlichen Dimensionen:

4.4 Systemtheoretische Ansätze der Organisationsberatung

1. Das Ausmaß der inhaltlichen Gestaltungs- bzw. Einflussmöglichkeiten bei der Veränderung
2. Das Ausmaß der persönlichen Betroffenheit durch diese Veränderungen

Die erste Dimension beinhaltet die konkrete Ausgestaltung der Veränderung zum Beispiel von der neuen Strategie, den Prozessen, Abläufen oder Strukturen. Hier sind vor allem das Wissen, die Kenntnisse und somit die Sachlogik der Beteiligten im Sinne von rationalem Denken gefragt.

Die zweite Dimension betrifft die persönliche Betroffenheit durch diese Veränderung zum Beispiel hinsichtlich der eigenen Rolle, Aufgaben, Kompetenzen, Verantwortung oder der persönlichen Beziehungen in der Zusammenarbeit. Hier wirkt vor allem die *Psychologik* bei den Betroffenen im Sinne des gedanklichen, körperlichen und emotionalen Erlebens der derzeitig wahrgenommenen Veränderungssituation.

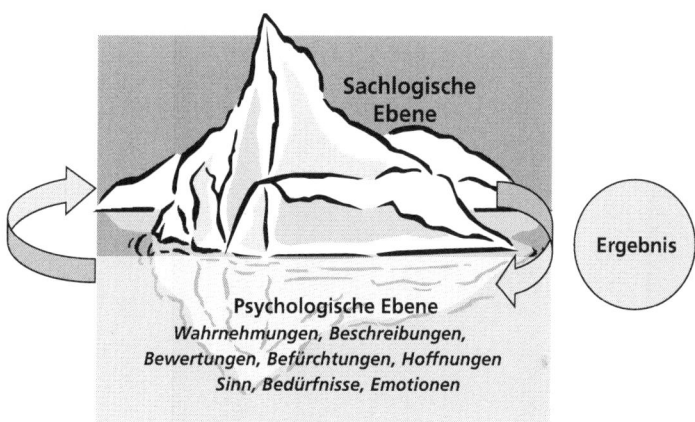

Abb. 4.1: Sachlogische und psychologische Ebene im Organisationskontext

Vor allem von Bedeutung ist, inwieweit diese Veränderungen die *Grundbedürfnisse* tangieren. Inwieweit sind Bedürfnisse nach Bindung bzw. Zugehörigkeit, Orientierung und Kontrolle, Selbstwerterhöhung und Selbstwertschutz, Lustgewinn und Unlustvermeidung erfüllt oder verletzt? Wir nähern uns bestimmten Personen, Objekten, Situationen oder vermeiden sie; je nach Erwartung, dass relevante Bedürfnisse sich erfüllen oder verletzt werden (Grawe, 2004, S. 188 f.).

Aus dieser einerseits *sachlogisch-gestaltenden* und andererseits *psychologisch-betroffenen Dimension* können folgende Tendenzen abgeleitet werden:

a. Menschen reagieren in Veränderungssituationen eher sachlogisch und rational, je mehr sie die Möglichkeit haben, die Veränderung inhaltlich mitzugestalten und je weniger sie persönlich von dieser Veränderung betroffen sind.
Wir sind und fühlen uns beteiligt.
b. Menschen reagieren eher psychologisch und emotional, je mehr sie sich von der Veränderung persönlich betroffen fühlen und je weniger sie die Möglichkeit sehen, die Veränderung mitzugestalten.
Wir sind und fühlen uns betroffen. Wir fühlen uns fremdbestimmt, übersehen oder gar überfahren.

Das Einbeziehen der Mitarbeitenden auf der inhaltlichen Ebene kann auf der Beziehungsebene als Wertschätzung, deren Ausschließen als Geringschätzung erlebt werden.

Gerade dann, wenn Menschen sich fremdbestimmt und dadurch in ihrer Autonomie angegriffen fühlen, erleben sie innerlich erhöhten Widerstand gegen die gemeinte Veränderung, selbst dann, wenn sie eigentlich sachlich bzw. inhaltlich grundsätzlich damit einverstanden sein könnten: »Warum haben die mich nicht vorher gefragt und miteinbezogen?« Oder: »Haben mein Wissen und meine Meinung keinen Wert?«

Es scheint hilfreich zu sein, zunächst gedanklich aus der *Perspektive der betroffenen Mitarbeitenden* die angedachten Veränderungsvorhaben zu erfassen und die damit verbundenen Interessen und Bedürfnisse ehrlich nachzuvollziehen:

- Wie würde ich als betroffene Person diese Veränderung wahrnehmen und erleben? Welche Anstrengungen, Abwertungen und Kränkungen könnte ich erfahren?
- Was würde ich verlieren? Was könnte ich gewinnen?
- Welche Vor- und Nachteile könnte ich erkennen?

4.4 Systemtheoretische Ansätze der Organisationsberatung

- Welchen Sinn und Nutzen könnte diese Veränderung aus dieser Perspektive haben?
- Welche Bedeutung hätte die Veränderung für mich?
- Welche Interessen und Bedürfnisse würden aus dieser Perspektive entstehen?
- Was wäre für mich klar? Was wäre unklar?
- Welche Fragen würden dann vorrangig und wesentlich sein?
- Wie würde ich die Führung wahrnehmen? Welchen Eindruck hätte ich von meiner Chefin?

Allein schon das gedankliche Einnehmen der anderen Perspektive und das Eintauchen in diese Sichtweise könnten dafür sorgen, dass sich *wie von selbst* unsere Haltung und Kommunikation den betroffenen Mitarbeitenden anpassen, um möglichen Fragen, Emotionen, Interessen oder Bedürfnissen zu entsprechen.

Auch die *Einstellung von einzelnen Personen oder Teams* zum Entwicklungsprozess können wir gedanklich und hypothetisch erkunden. Hierzu ergänzende Fragen:

- Welche Erwartungen, Befürchtungen, Unsicherheiten oder Ängste könnten einzelne Personen oder Teams bezogen auf die künftigen Entwicklungen haben?
- Welches Interesse könnten einzelne Personen oder Teams an dieser Veränderung haben?
- Welchen Preis bezahlen sie dafür? Welchen Nutzen könnten sie haben?
- Gehören sie zu den Befürwortern oder Gegensprechern, den Beteiligten oder zu den Betroffenen?
- Gehören sie zu den Gewinnern oder zu den Verlierern? Und was haben sie zu gewinnen oder zu verlieren?

Systemische Organisationsberatung sorgt für eine frühe und hohe Beteiligung möglichst vieler Mitarbeitenden. Gleichzeitig ist es nicht immer möglich, alle einzubeziehen und zu beteiligen. Daher ist eine regelmäßige und transparente Kommunikation über den aktuellen Stand und die künftigen Vorhaben unerlässlich. Gleichzeitig dürfen wir auch bei hoher Partizipation nicht übersehen, dass aus jedem Entwicklungsprozess konkrete aufgaben- und arbeitsplatzbezogene Veränderungen folgen. Auch wenn Veränderungen durch die Mitarbeitenden im Sinne der Optimierung der Organisation mitgestaltet worden sind, heißt es noch nicht, dass diese Veränderungen auch von den betroffenen Mitarbeitenden vor dem Hintergrund ihrer persönlichen Bedürfnisse und Interessen als optimal wahrgenommen und erlebt werden.

Wir müssen uns vor Augen führen, dass auch die unter Beteiligung als sinnvoll und erforderlich erkannten Veränderungen bestehende Verantwortungsbereiche, Führungsverhältnisse, Aufgabenverteilungen oder konkrete Tätigkeiten betreffen und einzelne Betroffene die Veränderungen als hohe Anstrengung, schweren Verlust oder als Kränkung erleben. Nicht in seltenen Fällen kollidiert die Entwicklung der Organisation mit der persönlichen Entwicklung einzelner Mitarbeitenden oder Führungskräfte: Entwicklungen, die für die Organisation förderlich und erforderlich sind, können von Einzelnen als hinderlich oder gar schädlich für ihre persönliche Entwicklung bewertet werden. Hier sei noch betont, dass auch diese Konflikte immer nur subjektiv aus einer bestimmten Perspektive wahrgenommen, bewertet und erlebt werden.

4.5 Prinzipien der Selbstorganisation in psychischen und sozialen Systemen

In der gängigen Literatur zum Thema Organisationsberatung wird in der Regel von Selbstorganisation gesprochen. Häufig wird sogar »die Selbstorganisation von Teams« ausdrücklich gefordert und als Heilsversprechen für alle Unarten hierarchischer oder bürokratischer Strukturen angepriesen, ohne den Begriff oder das Phänomen von Selbstorganisation theoretisch hinreichend zu klären. Jedoch ist eine Begriffsbestimmung erforderlich, um selbstorganisierende Phänomene in sozialen und psychischen Systemen begreifen, beeinflussen und in eine erwünschte Richtung entwickeln zu können. Dabei ist Selbstorganisation an sich weder gut noch

4.5 Prinzipien der Selbstorganisation in psychischen und sozialen Systemen

schlecht, sondern ein beobachtbares Phänomen aller dynamischen komplexen Systeme.

Die Synergetik, die von dem deutschen Physiker Hermann Haken Ende der 1960er Jahre im naturwissenschaftlichen Bereich ausgearbeitet wurde, hat allgemeingültige Prinzipien der Selbstorganisation und Phänomene der Ordnungsbildung in offenen komplexen Systemen zum Untersuchungsgegenstand. Die Synergetik wird als eine Wissenschaft vom geordneten, selbstorganisierten kollektiven Verhalten verstanden, wobei dieses Verhalten allgemeinen Gesetzen unterliegt (Haken, 1981, S. 21).

In selbstorganisierenden Systemen wird zwischen einer mikroskopischen und einer makroskopischen Ebene unterschieden. Auf der Mikroebene befinden sich die Vielzahl der Einzelelemente des Systems und deren unzähligen Wechselwirkungen untereinander. Diese Einzelelemente wirken derart zusammen, dass sie sprunghaft ein geordnetes Muster von selbst erzeugen, das sich auf der Makroebene des Systems herausbildet. Diese Ordnung wird »Attraktor« genannt (Strunk & Schiepek, 2006, S. 80ff.).

Attraktor[2] bezeichnet eine Ordnung (Muster, Struktur, Regel), auf die hin sich eine Systemdynamik entwickelt. Diese entstandene Ordnung weist eine gewisse Stabilität auch bei veränderten Umweltbedingungen bzw. gegenüber mäßigen Störungen auf.

Das Verhalten der Einzelelemente auf der mikroskopischen Ebene wird von einem sogenannten »Ordner« bestimmt, der das geordnete Muster auf der makroskopischen Ebene hervorbringt und über einen gewissen Zeitraum stabil hält. Dieser dynamische Prozess verläuft in einer kreisförmigen Kausalität, da die Einzelelemente des Systems den Ordner selbst schaffen, durch welchen sie wiederum in ihrem Verhalten bestimmt werden (Schiepek, Eckert & Kravanja, 2013, S. 33). Demnach geht der Ordner einerseits aus dem Zusammenwirken der Einzelelemente hervor (»Bottomup«), bestimmt aber auch andererseits die Einzelelemente, indem er ihr

---

2 Das Wort »Attraktor« ist hergeleitet vom lateinischen »ad trahere« und heißt »zu sich hinziehen«. Demnach werden Ordnungen bzw. Muster, Strukturen oder Regeln in der Synergetik als Attraktor bezeichnet, wenn diese die Einzelelemente auf der Mikroebene in ihrem Verhalten einbinden und »zu sich« – in das vorhandene Muster oder in die bestehende Ordnung – »hinziehen«.

Verhalten vorschreibt und deren »Freiheitsgrade« beträchtlich reduziert (»Top-down«).

Folglich verlaufen zwei dynamische kreiskausale Vorgänge in offenen komplexen Systemen: einerseits die Wechselwirkungen zwischen den Einzelelementen auf der mikroskopischen Ebene, aus denen sich ein Ordner herausbildet, von diesem wiederum die Einzelelemente in ihrem Verhalten gebunden werden (Herausbildung von und Bindung durch Ordner). Andererseits verläuft eine Wechselwirkung zwischen der mikro- und makroskopischen Ebene des Systems. In diesem Vorgang bildet der unsichtbare Ordner aus der mikroskopischen Ebene eine wahrnehmbare Ordnung – den Attraktor – auf der Makroebene heraus, die wiederum das Verhalten der Einzelelemente auf der Mikroebene und somit den Ordner bestimmt (Herausbildung von und Einbindung durch Ordnung). Abbildung 4.2 verdeutlicht diesen Vorgang.

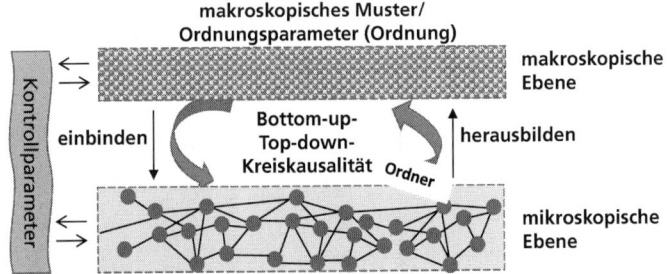

Abb. 4.2: Vorgänge in selbstorganisierenden Systemen in Anlehnung an Haken und Schiepek (2010, S. 134)

Durch diese zwei Vorgänge erhält das System einen relativ stabilen dynamischen Gleichgewichts- und Ordnungszustand. Das dynamische Gleichgewicht kann durch äußere oder innere Einflüsse gestört werden. Diese Einflussgrößen werden in der Synergetik »Kontrollparameter« genannt.

Übertragen auf den sozialen oder psychischen Phänomenbereich stellt sich die Frage, wie relativ stabile Ordnungen wie etwa Normen, Regeln oder Interaktionsmuster in sozialen Systemen oder kognitiv-emotionales Erleben, Denk- und Verhaltensmuster in psychischen Systemen von selbst entstehen und sich stabilisieren. Dementsprechend stehen die Begriffe

4.5 Prinzipien der Selbstorganisation in psychischen und sozialen Systemen

»Selbstorganisation« und »Ordnung« in einem engen Zusammenhang. Im Prinzip wird eine wie auch immer geartete Ordnung von Menschen durch eigene Organisation selbst erschaffen und erhalten. Demnach schaffen Menschen aus sich selbst heraus Ordnungen bzw. Muster, Strukturen oder Regeln, erhalten diese aufrecht und passen diese an veränderte Umweltbedingungen an.

Für das Verständnis von Veränderung ist von zentraler Bedeutung, dass in offenen komplexen Systemen sogenannte »Kontrollparameter« wirken: *Kontrollparameter* sind die wesentlichen Wirkfaktoren, die die vorhandene Ordnung aufrechterhalten bzw. stabilisieren und durch dessen Änderung ein anderer Ordnungszustand möglich wird. In sozialen Systemen halten sie bestimmte Normen, Rituale, Regeln, Interaktions- und Verhaltensmuster oder gemeinsam erzählte Geschichten und in psychischen Systemen bestimmte Vorstellungen, Annahmen und Überzeugungen und somit die Sichtweise eines Menschen in einer relativen Stabilität aufrecht.

Durch Änderung der Kontrollparameter gerät gerade diese Stabilität ins Schwanken, wobei sich eine neue soziale oder psychische Ordnung herausbilden kann. Durch die Annahme des Vorhandenseins von Kontrollparametern in selbstorganisierenden Systemen, scheint es zumindest theoretisch Möglichkeiten der Beeinflussung zu geben.

4.5.1 Selbstorganisation in sozialen Systemen: sich in Bescheidenheit üben und die wirksamen Einflüsse erkennen

In sozialen Systemen sind auf der mikroskopischen Ebene die unzähligen Interessen, Bedürfnisse, Empfindungen, Kommunikationen und Handlungen der einzelnen Mitglieder derart miteinander vernetzt, dass sie sich gegenseitig beeinflussen. Aus diesen Wechselwirkungen bildet sich wie von selbst ein Ordner heraus, der das Verhalten der einzelnen Personen bindet und deren Freiheitsgrade erheblich einschränkt. Aus dieser durch den Ordner gebundenen Dynamik auf der mikroskopischen Ebene entsteht auf der makroskopischen Ebene eine beobachtbare, relativ stabile Ordnung bzw. Struktur.

Diese hervorgebrachte Struktur beinhaltet die gemeinsam gelebten Regeln, Rituale, Verhaltens- und Interaktionsmuster sowie die gemeinsam erzählten Geschichten und Legenden des sozialen Systems, die wiederum die Wahrnehmungen, Gedanken, Empfindungen und Verhaltensweisen des Einzelnen koordinieren und binden. Hierdurch pendelt sich im Laufe der Zeit ein relativ stabiles Gleichgewicht zwischen dem gemeinsam Gelebten und dem individuell Erlebten ein.

Diese gelebten und erlebten Phänomene sind die Manifestationen der Kultur des sozialen Systems. Diese Kultur kann in ihrer relativen Stabilität durch innere und/oder äußere Einflüsse gestört werden: entweder durch Veränderungen von Kontrollparametern des sozialen Systems oder durch Veränderung innerer und äußerer Rand- bzw. Rahmenbedingungen.

Kontrollparameter können die Intensität und Qualität der Wechselwirkungen auf der mikroskopischen Ebene erheblich beeinflussen. Zum Beispiel wirken in Organisationen folgende Parameter auf das soziale System ein:

- das dauerhaft erlebte Betriebsklima wie Wertschätzung, Zugehörigkeit, Kooperation und Vertrauen oder Konkurrenz, Misstrauen und Missgunst;
- die aktuell vorherrschende Atmosphäre wie Angst, Ärger, Druck, Stress und Überlastung oder Freude, Spannung oder Entspannung, Zuversicht oder Unsicherheit über die Zukunft des Unternehmens;
- das Verhalten einflussreicher Mitarbeitende;
- prägendes Führungsverhalten und durch dieses auch unausgesprochen vermittelt bestimmte Werte wie Ehrlichkeit, Zuverlässigkeit oder Loyalität.

Daneben wirken auf die mikroskopische Ebene äußere und innere Rahmenbedingungen. In Organisationen dienen zum Beispiel als äußere Rahmenbedingungen die vorgegebenen Ziele oder Ausrichtung, definierte Arbeitsabläufe, festgelegte Standards und Richtlinien, Raumstrukturen, Beurteilungssysteme oder die formulierte Unternehmensphilosophie und als innere Rahmenbedingungen die gemeinsame Unternehmensgeschichte, prägende Ereignisse oder gemeinsame Erleb-

4.5 Prinzipien der Selbstorganisation in psychischen und sozialen Systemen

nisse und Lernerfahrungen aber auch spürbare Überzeugungen, Interessen, Bedürfnisse, Führungs- und Machtverhältnisse. Insbesondere die äußeren Rahmenbedingungen können je nach Detailierung, Standardisierung, Ausprägung und Verpflichtung die Mitarbeitenden in ihrem Verhalten mehr oder weniger einschränken und somit vorweg die Selbstorganisation in bestimmte Bahnen lenken. Aus diesen äußeren und inneren Rahmenbedingungen bilden sich Kontrollparameter heraus wie zum Beispiel prägendes Führungs- oder Mitarbeiterverhalten oder eine emotionale Atmosphäre wie Unsicherheit, Angst, Druck, Freude, Zusammenhalt oder Leichtigkeit.

Die Stabilität des dynamischen Gleichgewichtes steht nun in unmittelbarer Wechselwirkung mit den Kontrollparametern. Das Gleichgewicht kann beispielsweise ins Schwanken geraten, wenn das Unternehmen in eine Liquiditätskrise gerät und infolgedessen das Führungsverhalten und die emotionale Atmosphäre sich plötzlich wandeln. Oder allein schon die Kündigung einer einflussreichen Mitarbeiterin könnte destabilisierend wirken. Diese Phasen der Instabilität sind durch auffällige »Fluktuationen« bzw. Abweichungen von den etablierten Handlungs- und Verhaltensmustern gekennzeichnet. Aus diesen Abweichungen könnte sich ein neuer Ordner auf der mikroskopischen Ebene herausbilden, der die Elemente in seine Dynamik einbindet, wodurch auf der makroskopischen Ebene andere Normen, Regeln, Verhaltensweisen oder Interaktionsmuster mit der Zeit entstehen und sich festigen. Diese neue Ordnung würde wiederum auf die unzähligen Wahrnehmungen, Gedanken, Empfindungen, Emotionen und Kommunikationen der einzelnen Menschen des sozialen Systems einwirken.

Hier kommt den Führungskräften eine besondere Bedeutung zu. Sie sind ein wesentlicher Erfolgsfaktor für die erwünschten Entwicklungen der Organisation.

Führungskräfte haben die Möglichkeit, über Veränderungen der äußeren Rahmenbedingungen oder unmittelbar durch ihr Verhalten das Gleichgewicht des sozialen Systems zu beeinflussen. Dabei ist es erforderlich, über einen gewissen Zeitraum das neue Verhalten in merklicher Form dauerhaft und gleichbleibend zu zeigen, sodass dieses für die Mitarbeitenden als *konstanter Unterschied* bzw. als Abweichung zum Bisherigen erlebbar wird.

Gerade in Phasen der Unsicherheit scheinen die Mitarbeitenden besonders sensibel und empfänglich für das Verhalten und den zwischenmenschlichen Umgang der Führungskräfte und insbesondere der direkten Vorgesetzten zu sein. Ehrlich, transparent, ausgewogen und fair sein, Einbeziehung und Mitwirkung sowie Loyalität und Wohlwollen sind Grundvoraussetzung für die Entwicklung von Glaubwürdigkeit und Vertrauen. Dabei ist es entscheidend, dass diese Werte nicht von außen aufgesetzt, sondern von innen aus ureigener Überzeugung (vor-)gelebt werden. Es geht darum, authentisch zu sein. Ansonsten artet das Verhalten in künstliches Getue aus, woraus nicht Glaubwürdigkeit und Vertrauen erwächst, sondern vielmehr Zynismus, Sarkasmus und Misstrauen.

Es geht um ehrliche zwischenmenschliche Begegnung und nicht um manipulierende Behandlung von Mitarbeitenden.

Daneben scheinen Zuversicht in die Zukunft und Zutrauen in die Mitarbeitenden weitere wesentliche Grundhaltungen für die Prägung einer positiven und entwicklungsfördernden Atmosphäre zu sein.

Als Beraterinnen können wir auf das soziale System Einfluss nehmen, indem wir frühzeitig einflussreiche Mitarbeitende für das Veränderungsvorhaben gewinnen, eine stabile Führungskoalition mit einer gemeinsamen Ausrichtung und Zielvorstellung bilden, das Erarbeiten einer sinnhaften und attraktiven Vision unterstützen, durch Zuversicht und Zutrauen eine positive emotionale Atmosphäre mitprägen, erwünschte Werte und Verhaltensweisen erkennbar vorleben und in diesem Sinne als Vorbild wirken.

In einer Phase der Instabilität haben wir jedoch keinen direkten Einfluss hinsichtlich der konkreten Entwicklung des sozialen Systems. Wir werden uns demnach in Bescheidenheit üben müssen und weniger die Rolle eines »Machers« einnehmen, sondern mehr die eines »Anregers«.

4.5.2 Selbstorganisation in psychischen Systemen: sich der Wirkung des emotionalen Erlebens bewusst sein

Auch das psychische System kann als ein offenes, komplexes und dynamisches System betrachtet und durch die Prinzipien der Selbstorganisation

4.5 Prinzipien der Selbstorganisation in psychischen und sozialen Systemen

beschrieben werden. Im psychischen System bestehen die Elemente auf der mikroskopischen Ebene aus den vielfältigen Wahrnehmungs-, Gedanken,- Gefühls,- und Handlungsströmungen. Diese Elemente sind unmittelbar miteinander vernetzt, beeinflussen sich gegenseitig und stehen in Wechselwirkung mit der gegebenen Umwelt.

Bisherige Erfahrungen und Erwartungen, das derzeitige emotional-körperliche Befinden sowie die sich daraus ergebenen Interessen und Bedürfnisse wirken als »innere Rahmenbedingungen« auf die mikroskopische Ebene ein. Aus dem Zusammenwirken entsteht selbstorganisiert eine relativ stabile geordnete subjektive Wirklichkeit auf der makroskopischen Ebene. Diese Ordnung bedingt wiederum die einzelnen Wahrnehmungen, Kognitionen und Emotionen auf der mikroskopischen Ebene (»Kreiskausalität«).

Wir bilden immer selbst eine kognitive Ordnung oder mentale Modelle in Form von Vorstellungen, Kenntnissen, Annahmen und Überzeugungen über die gemeinte Situation aus den vielfältigen wahrgenommenen Informationen, Erlebnissen und Einflüssen und aufgrund bisheriger Erfahrungen mit ähnlichen Situationen, die aus unserer persönlichen Geschichte erwachsen sind. Das Ergebnis ist eine *sinn- und bedeutungsvolle subjektive Wirklichkeit* unmittelbar verbunden mit einem emotionalen Erleben.

Durch eine veränderte Wahrnehmung bzw. Sichtweise, durch neue Einsichten, Erkenntnisse, Beschreibungen, Annahmen oder Erklärungen oder durch ein plötzlich gewandeltes emotionales-körperliches Befinden kann sich auf der mikroskopischen Ebene ein Ordner herausbilden, der die bisher relativ stabile Ordnung auf der makroskopischen Ebene ins Schwanken bringt.

Mentale Modelle hinterfragen

Wir können zum Beispiel *verfestigte Annahmen, Überzeugungen oder Glaubenssätze hinterfragen*, die Ärger, Ängste oder Unsicherheit bewirken und somit Energie binden und sowohl die Entwicklung der Organisation als auch die eigene persönliche Entwicklung hemmen oder gar blockieren:

- Sie sagen, dass das Management nur an sich denkt. Was macht Sie da so sicher? Oder: Wer genau im Management?
- Sie nehmen an, dass einige Mitarbeitende die Neuerungen nicht bewältigen können. Woran machen Sie das fest? Wie könnten Sie die Mitarbeitenden unterstützen? Oder: Welche Herausforderungen haben diese Mitarbeitenden schon in der Vergangenheit bewältigt?
- Sie sind davon überzeugt, dass die neue Arbeitsweise nicht funktionieren wird. Wie kommen Sie zu dieser Überzeugung? Was müsste passieren, damit es funktioniert?
- Sie nehmen an, dass der Kunde die Produktanpassung ablehnen wird. Welche Nachteile entstehen für den Kunden aus Ihrer Sicht? Welche Vorteile könnte er haben? Oder: Gibt es Kunden, die diese Anpassung befürworten würden?
- Sie sehen sehr viele Schwierigkeiten und Hindernisse bei den angedachten Veränderungen. Angenommen, die Organisation hätte sich während der kommenden zwei Jahre trotzdem zu ihrem Vorteil entwickelt. Wie haben Sie die Schwierigkeiten und Hindernisse bewältigt? Welche Geschichte könnten Sie zu diesem positiven Verlauf in zwei Jahren einer neuen Kollegin erzählen?

Was sind nun die »Kontrollparameter« in psychischen Systemen, die unsere subjektive Konstruktion von Wirklichkeit beeinflussen?

Ein entscheidender Parameter ist unser aktuelles emotional-körperliches Befinden, das gerade in diesem Moment die Wahrnehmung und das Erleben am wirksamsten beeinflusst und aufrechterhält. Es ist ein wesentlicher Unterschied, ob wir uns verärgert, gekränkt, verängstigt oder uns interessiert fühlen, krank oder gesund sind, körperliche Beschwerden haben oder uns körperlich wohl und kräftig fühlen. Unsere aktuelle emotional-körperliche Grundstimmung färbt unsere Wahrnehmung und unser Erleben erheblich ein und in dem Sinne unsere derzeit erlebte Wirklichkeit. So gesehen können wir die emotional-körperliche Befindlichkeit als Kontrollparameter bezeichnen, die von außen nicht unmittelbar wahrnehmbar ist und sich nicht direkt beeinflussen lässt.

Der Schweizer Psychiater Luc Ciompi (2005) hat ausführlich die Wechselwirkungen zwischen Emotionen, Kognitionen und Verhalten untersucht und den Begriff der »Affektlogik« eingeführt. Für Ciompi ist der aktuell vorherrschende Affekt bzw. die aktuelle »psychophysische Befindlichkeit« einer der wichtigsten Parameter, der das Wahrnehmen, Denken und somit die Kognitionen sowie das Verhalten eines Menschen bestimmt. Der Mensch selektiert und verarbeitet Impulse der äußeren Welt je nachdem, aus welcher psychophysischen Grundstimmung er diese wahrnimmt. Demnach ist die aktuelle Befindlichkeit eines Menschen ein wesentlicher Faktor für das Entstehen und Aufrechterhalten subjektiver Wirklichkeiten (ebd., 2005, S. 302 f.).

Zum Beispiel kann Stresserleben, Ärger, Angst oder Unsicherheit unser Wahrnehmen, Denken und Verhalten erheblich beeinflussen und aufrechterhalten, ohne dass wir uns dessen bewusst sind. Es ist erforderlich, die psychophysische Grundstimmung bzw. die Befindlichkeit des Menschen als wesentlichen Wirkfaktor für das Erzeugen und Erhalten bestimmter Gedanken, Vorstellungen und Annahmen über vergangene oder gegenwärtige Ereignisse oder künftige Veränderungen zu berücksichtigen.

Beraterinnen sollten per se sich bewusst sein, aus welchem emotional-körperlichen Befinden sie in diesem Moment wahrnehmen, denken und handeln.

Wir sollten sowohl das eigene emotional-körperliche Befinden als auch das der Menschen in unserer Umgebung wahrnehmen und annehmen. Gerade dann, wenn Menschen sich in ihrem Erleben gesehen, angenommen und gewürdigt fühlen, verändert sich paradoxerweise häufig das Erleben wie von selbst.

Unser derzeitiges Erleben ist anscheinend nur eine mögliche Antwort auf die wahrgenommene Situation. Dabei könnte eine Frage sehr aufschlussreich sein: Angenommen, ich würde mich anders fühlen. Wie würde ich dann darüber denken?

4.6 Praktisches Vorgehen systemischer Organisationsberatung

4.6.1 Schritte bei der Einführung des Entwicklungsprozesses: ganzheitlich und iterativ vorgehen

In der Praxis der Organisationsberatung haben sich bestimmte Schritte zur Einführung und Etablierung eines kontinuierlichen Entwicklungsprozesses bewährt. *Ganzheitlich* bedeutet hier, dass wir sowohl die sachlogische als auch die psychosoziale Dimension einbeziehen und die Strategie, Struktur und Kultur der Organisation berücksichtigen. Dabei wird der Mensch ganzheitlich als kognitives, emotionales und körperliches Wesen verstanden.

Das Wort *iterativ* kommt von Iteration (von lat. iterare, wiederholen) und beschreibt allgemein einen Prozess mehrfachen Wiederholens gleicher oder ähnlicher Handlungen zur Annäherung an eine Lösung oder an ein bestimmtes Ziel. Das heißt hier: Wir durchlaufen wiederholend die einzelnen Schritte, indem wir die aktuelle Situation reflektieren, bewerten und daraus weitere erforderliche Interventionen für eine erwünschte Entwicklung ableiten, währenddessen sich auch die Zielrichtungen und -vorstellungen anpassen und verändern können.

Eine kurze Beschreibung der einzelnen Schritte im Vorgehen der Beraterin:

1. Gemeinsam mit dem Auftraggeber *Orientierung* über die Ausgangslage, grobe Ausrichtung und mögliche Handlungsfelder der Entwicklung gewinnen.
2. Erste gemeinsame *Klärung der Situation* und *Analyse der Organisation eingebettet in ihrem Umfeld* mit dem Führungsteam, zum Beispiel nach den sieben Wesenselementen nach Glasl, Kalcher und Piber (2008) oder vor dem Hintergrund des MCV-Modells nach Häfele (2015).
3. Ein *Steuerungsteam* für die Organisationsentwicklung konstituieren, entwickeln und langfristig etablieren. Hier werden die für das Ent-

wicklungsvorhaben relevanten Perspektiven einbezogen und je nach Fragestellung weitere Personen temporär hinzugezogen.
4. Eine *direkte Ansprechpartnerin* der Organisationen benennen, um gemeinsam Workshops und Meetings des Steuerungsteams vorzubereiten, das inhaltliche und methodische Vorgehen abzustimmen, den bisherigen Prozess zu reflektieren und anzupassen sowie weitere Interventionen und Organisationsentwicklungsmaßnahmen zu planen.
5. *Schlüsselpersonen* aus der Organisation durch direktes Einbeziehen und regelmäßigen Austausch einbinden.
6. *Teilprojekte* definieren, terminieren und mit den erforderlichen Ressourcen ausstatten, zum Beispiel Zeitbudget, Räume mit entsprechenden Medien und Materialien, Expertise usw. Entsprechende Experten aus der Organisation für diese Teilprojekte gewinnen und beauftragen. Operatives Geschäft und Entwicklungsprojekte räumlich und zeitlich voneinander trennen.
7. Zunächst *wenige Schwerpunkte* der Entwicklung setzen und auf *erreichbare Ziele* achten. Kurzfristige Ziele realisieren und die ersten Erfolge sichtbar machen.
8. *Regelmäßige Kommunikation* an die Gesamtorganisation etablieren. Die Rückmeldungen der Mitarbeitenden systematisch sammeln, auswerten und für die Anpassung des Entwicklungsprozesses einfließen lassen.
9. *Regelmäßiges Feedback im Steuerungsteam* etablieren über Ergebnisse und Entwicklungen auf der inhaltlichen Ebene sowie über Stimmungen, Klima und Motivation auf der psychosozialen Ebene. Diese Informationen werden für die weitere Ausgestaltung des Entwicklungsprozesses berücksichtigt.

Aus den Erfahrungen im Praxisfeld haben sich Faktoren herausgestellt, welche die Akzeptanz für den Entwicklungsprozess bei allen Beteiligten erhöht:

- Zumindest in der Einführungsphase *Unterstützung durch externe Beraterinnen* ermöglichen, da die internen Personen mit dem Tagesgeschäft weitgehend ausgelastet sind und eine Außensicht sowie Expertise für die methodische Umsetzung gebraucht wird.

- In der Einführungsphase sollte die *Identifikation* mit dem Entwicklungsprojekt, das Verantwortungsgefühl und Engagement gestärkt werden. Hier sollte auf einen übertriebenen Anspruch auf kurzfristige wirtschaftliche Erfolge verzichtet werden.
- Es dürfen keine Bedingungen geschaffen werden, bei denen ein Konkurrenzdruck zwischen Mitarbeitenden beziehungsweise zwischen Teams oder Abteilungen entsteht. *Die Kooperation und das Miteinander* sollten gefördert werden und in diesem Sinne die interdisziplinäre sowie team- bzw. bereichsübergreifende Zusammenarbeit.
- Mit der *Erwartungshaltung* der Mitarbeitenden sorgfältig umgehen und relativieren, um Enttäuschungen zu vermeiden. Wiederholt die Botschaft vermitteln, dass Entwicklungen und Partizipation Zeit brauchen.
- Den *Führungskräften* kommt eine Schlüsselfunktion in der Sinnstiftung, Vermittlung, Etablierung und kontinuierlichen Weiterführung der Organisationsentwicklung zu (▶ Kap. 4.6.3).

4.6.2 Struktur des Entwicklungsprozesses: kontinuierliche Verbesserung und Selbststeuerung langfristig etablieren

Die Struktur des Entwicklungsprozesses besteht aus verschiedenen Steuerungselementen, Kommunikationsplattformen und Informationskanälen, um einen kontinuierlichen und nachhaltigen Selbstoptimierungsprozess in der Organisation zu verankern. Diese Struktur muss nicht von Beginn an aufgesetzt sein, sondern kann auch in der Einführungsphase aus den Erfahrungen und Erfordernissen organisch erwachsen. Mögliche Elemente der Struktur sind die Unternehmensleitung, das Steuerungsteam, die Teilprojekte und die Gesamtorganisation, die sich jeweils in verschiedenen Umwelten befinden (▶ Abb. 4.3).

Diese Elemente werden jeweils als soziale Systeme betrachtet. Dabei besteht die Gesamtorganisation aus all diesen Subsystemen einschließlich der Bereiche, die durch die Entwicklung operativ betroffen sind. Nach dem Ansatz der Autopoiese sind soziale Systeme autonom und strukturdeterminiert und in diesem Sinne durch ihre Eigenlogik bestimmt. Sie lassen sich nicht von außen instruieren, sondern werden durch Impulse zu Ver-

4.6 Praktisches Vorgehen systemischer Organisationsberatung

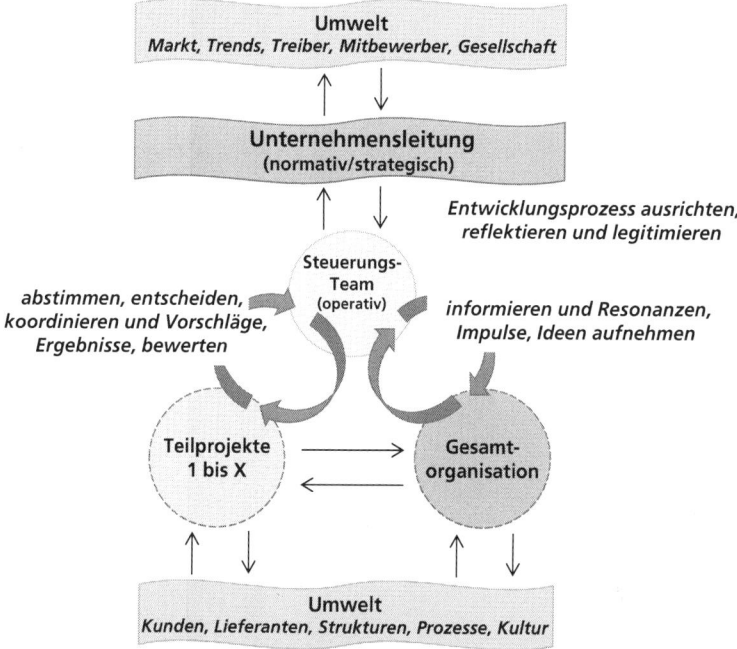

Abb. 4.3: Struktur kontinuierlicher Organisationsentwicklung

änderungen angeregt (▶ Kap. 4.4.1). Mit der Zeit bilden die einzelnen sozialen Systeme jeweils einen »konsensuellen Bereich« mit einer eigenen Sprache, Logik und Wirklichkeit heraus (▶ Kap. 4.4.2).

Die Unternehmensleitung

Alle Entwicklungsvorhaben der Organisation sollten von der Unternehmensleitung geprüft, bewertet und befürwortet werden und in diesem Sinne legitimiert sein. Das gilt auch für Vorhaben, die nur einen Bereich der Gesamtorganisation betreffen. Sie sollten der Strategie und Gesamtausrichtung, der Unternehmensphilosophie, der vorhandenen Ressourcen und Wirtschaftlichkeit entsprechen sowie mit anderen Interessen und derzeit laufenden Entwicklungsprogrammen abgestimmt sein. Im Grunde geht es darum, regelmäßig die Entwicklungsprojekte strategisch auszurichten und normativ zu legitimieren. Auf diese Weise sind sie in der Gesamtorganisation verankert.

Dabei gelten die Vorgaben der Unternehmensleitung als Rahmen für die Organisationsentwicklung, innerhalb dessen die Mitarbeitenden Veränderungen konkretisieren und ausgestalten. Dieser Rahmen sollte sorgfältig definiert und offen dargelegt werden, da dieser als Orientierung für das Handeln der Mitarbeitenden dient. Dieser Rahmen beinhaltet zum Beispiel die grobe Zielrichtung, die wirtschaftlichen Vorgaben und das Projektbudget, die rechtlichen Vorschriften, Führungsgrundsätze, Unternehmensphilosophie oder auch inhaltliche Abgrenzungen zu parallellaufenden Projekten.

Dieser Rahmen ist eine Beschränkung, innerhalb dessen die Mitarbeitenden Freiheitsgrade und Wahlmöglichkeiten bezogen auf die konkrete Ausgestaltung und Umsetzung der Organisationsentwicklung haben. Je weiter oder enger die Leitplanken definiert werden, desto mehr oder weniger wird die Autonomie des sozialen Systems berücksichtigt und dessen Selbstorganisation genutzt.

Die Gesamtprojektleiterin – in der Regel auch die Leiterin des Steuerungsteams – reflektiert und bewertet regelmäßig mit Vertretern der Unternehmensleitung den aktuellen Stand, Erfolge und Hindernisse sowie positive und negative Entwicklungen immer auch im Kontext der Gesamtorganisation und unter Berücksichtigung der Umweltbedingungen. Der Entwicklungsprozess wird erneut legitimiert oder gegebenenfalls gestoppt bzw. eingestellt.

Das Steuerungsteam

Im Steuerungsteam werden die relevanten Perspektiven für die Gestaltung und Steuerung des Entwicklungsprozesses eingebunden: relevant zum einen für das inhaltliche Abstimmen, Koordinieren und Bewerten der Entwicklungen und zum anderen für das methodische Vorgehen bei der Einführung, Etablierung und dauerhaften Verankerung der Organisationsentwicklung.

Zunächst ist darauf zu achten, dass folgende Perspektiven vertreten sind:

4.6 Praktisches Vorgehen systemischer Organisationsberatung

- die hierarchisch übergeordnete Führung mit genügend Einflussmöglichkeiten und Befugnissen
- Fachexperten mit dem benötigten Wissen und den erforderlichen Kenntnissen
- Experten für Vorgehensweise, Struktur und Methodik der Organisationsentwicklung
- einflussreiche Schlüsselpersonen mit viel Erfahrung, hoher Akzeptant und Glaubwürdigkeit
- »ortskundige« Mitarbeitende von der Basis, die unmittelbar und unverblümt die Sichtweise aus der Betriebspraxis einfließen lassen

Die Entwicklung des Steuerungsteams wird je nach Bedarf über einen längeren Zeitraum durch eine externe Beraterin begleitet. Die Beraterin sollte unterstützend einwirken und darauf achten, dass sich aus dieser Zusammenstellung von Personen ein Team bildet, das den Entwicklungsprozess gemeinsam trägt und realisieren kann. Hierfür könnte sie situativ *Umdeuten, Umfokussieren, Konfrontieren oder Kommentieren* oder auch gesondert *Maßnahmen zur Teamentwicklung oder Einzelcoachings* durchführen. Sie sorgt dafür, dass innerhalb des Teams ein ehrlicher Austausch über Kenntnisse, Annahmen und Überzeugungen aus den jeweiligen Perspektiven möglich wird und somit Unterschiede in den vorhandenen Sichtweisen offengelegt werden. Sie braucht ein Gespür für unausgesprochene persönliche Interessen und Bedürfnisse sowie für verdeckte Kommunikations- und Beziehungsmuster wie Macht- und Führungsverhältnisse, Koalitionen oder Allianzen.

Im Laufe der Zeit geht aus diesen verschiedenen Perspektiven eine gemeinsam geteilte Sichtweise auf die Gegenwart mit einer gemeinsam getragenen Vision von der Zukunft hervor, die nach außen einheitlich vertreten wird.

Das auf diese Weise konstituierte Steuerungsteam setzt die Handlungsfelder und priorisiert Handlungsschwerpunkte, definiert, konstituiert und koordiniert die Teilprojekte, bewertet die Ergebnisse und Vorschläge aus den Teilprojekten, entscheidet über Ressourcen und Maßnahmen sowie über das weitere Vorgehen. Es informiert regelmäßig die Gesamtorganisation, nimmt Stimmungen, Meinungen und Ideen auf und lässt diese in die weitere Ausgestaltung des Entwicklungsprozesses einfließen. Je nach Fragestellung werden entsprechende Personen temporär hinzugezogen.

Die Teilprojekte

Für die konkrete inhaltliche und fachliche Ausgestaltung der priorisierten Handlungsschwerpunkte werden vom Steuerungsteam Teilprojekte definiert und konstituiert. Die Teilprojekte bestehen aus den *Personen der Gesamtorganisation*, die zu der jeweils gegebenen Aufgabe einen wertvollen Beitrag leisten oder sich durch diese weiterentwickeln können. Sie definieren innerhalb der vorgegebenen Rahmenbedingungen konkrete Veränderungs- und Entwicklungsziele und erarbeiten mögliche Maßnahmen, um das Erwünschte oder Erforderliche zu realisieren. Die Teilprojektleiterin sorgt für das Projektmanagement und dafür, dass sowohl die Ergebnisse als auch weitere Vorschläge zur Optimierung der Organisation im Steuerungsteam präsentiert werden und die Rückmeldungen aus dem Steuerungsteam in das Teilprojekt zurückfließen. Gleichzeitig werden Einflüsse aus der Umwelt und der Gesamtorganisation bei der inhaltlichen Ausgestaltung berücksichtigt und betroffene Personen oder Bereiche einbezogen.

Diese Ergebnisse werden im Steuerungsteam präsentiert und diskutiert. Anschließend wird das weitere Vorgehen abgestimmt und entschieden. Andererseits bringen die Mitarbeitenden auch eigene Vorschläge zur Optimierung in den Prozess ein, die dann im Steuerungsteam besprochen und bewertet werden. Die Mitarbeitenden erhalten Rückmeldung darüber, wie diese berücksichtigt werden. Auf diese Weise wird der Entwicklungsprozess hierarchieübergreifend realisiert und in der Kultur langfristig verankert.

Die Gesamtorganisation

Nach der Einführungsphase wird der Entwicklungsprozess in der Gesamtorganisation etabliert und langfristig verankert. Die von den Teilprojekten erarbeiteten und vom Steuerungsteam entschiedenen Maßnahmen werden operativ umgesetzt. Während der Umsetzung können weitere

Möglichkeiten der Optimierung aufgezeigt werden. Von Beginn an bedarf es vom Steuerungsteam zum einen eine regelmäßige transparente und ehrliche Information über den aktuellen Entwicklungsverlauf und zum anderen sowohl das Wahrnehmen von Resonanzen und Stimmungen als auch das Aufgreifen von Ideen und Vorschlägen zur Optimierung der Organisation. Aus diesen Hinweisen und Rückmeldungen werden weitere Teilprojekte definiert und konstituiert.

4.6.3 Rolle, Aufgabe und Haltung der Führung: sich dem Entwicklungsvorhaben verpflichtet fühlen und aktiv unterstützen

Organisationale Veränderungen sind in der Regel mit erhöhtem Aufwand und nicht selten mit Anstrengungen verbunden. Gleichzeitig muss das operative Geschäft weiter erfüllt werden. Daher ist notwendige Voraussetzung für das Gelingen von Veränderungsvorhaben, dass zunächst die Führungskräfte den Sinn und Nutzen der Veränderungen erkennen und insofern sich diesen verpflichtet fühlen, hinter diesen stehen und nach außen vertreten.

Der Sinn und die Bedeutung von Organisationsentwicklung, die Ziele, Aufgaben, der zeitliche Ablauf, Ressourcen und Kompetenzen müssen für die Führungspersonen verständlich, nachvollziehbar und vertretbar sein, da sie gefordert sind, all diese Aspekte auch den eigenen Mitarbeitenden glaubwürdig und überzeugend zu vermitteln. Daher werden die Führungskräfte ermutigt, sich Orientierung und Klarheit zu verschaffen und einzufordern.

Sie sollten die Möglichkeit haben, ihre Bedenken und Vorbehalte sowie Ideen und Vorschläge ehrlich zu äußern und einzubringen. Ihre Ansichten, Aspekte und Meinungen sollten von der Unternehmensführung sehr ernst genommen und einbezogen werden. Ohne Überzeugung und Engagement der Führungskräfte ist das Vorhaben schon vor Beginn zum Scheitern verurteilt. *Sie sollten aktiv angesprochen und gehört werden.*

Im Idealfall werden zur Einführung und Verankerung des Entwicklungsprozesses in den jeweiligen Verantwortungsbereichen die Handlungsschwerpunkte und Aufgaben sowie die zur Verfügung stehenden Ressourcen in einem *Assignment* individuell festgehalten.

Das Assignment betrifft einen kurz- bis mittelfristigen Zeithorizont und ist sowohl situations- als auch personenbezogen ausgerichtet. Es berücksichtigt die aktuellen Herausforderungen der Organisation sowie die Hauptaufgaben, persönlichen Stärken und Entwicklungsmöglichkeiten der entsprechenden Person. Hieraus werden die Handlungsschwerpunkte und Kernaufgaben für einen bestimmten Zeitraum gesetzt. In der Regel wird dieses Assignment in einem Gespräch mit dem Vorgesetzten abgestimmt und vereinbart (Malik, 2006).

Im Grunde wird durch das Assignment die Rolle der Führungskraft in dem Entwicklungsprozess definiert. In der Summe bündeln, koordinieren und fokussieren Assignments die vorhandenen Kompetenzen und Ressourcen für die erwünschte Entwicklung und sind daher ein wertvolles Instrument der Organisationsentwicklung.

Die Führungskräfte sind das *psychosoziale Bindeglied* zwischen der Unternehmensleitung, dem Steuerungsteam und ihren Mitarbeitenden. Sie sorgen erheblich mit dafür, dass sich der Entwicklungsprozess in der Organisation entfalten und verankern kann. Sie vertreten und vermitteln einerseits die allgemeinen Rahmenbedingungen der Unternehmensleitung und andererseits die durch das Steuerungsteam vorgegebene (Neu-)Ausrichtung der Organisationsentwicklung. Dabei ist zu betonen, dass sich der Entwicklungsprozess den (neu) erkannten Anforderungen und Herausforderungen in *iterativen Schlaufen* regelmäßig anpasst.

Die Führungskräfte haben die Aufgabe, die Mitarbeitenden zu ermutigen, ihr Wissen, ihre Kenntnisse, Ansichten, Ideen, Verbesserungsvorschläge aber auch ihre Bedenken und Vorbehalte einzubringen. *Die Aktivität und das Engagement der Mitarbeitenden werden gestärkt.*

Die Führungskräfte sollten einen ehrlichen Dialog »auf Augenhöhe« anregen, in welchem sich die Mitarbeitenden ermutigt fühlen, ihr Erleben zu beschreiben und ihre Einwände offen zu äußern. Häufig beinhalten diese persönlichen oder sachbezogenen Einwände wertvolle Hinweise für das weitere Vorgehen und die konkrete Ausgestaltung des Entwicklungsprozesses.

Folgende Grundhaltung könnte förderlich sein, um die Mitarbeitenden in den Entwicklungsprozess einzubinden:

4.6 Praktisches Vorgehen systemischer Organisationsberatung

- Die Neuerungen nicht »verkaufen« wollen, sondern eine sachgerechte und kritische Haltung bewahren.
- Sich Zeit nehmen, um Begegnungen und Gespräche zu suchen.
- Subjektive Vorstellungen, innerer Bilder, Kenntnisse, Annahmen und Überzeugungen klären.
- Den Mitarbeitenden (ehrlich) zuhören, um deren Einwände, Anliegen, Befürchtungen, Sorgen und Bedürfnisse zu verstehen.
- Raum für das emotionale Erleben geben und die Mitarbeitenden ermutigen, ihre Gefühle wie Angst, Unsicherheit, Kränkung, Trauer, Wut oder Ärger zu benennen.
- Die Reaktionen der Mitarbeitenden als wertvolle Hinweise anerkennen und prüfen.
- Gestaltungs- und Entscheidungsräume aufzeigen, um die Autonomie und Verantwortung zu stärken.
- Schwierigkeiten, Aufwände und Verluste benennen und würdigen, Rückschläge gedanklich vorwegnehmen und akzeptieren.
- Sowohl die Vergangenheit und Gegenwart würdigen als auch die Notwendigkeit der Veränderung für die Zukunft aufzeigen.
- Training, Schulungen, Mentoring, Unterstützung anbieten.

Die Mitarbeitenden werden als Teil des Ganzen wahrgenommen und angesprochen, wodurch sie sich gefragt und beteiligt fühlen.

Das scheint für manche Führungskräfte *in der Tat* nicht so einfach zu sein, wie dies in der Theorie beschrieben wird. Nicht wenige erleben sind hier *ambivalent:* Ein Spannungsfeld zwischen Entwicklung der Organisation und Förderung der Mitarbeitenden auf der einen Seite und Gefährdung der eigenen Position auf der anderen Seite:

Was geschieht, wenn sich das Potenzial meiner Mitarbeitenden entfalten kann?

Ist meine Führungsposition gefährdet, wenn sich herausstellt, dass einzelne Mitarbeitende mehr Fachexpertise und Führungsqualitäten haben als ich?

Im Gegenteil: Gerade das Zulassen von Entwicklung und Entfaltung der jeweiligen Potenziale sollte als besondere Führungsqualität anerkannt werden. Die Führungskräfte sollte die Größe zeigen, die Mitarbeitenden im Sinne ihrer persönlichen Entwicklung und der der Organisation über sich hinauswachsen zu lassen.

Erforderlich ist ein Loslassen von überholten Rollenvorstellungen und Rollenmustern, die sich zum Beispiel durch Machtansprüche, Machtbesessenheit und Machtgehabe, Kontroll- und Steuerungsbedürfnisse oder durch den allwissenden und fachlich überlegenden Chef äußern, der monologisch über Anweisungen und Unterweisungen führt. Und ein Einlassen auf ein Rollenverständnis, welches Führung als dialogisch, kooperierend und koordinierend versteht.

4.6.4 Rolle, Aufgabe und Haltung der Berater: den Blick auf vorhandene Ressourcen richten und die Selbstoptimierung fördern

Im Sinne systemischer Organisationsberatung ist es nicht Aufgabe der Beraterinnen technische Probleme zu lösen, Expertise zu neuen Arbeitsformen einzubringen oder Fragen zur Prozessoptimierung zu beantworten. Die Aufgabe besteht vorrangig darin, die Organisation als soziales System in ihrer Selbstorganisation zu fördern mit dem Ziel, das in der Organisation Vorhandenes wie Wissen, Kompetenzen und Ressourcen für die Weiterentwicklung der Organisation nutzbar zu machen. Systemische Organisationsberater sind nicht Experten für fachliche Fragestellungen und liefern keine inhaltlichen Problemlösungen, sondern sind Experten für die Struktur, Methodik und Durchführung von Entwicklungsprozessen.

Nach diesem Verständnis ermöglicht und unterstützt die Beraterin eine fortlaufende Entwicklung der Organisation unter Einbezug der Erfahrungen und Wissensbestände der Mitarbeitenden. Das bedeutet auch, die von der Unternehmensleitung vorgegebenen und mehr oder weniger allgemeingehaltenen Zielvorstellungen mit den betreffenden Mitarbeitenden inhaltlich konkret auszugestalten, damit diese den Erfordernissen vor Ort gerecht und im Denken und Handeln integriert werden. Insofern ist die Beraterin keine Fachexpertin, sondern vielmehr Initiatorin und Ermöglicherin von Entwicklung unter Berücksichtigung der (vor-)gegebenen Strukturen, Rahmenbedingungen und Zielsetzungen sowie der vorhandenen Ressourcen.

4.6 Praktisches Vorgehen systemischer Organisationsberatung

Beratung wird als »Hilfe zur Selbsthilfe« verstanden: Die Beraterin leistet Hilfestellung zur eigenständigen Problemlösung. Die Lösungen werden unter Einbezug der relevanten Mitarbeitenden zum Beispiel in Workshops, Qualitätszirkeln oder in moderierten Teambesprechungen selbst entwickelt. Dabei hat die Beraterin vorrangig die Aufgabe, den Sinn und Nutzen von kontinuierlicher Entwicklung zu vermitteln, Problemlösungsprozesse anzuregen, Instrumente und Methoden zur Verfügung zu stellen sowie die Eigeninitiative, Selbststeuerung und Selbstverantwortung zu stärken.

Berater können in ihrer Haltung, Methodologie und in ihrem Interventionsrepertoire individuell sehr unterschiedlich sein. Das individuelle Handeln im Beratungsfeld geht aus den Leitdifferenzen im Wahrnehmen und Denken, der Motivation und der aktuellen psychophysischen Verfasstheit vor dem Hintergrund der vorhandenen Wissensbestände, Kenntnisse und Erfahrungen hervor.

Die Person der Beraterin stellt einen kritischen Erfolgsfaktor dar. Allein schon ihre Anwesenheit löst eine Wirkung aus und ist somit eine *Intervention*.

Aus unserer Sicht sind für die Begleitung von Entwicklungsprozessen neben einer fundierten Ausbildung in Organisationsberatung und einem breiten Methodenrepertoire folgende allgemeine *Metakompetenzen* hilfreich:

- Sich via Sinneswahrnehmung über die gegebene Situation, über andere Personen und auch über sich selbst bewusst sein.
- Eigenes Erleben und Handeln, eigene Bedürfnisse, Gedanken oder Phantasien wahrnehmen und sich dessen gewahr sein.
- Zusammenhänge, Muster, Beziehungen und Stimmungen intuitiv erfassen.
- Die Anforderungen und Erfordernisse der gegebenen Situation erkennen sowie die eigenen Fähigkeiten und Grenzen einschätzen.
- Präsent sein und die eigenen Wahrnehmungen, Erfahrungen, Kenntnisse oder Überzeugungen glaubhaft zur Verfügung stellen.
- Als Mensch mit Stärken und Schwächen sichtbar, greifbar und einschätzbar sein.
- Sich veränderten Gegebenheiten spontan anpassen können. Offen sein für Überraschungen.

- Einen vertrauensvollen und tragfähigen Kontakt zu anderen aufbauen können.
- Humor, Gelassenheit, Zuversicht, Kreativität und ein echtes Interesse an den Menschen haben.

In einem ersten *Orientierungsgespräch* mit der möglichen Auftraggeberin macht sich der Berater *ortskundig*. Hier geht es darum, Vorstellungen, Erwartungen, Bedürfnisse und Erfordernisse zu klären und Vertrauen aufzubauen.

- Was ist der Auslöser für diese Beratung?
- Wie ist die Vorgeschichte?
- Was hat Sie bewogen, mich oder uns anzusprechen?
- Welche Maßnahmen wurden in der Vergangenheit schon durchgeführt? Mit welchen Ergebnissen?
- Was haben Sie aus den vergangenen Projekten gelernt?
- Was sollte sich bei diesem Projekt nicht wiederholen?
- Was sind die Ziele für diesen Entwicklungsprozess?
- Was wären Ihre Wünsche und Bedürfnisse? Was wären Ihnen persönlich besonders wichtig?
- Welche Erwartungen haben Sie an diese Beratung? An mich als Beraterin?
- Was wäre hilfreich? Was wäre eher hinderlich? Was sollte in keinem Fall passieren?
- Wie ist die Motivation, Energie, Dringlichkeit?
- Welcher Zeithorizont schwebt Ihnen vor?
- Was würde passieren, wenn wir nichts tun würden?
- Wer ist zu beteiligen?
- Was sind die besonderen Stärken Ihrer Organisation? Worauf sind Sie besonders stolz?
- Was brauche ich in meiner Rolle als Beraterin, um die Organisation erfolgreich begleiten zu können?

Die konkrete Ausgestaltung der Rolle der Beraterin und die damit verbundenen Anforderungen, Erwartungen, Verpflichtungen und Kompetenzen werden durch den Auftrag geklärt, wodurch das Handlungsfeld auf die wesentlichen Aspekte reduziert wird. Der Auftrag dient der gemeinsamen Orientierung. Er umfasst die wesentlichen Aspekte und bildet somit den Rahmen für die Beratung: inhaltliche Schwerpunkte der Entwicklung, Ziele, Aufgaben, zeitlicher Rahmen, Kompetenzen, Verpflichtungen, zur Verfügung stehende Ressourcen und Vergütungssätze.

Der Auftrag ergibt sich aus zwei Gesichtspunkten:

a) Einerseits aus den *Erfordernissen der Organisation* wie der langfristigen Anpassung an die Strategie, dem mittelfristigen Bedarf der Optimierung oder der kurzfristigen Notwendigkeit von Veränderung.
b) Andererseits aus den *Voraussetzungen der beauftragten Beraterin* wie Kenntnisse, Interessen, Erfahrungen, Fähigkeiten und Kompetenzen sowie ihre Bereitschaft, die angedachten Veränderungen ethisch zu vertreten.

Dabei ist auch zu klären, welche *Ressourcen in der Organisation* vorhanden sind und welche *Kapazitäten* die Beraterin oder das Beratungsteam derzeit zur Verfügung stellen kann.

4.7 Handlungsprinzipien systemischer Organisationsberatung

Prinzipien bestimmen unsere Haltung und Einstellung, wie wir die Beziehungen zu Menschen gestalten, worauf wir unseren Blick lenken und was wir ausblenden, was wir erkennen oder nicht wahrhaben wollen, was uns wichtig und bedeutungsvoll ist.
Prinzipien generieren sich aus Prämissen und Überzeugungen. Sie leiten unser Wahrnehmen, Denken und Handeln.
Sie prägen unsere Identität und unser Selbstverständnis als Beraterin.
Im Folgenden werden Prinzipien für die systemische Beratung von Organisationen dargelegt. Dabei geht es um die Beratung von Organisa-

tionen im Sinne einer Entwicklungsstrategie. Diese Auflistung kann als Zusammenfassung und Ergänzung der bisherigen Aussagen betrachtet werden, ist aber nicht als »Checkliste« gedacht. Diese Prinzipien sollten nicht oberflächlich abgehakt, sondern vor dem Hintergrund der eigenen persönlichen Auseinandersetzung und Entwicklung und aus einem tiefen Verständnis heraus kongruent gelebt werden, *wie von selbst reguliert*.

Eine phänomenologische Einstellung und Haltung einnehmen

Die Phänomenologie wurde von Edmund Husserl (1859–1938) Anfang des 20. Jahrhunderts begründet und ist im engeren Sinne die Wissenschaft von den sich im Bewusstsein offenbarenden Phänomenen. Phänomenologie ist das Nachzeichnen, intuitive Erfassen und Einsehen, ausgehend von dem, was offensichtlich ist, was sich im Lebensraum zeigt (Quitmann, 1996, S. 64 ff.).

Eine *phänomenologische Einstellung* besteht darin, vorhandenes Wissen, vorgefasste Meinungen über das Wahrzunehmende zu erkennen und auszuklammern und in dem Sinne »zu den Sachen selbst« zurückzukehren. Eine phänomenale Exploration erstrebt eine zunehmend klare und detaillierte Beschreibung dessen, was ist. *Sehen und Schauen* sind die Zugänge des *Einsehens* des Gegebenen und Vorhandenen. Aus der sinnlichen Anschauung das Offensichtliche einsehen, sich das Gegebene vergegenwärtigen. Hierfür bedürfen wir offener Sinne für all das, was uns gegenwärtig gegeben und sinnlich erfahrbar erscheint (Kiel, 2020, S. 98 f.).

Wir können uns darin üben, immer wieder eine phänomenologische Haltung zu unserer Umwelt einzunehmen. Uns unserer inneren Bilder, Vorstellungen, Wertungen, Absichten und Gefühle bewusst zu sein und sie zumindest zeitweise auszuklammern, um mit dem in Berührung zu bleiben, was offensichtlich ist. Nur durch umfassende Bewusstheit wird ein Erfassen der Vielschichtigkeit und somit Begreifen der Zusammenhänge und Muster eines Ereignisses oder einer Situation möglich und zwar *intuitiv*.

4.7 Handlungsprinzipien systemischer Organisationsberatung

Vertrauen aufbauen

Vertrauen ist die Basis aller zwischenmenschlichen Beziehungen. Vertrauen sorgt für stabile und tragfähige Beziehungen und ist unerlässlich für die Zusammenarbeit. Grundvoraussetzung für Vertrauen sind Wohlwollen, Loyalität und echtes Interesse am anderen. Wer Vertrauen schaffen will, hört zu, ist authentisch und integer. Integrität heißt, man meint, was man sagt – und handelt entsprechend (Malik, 2006).

Sinn und Bedeutung erkennen

Menschen sind bereit, auch umfangreiche und tiefgreifende Veränderungen mitzutragen, liebgewonnene Gewohnheiten aufzugeben, Verluste in Kauf zu nehmen und Opfer zu bringen, wenn sie den dahinterliegenden Sinn und die Bedeutung erkannt haben. Menschen sind grundsätzlich bereit, für etwas Sinnhaftes einen Preis zu bezahlen. »Wer ein Warum im Leben kennt, der erträgt fast jedes Wie« wird Nietzsche zitiert.

Gerade in der Einführungsphase ist es erforderlich, in vielen einzelnen Gesprächen den Sinn und Nutzen von Organisationsentwicklung zu vermitteln, sodass es für die Mitarbeitenden sinnvoll erscheint, diesen Entwicklungsprozess aktiv mitzutragen und auszugestalten. Durch das Aufzeigen von Trends, Entwicklungen, Szenarien, aktuellen Problemen und künftigen Herausforderungen oder durch Vergleiche mit anderen Organisationen könnten wir die geplanten Veränderungen mit Sinnhaftigkeit und Bedeutung belegen. Erst durch Sinnhaftigkeit werden Aufmerksamkeit und Energie in die erwünschte Richtung gelenkt. Letztendlich lässt sich der Sinn von kontinuierlicher Entwicklung aus der Strategie ableiten: *Die Organisation in ihrer Lebensfähigkeit langfristig sichern und stärken.*

Das Ziel sollte nicht sein, dass die Mitarbeitenden von den Vorhaben »begeistert« sind – in aller Regel sind sie dann auch schnell wieder »entgeistert«. Die Aufgabe der Beraterin und auch der Führungskräfte besteht vielmehr darin, die Mitarbeitenden einzuladen, sich für das Neue zu öffnen, das Neue zu erkunden und auszuprobieren. Sich auf eine gemeinsame Reise mit Höhen und Tiefen der kontinuierlichen Weiterentwicklung einzulassen, ohne dass die Route schon vorgegeben ist.

4 Das Feld der Organisationsberatung betreten

An den inneren Landkarten anknüpfen

Eine notwendige Voraussetzung für alle Veränderungen ist, dass diese an der gelebten Organisationskultur anknüpfen. Nur dann wird eine Integration und Etablierung des Neuen möglich und somit eine eigenständige und selbstgesteuerte Konkretisierung und Umsetzung der Veränderungsvorhaben durch die betroffenen Menschen in ihrem Arbeitsumfeld. Die Organisationskultur besteht aus den latenten Wahrnehmungen, Sinngebungen und Glaubenssätzen, die durch Sprache und Handeln zum Ausdruck gebracht werden.

Unsere Aufgabe besteht darin, an die »innere Landkarte« unseres Gegenübers anzuknüpfen, um möglichst passende und annehmbare Lösungen gemeinsam zu entwickeln. Anknüpfen bedeutet hier, dass wir durch Aufmerksamkeit, sensibles Wahrnehmen und Fragen, die Perspektive des anderen erfahren, nachvollziehen und diese anerkennen und respektieren.

Hierfür ist Voraussetzung, dass wir fragend, neugierig und möglichst vorurteilsfrei sind. Eine ehrliche, loyale und wertschätzende Haltung ist grundlegend. Wir sollten offen für Überraschungen sein in dem Sinne, dass wir vorgedachte Vorstellungen oder Annahmen nicht bestätigt sehen wollen, dass sich unser Gegenüber immer auf eine Weise verhalten könnte, die wir noch nicht erlebt haben.

Auf Ressourcen und Lösungen fokussieren

Wahrnehmung, Denken und Empfinden sind das Ergebnis der *Fokussierung von Aufmerksamkeit* (Schmidt, 2018). Wir können durch Fragen und Kommentare den Scheinwerfer auf bestimmte Aspekte der Wirklichkeit richten und gleichzeitig andere unbeachtet lassen. Beraterinnen sollten generell die Wahrnehmungen auf die vorhandenen Ressourcen, Stärken und künftigen Lösungen fokussieren, gleichzeitig aber auch die bisherige Geschichte sowie die geleisteten Beiträge und Anstrengungen würdigen.

Die Wahrnehmungen richten sich auf die künftigen Entwicklungen, wobei Leistungen der Vergangenheit anerkannt und gewürdigt werden: Respekt vor dem, was die Menschen erfolgreich in der Vergangenheit hervorgebracht haben und eine gewisse *Respektlosigkeit* in dem Sinne, dass diese Anpassungsleistung künftig nicht mehr genügen könnte. Im Kontext der Vergangenheit waren die heute infrage gestellten Prozesse, Abläufe, Funktionen aber auch Einstellungen und Werte angemessen und nützlich. Sie waren eine adäquate Anpassungsleistung an die Bedingungen vergangener Umwelten und haben dazu beigetragen, dass die Organisation sich bis in die Gegenwart weiterentwickeln konnte und bis heute mehr oder weniger erfolgreich ist. Unter den gegenwärtigen oder antizipierten Bedingungen der Zukunft erscheint das Gemeinte in einem anderen Licht.

Autonomie berücksichtigen und Selbstorganisation nutzen

Menschen sind autonom und haben das Bedürfnis nach Eigenständigkeit, Selbstbestimmung und Selbstverantwortung. Gerade bei vorgegebenen Veränderungsvorhaben regt sich häufig Widerstand, da wir uns fremdbestimmt, übersehen und übergangen fühlen und infolgedessen unsere Autonomie gefährdet sehen.

Um die Mitarbeitenden für den erforderlichen Entwicklungsprozess zu öffnen, deren Motivation und Engagement in die erwünschte Richtung zu unterstützen, sollten wir die Handlungsfreiheiten und Wahlmöglichkeiten innerhalb des vorgegebenen Rahmens nutzen und die Mitarbeitenden so weit wie möglich aktiv einbeziehen.

Die Beteiligung hat auf der einen Seite den Vorteil, dass die Mitarbeitenden sich in ihrer Autonomie berücksichtigt fühlen und dadurch eher bereit sind, den Entwicklungsprozess aktiv mitzugestalten und folglich sich mit diesem in höherem Maße identifizieren. Auf der anderen Seite bringen die Mitarbeitenden an der Basis ihre Energie, Erfahrungen und ihr Wissen ein, um die Veränderungen konkret auszugestalten, die sich zu Recht als Expertinnen für die Prozesse und Abläufe vor Ort bezeichnen dürfen. Dabei müssen wir berücksichtigen, dass nicht jeder offen und bereit ist, sich inhaltlich und persönlich einzubringen. Das ist auch ein Ausdruck von Autonomie und Selbstverantwortung.

Loyalität zeigen und Ambivalenzen anerkennen

Loyalität im Beratungskontext bedeutet, dass wir uns den definierten Inhalten, Zielen und dem vorgegebenen Rahmen des Entwicklungsprozesses verpflichtet fühlen und diesen nach außen glaubwürdig und überzeugend vertreten.

Auf der einen Seite sollten wir bei der Auftragsklärung genau prüfen, ob wir den Sinn und Zweck des Entwicklungsvorhabens verstehen, nachvollziehen und vertreten können und ob diese mit unseren persönlichen Werten im Einklang sind und somit glaubwürdig befürwortet werden können. Hier geht es auch darum, sich den eigenen Werten und Überzeugungen verpflichtet zu fühlen und sich durch diese bei der Auftragsklärung zu positionieren. Auf der anderen Seite folgen aus den angedachten Veränderungen auch Anpassungen und Umstellungen für die Mitarbeitenden, die gegebenenfalls als Verluste, Opfer oder Einbußen erlebt werden.

Loyalitätskonflikte können dann entstehen, wenn wir die Perspektive einzelner Betroffener nachvollziehen und für die mit den Veränderungen verbundenen individuellen oder gemeinsamen Schicksale Verständnis haben. In diesen Fällen könnten wir uns plötzlich auch einzelnen Personen oder einzelner Personengruppen verpflichtet fühlen.

Hier ist es von besonderer Bedeutung, den vorgegebenen Rahmen bzw. den Auftrag der Veränderung nicht infrage zu stellen und gleichzeitig die möglichen Anstrengungen, Einschränkungen und Opfer der betroffenen Personen ernst zu nehmen und zu würdigen. Nach dem Motto: »Ich kann gut nachvollziehen, dass Ihnen die Veränderungen schwerfallen, viele Opfer und Anstrengungen verlangen – *und* sie sind notwendig und unvermeidbar für den langfristigen Erhalt der Organisation. Wie können wir mit dieser Situation umgehen?«

Auf diese Weise machen wir das »*Sowohl-als-auch*« der Situation transparent. Wir zeigen Verständnis für die individuelle Situation der Betroffenen und bleiben loyal gegenüber den vorgegebenen Rahmenbedingungen der Veränderung. Wir machen die Ambivalenz zwischen den persönlichen Bedürfnissen und Interessen der Betroffenen auf der einen Seite und den Notwendigkeiten und Erfordernissen der Organisation auf der anderen Seite transparent. Wir würdigen, dass es schwer sein könnte, diesen Weg zu gehen, und bewerten diese Anstrengungen als wertvollen Beitrag für den Erhalt der Organisation. Wir fokussieren die Aufmerksamkeit auf das Suchen nach Lösungen, mit dieser Ambivalenz künftig umzugehen. Hierdurch wird gleichzeitig die Selbstverantwortung für den Umgang mit der Veränderung gestärkt.

Das Neue tun!

Menschen sind in ihrem gegenwärtigen Erleben generell über zukünftige Veränderungen durch eigene Vorstellungen oder innere Bilder geleitet, aus denen sich Vermutungen, Annahmen oder Überzeugungen darüber ergeben, wie das »Neue« sein wird. Wir können uns durch diese Vorstellungen und den damit verbundenen Annahmen hemmen oder blockieren, die Veränderung tatsächlich einzugehen und aktiv zu werden. Wir verharren in Passivität oder in übermäßigem Gerede über die möglichen und angenommenen Veränderungen.

Die betroffenen Mitarbeitenden sollten möglichst früh ermutigt und befähigt werden, das »Neue« zu tun und auszuprobieren. Sie erhalten nur durch das unmittelbare Erfahren und Erleben der Veränderungen Einsichten und Erkenntnisse darüber, welche Vor- und Nachteile im Einzelnen für sie persönlich und für die Organisation sich wirklich zeigen. Nur durch Ausprobieren erwerben sie eine »empirische Datenbasis« für die weitere konkrete und mitbestimmte Ausgestaltung des gemeinsamen Weges. Auf diese Weise ist sowohl individuelles als auch organisationales Lernen möglich.

Iteratives Vorgehen – Wahrnehmen, Reflektieren, Anpassen, Handeln!

In regelmäßigen Abständen sollten aus relevanten Perspektiven zum einen die Erfahrungen mit den neuen oder veränderten Prozessen, Abläufen oder Strukturen und zum anderen das Erleben und die Zusammenarbeit reflektiert und bewertet werden. Voraussetzung ist, die eigenen Wahrnehmungen, Emotionen, Bewertungen, Erklärungen sowie Schlussfolgerungen ehrlich und frei äußern und austauschen zu dürfen, ohne negative

Konsequenzen zu befürchten. Nur ein ehrlicher Dialog über das sinnlich Beobachtete, emotional Erlebte und rational Gedachte aus der jeweiligen Perspektive kann die Komplexität des Geschehens bis zu einem gewissen Grad intersubjektiv abbilden. Auf der Grundlage dieses *dialogisch* entworfenen Bildes werden Wechselwirkungen und Beziehungen, gegenseitige Erwartungen, fördernde und hindernde Beiträge, vorhandene Fähigkeiten und Ressourcen sichtbar. Aus den unmittelbaren sinnlichen Erfahrungen mit den neuen oder veränderten Prozessen, Abläufen oder Strukturen gehen wesentliche Erkenntnisse über die Vorteile aber auch über Nachteile und Hindernisse hervor. Diese Erkenntnisse sind äußerst wertvolle Informationen, die in den Entwicklungsprozess einfließen. Nicht die angedachten oder geplanten, sondern die tatsächlich erlebten Wirkungen von Veränderungen auf Mitarbeitende, Kundinnen und Lieferanten, auf die Zusammenarbeit, Aufgabenerfüllung und Produktivität werden erfasst. Aus diesem *iterativen Vorgehen* mit regelmäßigen Feedbackschleifen ergibt sich ein kontinuierlicher Entwicklungsprozess.

Gerade bei hoher Komplexität und Dynamik ist das Erfassen und Auswerten unmittelbarer Wahrnehmungen und Erfahrungen in kurzen Abständen essentiell und vor allem dann, wenn sich das Umfeld und dessen Anforderungen sich permanent wandeln. Dieses Vorgehen ist im Sinne einer Entwicklungsstrategie und entspricht dem systemischen Denken und Handeln.

4.8 Zusammenfassende Kernaussagen

- Aus systemischer Perspektive sind Veränderungen in Organisationen vielschichtig und können nicht instruiert oder zuverlässig gesteuert werden, sondern werden – durch innere oder äußere Impulse ausgelöst – immer selbstorganisiert von den Menschen selbst hervorgebracht. Auch dann, wenn Menschen durch hohen Druck oder Drohungen zu bestimmten Handlungen gedrängt werden, geschieht jedes Handeln au-

Geschichte(n). Unveröffentlichte Diplomarbeit im Rahmen der Weiterbildung in OE, Teamberatung, Supervision, Coaching, SAAP, Lerngruppe 4, Zürich.

Eberhardt, D. (2013). Die Faszination der Gruppe und des Teams – Eine Einführung. In D. Eberhardt (Hrsg.), *Together is better? Die Magie der Teamarbeit entschlüsseln* (S. 1–19). Berlin, Heidelberg: Springer.

Eck, C. D. (1990). Rollencoaching als Supervision: Arbeit an und mit Rollen in Organisationen. In G. Fatzer & C. D. Eck (Hrsg.), *Supervision und Beratung: Ein Handbuch* (S. 209–247). Köln: Edition Humanistische Psychologie.

Eidenschink, K. (2019). Ohne Integration ist alles nichts. Skizze einer Metatheorie der Psychodynamik. In: Ryba, A. & Roth, G. (Hrsg.). *Coaching und Beratung in der Praxis. Ein neurowissenschaftlich fundiertes Integrationsmodell* (S. 45–73). Stuttgart: Klett-Cotta.

Eidenschink, K. & Merkes, U. (2021). *Entscheidungen ohne Grund – Organisationen verstehen und beraten: Eine Metatheorie der Veränderung.* Göttingen: Vandenhoeck & Ruprecht.

Fietze, B. (2015). Coaching auf dem Weg zur Profession? Eine professionssoziologische Einordnung. In: Schreyögg, A. & Schmidt-Lellek, C. (Hrsg.), *Die Professionalisierung von Coaching. Ein Lesebuch für den Coach* (S. 3–21). Wiesbaden: Springer.

Fischer-Epe, M. (2002). *Coaching: Miteinander Ziele erreichen.* (8. Aufl. 2019). Reinbek: Rowohlt.

Foerster, H. v. (1993). Über selbstorganisierende Systeme und ihre Umwelten. In: H. von Foerster (Hrsg.), *Wissen und Gewissen. Versuch einer Brücke.* Frankfurt a. M.: Suhrkamp. Heidelberg: Carl-Auer-Systeme.

Foerster, H. v. & Pörksen, B. (1998). *Wahrheit ist die Erfindung eines Lügners. Gespräche für Skeptiker.* Heidelberg: Carl-Auer.

Fritz, R. (2000). *Den Weg des geringsten Widerstandes managen.* Stuttgart: Klett-Cotta

Geramanis, O. (2018). Selbst ist das Team. Teamarbeit gestern, heute, morgen. Journal bso Nr. 4/2018. *Teamarbeit. Wie soll das gut gehen?* S. 4–8.

Glasl, F., Kalcher, T. & Piber, H. (Hrsg.) (2008): *Professionelle Prozessberatung. Das Trigon-Modell der sieben OE-Basisprozesse* (2. Aufl.). Bern: Haupt.

Gloger, B. & Roesner, D. (2014). *Selbstorganisation braucht Führung.* München: Hanser.

Grawe, K. (2004). *Neuropsychotherapie.* Göttingen: Hogref.

Greenleaf, R. K., (2012). *Servant Leadership. A Journey in to the Nature of Legitimate Power & Greatness.* New Jersey: Paulist Press.

McGregor, D. (1960). *The human side of enterprise.* New York: McGraw-Hill.

Häfele, W. (2015): *OE Prozesse initiieren und gestalten.* (3. Aufl.) Stuttgart: Haupt.

Hänsel, M. (2012). *Die spirituelle Dimension in Coaching und Beratung.* Göttingen: Vandenhoeck & Ruprecht.

Hänsel, M. (2015). Eine kurze Geschichte der (Un-)Ordnung. Ordnungsprinzipien und ihre Auswirkung. Journal bso Nr. 4/2015. *Ordnungen. Wie Beratung darüber verhandelt.* S. 6–12.

Häusling, A. (Hrsg) (2018). *Agile Organisationen*. Freiburg: Haufe.

Haken, H. (1981): *Erfolgsgeheimnisse der Natur. Synergetik: Die Lehre vom Zusammenwirken* (2. Aufl.). Stuttgart: DVA.

Haken, H., Schiepek, G. (2010). *Synergetik in der Psychologie. Selbstorganisation verstehen und gestalten* (2. Aufl.). Göttingen: Hogrefe.

Hülshoff, T. (2010). Über den Zusammenhang von Lernen, Persönlichkeitsentwicklung und Führungskultur im betriebs- und führungspädagogischen Kontext. In C. Negri (Hrsg.), *Angewandte Psychologie für Personalentwicklung. Konzepte und Methoden für Bildungsmanagement, betriebliche Aus- und Weiterbildung* (S. 70–80). Heidelberg: Springer.

Jäger, R. (2001). *Praxisbuch Coaching: Erfolg durch Business-Coaching*. Offenbach: Gabal.

Jörg, U. & Steiger, T. (2019). Organisationsverständnis und dessen Einfluss. In E. Lippmann, A. Pfister & U. Jörg (Hrsg.), *Handbuch Angewandte Psychologie für Führungskräfte. Führungskompetenz und Führungswissen* (S. 19–38). Berlin: Springer.

Jonassen, M. (2013). Together is better? Welche Schlüsselfaktoren für die Steigerung von Teamleistungen werden sichtbar? In D. Eberhardt (Hrsg.), *Together is better? Die Magie der Teamarbeit entschlüsseln* (S. 171–180). Berlin, Heidelberg: Springer.

Kaldenkerken, C. v. (2014). *Wissen was wirkt. Modelle und Praxis pragmatisch-systemischer Supervision*. Hamburg: tredition.

Katzenbach, J.R. & Smith, D. K. (2003). *Teams. Der Schlüssel zur Hochleistungsorganisation*. Frankfurt a. Main: Redline Wirtschaft bei Verlag Moderne Industrie (Manager Magazin Edition).

KGSt (Hrsg.) (1999). Handbuch Organisationsmanagement. Köln.

Kiel, V. (2013). Gestalttherapeutische Prinzipien im Coaching. In E. Lippmann (Hrsg.), *Coaching. Angewandte Psychologie für die Beratungspraxis* (S. 63–74). Heidelberg: Springer.

Kiel, V. & Ewald, P. (2014). Systemische Impulse als Beitrag für die Kulturentwicklung im Rahmen eines Führungsprogramms bei der Swisscom AG. In D. Eberhardt. *Culture Matters* (S. 117–129). Heidelberg: Springer.

Kiel, V. (2019). Führen in Zeiten des Wandels. In E. Lippmann, A. Pfister & U. Jörg (Hrsg.), *Handbuch Angewandte Psychologie für Führungskräfte. Führungskompetenz und Führungswissen* (S. 811–884). Heidelberg: Springer.

Kiel, V. (2020). *Analoge Verfahren in der systemischen Beratung. Ein integrativer Ansatz für Coaching, Team- und Organisationsentwicklung*. Göttingen: Vandenhoeck & Ruprecht.

Klink, T. (2013). Coaching bei Laufbahnfragen. In E. Lippmann (Hrsg.), *Coaching. Angewandte Psychologie für die Beratungspraxis* (S. 281–293). Heidelberg: Springer.

König, E. & Volmer, G. (2008). *Handbuch systemische Organisationsberatung*. Weinheim: Beltz.

König, O. & Schattenhofer, K. (2018). *Einführung in die Gruppendynamik*. Heidelberg: Carl-Auer.

König, E. & Volmer, G. (2002). *Systemisches Coaching: Handbuch für Führungskräfte, Berater und Trainer* (3. Aufl. 2019). Weinheim: Beltz.

Kotter, J. P. (2011). *Leading Change.* München: Vahlen.

Kühl, S. (2006). Die Supervision auf dem Weg zur Profession? *Organisationsberatung – Supervision – Coaching,* 1/2006, 5–18.

Künzli, H. (2013). Wirksamkeitsforschung im Führungskräftecoaching. In E. Lippmann (Hrsg.), *Coaching. Angewandte Psychologie für die Beratungspraxis* (S. 370–385). Heidelberg: Springer.

Landau, D. (2003): *Unternehmenskultur und Organisationsberatung. Über den Umgang mit Werten in Veränderungsprozessen.* Heidelberg: Carl-Auer.

Lewin, K. (1946). Verhalten und Entwicklung als Funktion der Gesamtsituation. In C.-F. Graumann (1982), *Kurt-Lewin-Werkausgabe. Psychologie der Entwicklung und Erziehung* (Bd. 6, S. 375–448). (Hrsg. F.E. v. Weinert & H. Gundlach). Bern/Stuttgart: Hans Huber und Klett-Cotta.

Lippmann, E. (2007). Alles Coaching, ... oder was? *Forum Supervision, 29,* 26–39.

Lippmann, E. (Hrsg.). (2013a). *Coaching. Angewandte Psychologie für die Beratungspraxis* (3. überarb. Aufl.). Berlin, Heidelberg: Springer.

Lippmann, E. (2013b). *Intervision. Kollegiales Coaching professionell gestalten* (3. überarb. Aufl.). Berlin, Heidelberg: Springer.

Lippmann, E. (2014). Prozessorientierte Interventionen. In A. Ryba, D. Pauw, D. Ginati & S. Reitmann (Hrsg.), *Professionell coachen. Das Methodenbuch: Erfahrungswissen und Interventionstechniken von 50 Coachingexperten* (S. 363–388). Weinheim: Beltz.

Lippmann, E. (2015). Was macht einen Coach zum Coach? Weiterbildung und Qualifizierung. *Coaching Theorie & Praxis 1,* 51–60.

Lippmann, E. & Steiger, T. (2019). Das Rollenkonzept der Führung. In E. Lippmann, A. Pfister & U. Jörg (Hrsg.), *Handbuch Angewandte Psychologie für Führungskräfte. Führungskompetenz und Führungswissen* (S. 75–93). Berlin: Springer.

Looss, W. (1997). *Unter vier Augen: Coaching für Manager* (4. Aufl.). Landsberg/Lech: Verlag Moderne Industrie. (korr. Neuaufl. 2006, Bergisch Gladbach: EHP)

Luft, J. (1993). *Einführung in die Gruppendynamik* (8. Aufl.). Stuttgart: Fischer.

Luhmann, N. (1973). *Zweckbegriff und Systemrationalität.* Frankfurt a. Main: Suhrkamp.

Luhmann, N. (1989). Kommunikationssperren in der Unternehmensberatung. In N. Luhmann & P. Fuchs (Hrsg.), *Reden und Schweigen.* Frankfurt a. Main: Suhrkamp.

Luhmann, N. (1990). *Ökologische Kommunikation. Kann die moderne Gesellschaft sich auf ökologische Gefährdungen einstellen?* Opladen: Westdeutscher Verlag.

Luhmann, N. (2011). *Organisation und Entscheidung* (3. Aufl.). Wiesbaden: VS Verlag für Sozialwissenschaften.

Malik, F. (2006). *Führen, Leisten, Leben.* Frankfurt a. Main: Campus.

Malik, F. (2007). *Management. Das A und O des Handwerks.* Frankfurt a. Main: Campus

Malik, F. (2008). *Unternehmenspolitik und Corporate Governance.* Frankfurt a. Main: Campus.
Maslow, A. H. (2002). *Motivation und Persönlichkeit.* Neudruck: Reinbek bei Hamburg.
Maturana, H. R. (1985). *Erkennen: Die Organisation und Verkörperung von Wirklichkeit* (2. Aufl.). Braunschweig: SpringerVieweg.
Maturana, H. R. & Varela, F. (1987). *Der Baum der Erkenntnis* (2. Aufl.). Bern, Wien, München: Scherz Verlag.
Maturana, H. R. & Pörksen, B. (2002). *Vom Sein zum Tun. Die Ursprünge der Biologie des Erkennens.* Heidelberg: Carl-Auer.
Meier, R. & Storch, M. (2013). Coaching mit dem Zürcher Ressourcen Modell – ZRM. In: E. Lippmann (Hrsg.), *Coaching. Angewandte Psychologie für die Beratungspraxis.* (S. 74–86). Heidelberg: Springer.
Messer, B. (2017). *Ungewöhnliches Coaching an ungewöhnlichen Orten.* Weinheim: Beltz.
Möller, H. & Giernalczyk, T. (2019). Psychodynamisches Coaching. In A. Ryba & G. Roth (Hrsg.), *Coaching und Beratung in der Praxis. Ein neurowissenschaftlich fundiertes Integrationsmodell* (S. 201–228). Stuttgart: Klett-Cotta.
Morgan, G. (2006) *Images of Organization.* York University: SAGE Publishing.
Neumann, U. (2019). Die Zürcher Teampyramide. Ein Leitfaden für die Entwicklung von produktiven, innovativen und anpassungsfähigen Teams. In C. Negri (Hrsg.), *Führen in der Arbeitswelt 4.0. Der Mensch im Unternehmen: Impulse für Fach- und Führungskräfte* (9. Aufl.). Berlin, Heidelberg: Springer. Heidelberg: Carl-Auer.
Neukom, M. (2013). Psychodynamische Konzepte. In E. Lippmann (Hrsg.), *Coaching. Angewandte Psychologie für die Beratungspraxis* (S. 54–63). Heidelberg: Springer.
Nussbaumer, O. (2013). Coaching bei Freistellungen. In E. Lippmann (Hrsg.), *Coaching. Angewandte Psychologie für die Beratungspraxis* (S. 293–304). Heidelberg: Springer.
Oettingen, G. (2015). *Die Psychologie des Gelingens.* München: Pattloch.
Probst, G. J. B. (1987): *Selbstorganisation. Ordnungsprozesse in sozialen Systemen aus ganzheitlicher Sicht.* Berlin, Hamburg: Springer.
Pugh, D. S. et al. (1969): An empirical taxonomy of work organizations. *Administrative Science Quarterly* 13(1), 65–105.
Quitmann, H. (1996). *Humanistische Psychologie. Philosophie. Psychologie. Organisationsentwicklung* (3. Aufl.). Göttingen: Hogrefe.
Radatz, S. (2000). *Beratung ohne Ratschlag: Systemisches Coaching für Führungskräfte und Beraterinnen* (10. Aufl. 2018). Wien: Institut für systemisches Coaching und Training.
Rauen, C. (2003). *Coaching* (3. Aufl.). Göttingen: Hogrefe.

Rauen, C. (Hrsg.). (2004). *Coaching-Tools: Erfolgreiche Coaches präsentieren 60 Interventionstechniken aus ihrer Coaching-Praxis* (7. überarb. Aufl. 2011). Bonn: managerSeminare.

Rechtien, W. (2007). *Angewandte Gruppendynamik* (4. Aufl.) Weinheim.

Reichel, R. & Rabenstein, R. (2001). *Kreativ beraten: Methoden, Modelle, Strategien für Beratung, Coaching und Supervision.* Münster: Oekotopia Verlag.

Reitmann, S. (Hrsg.). (2014). *Professionell coachen. Das Methodenbuch: Erfahrungswissen und Interventionstechniken von 50 Coachingexperten* (S. 363–388). Weinheim: Beltz.

Rogers, C. R. (1976). *Entwicklung der Persönlichkeit* (21. Aufl. 2018). Stuttgart: Klett.

Roth, W. (2006). Humanistische Konzepte der Beratung. In C. Steinebach (Hrsg), *Handbuch Psychologische Beratung* (S. 195–217). Stuttgart: Klett.

Ryba, A. (2019). Einführung in den psychoanalytischen Ansatz. In A. Ryba & G. Roth (Hrsg.), *Coaching und Beratung in der Praxis. Ein neurowissenschaftlich fundiertes Integrationsmodell* (S. 194–200). Stuttgart: Klett-Cotta.

Ryba, A. (2019). Einführung in die Humanistischen Ansätze. In A. Ryba & G. Roth (Hrsg.), *Coaching und Beratung in der Praxis. Ein neurowissenschaftlich fundiertes Integrationsmodell* (S. 306–312). Stuttgart: Klett-Cotta.

Sagebiel, J., unter Mitarbeit von Vanhoefer, E. v. (2012). Teamberatung in Unternehmen, Verbänden und Vereinen. Niklas Luhmann und Mario Bunge: Systemtheorien für die Praxis. In W. Krieger (Hrsg.), *Systemische Impulse für die Soziale Arbeit.* Band 2. Stuttgart: ibedem.

Sattelberger, T. (2015). *Das demokratische Unternehmen: Neue Arbeits- und Führungskulturen im Zeitalter digitaler Wirtschaft.* Freiburg: Haufe.

Schein, E. D. (1997): *Unternehmenskultur. Ein Handbuch für Führungskräfte.* Frankfurt a. Main: Campus.

Schiepek, G., Eckert, H. & Kravanja, B. (2013). *Grundlagen systemischer Therapie und Beratung. Psychotherapie als Förderung von Selbstorganisationsprozessen.* Göttingen, Bern: Hogrefe.

Schulz von Thun, F. (2010). *Miteinander reden 2. Stile, Werte und Persönlichkeitsentwicklung: Differentielle Psychologie der Kommunikation* (32. Aufl.). Hamburg: Rowohlt Taschenbuch Verlag.

Schlippe, A. v. & Schweitzer, J. (2013). *Lehrbuch der systemischen Therapie und Beratung I. Das Grundlagenwissen* (2. Aufl.). Göttingen: Vandenhoeck & Ruprecht.

Schmidt, G. (2000). Vorwort. In S. Radatz (Hrsg.), *Beratung ohne Ratschlag* (S. 13–23, 4. Aufl. 2006). Wien: Verlag Systemisches Management.

Schmidt, G. (2017). *Liebesaffären zwischen Problem und Lösung: Hypnosystemisches Arbeiten in schwierigen Kontexten* (8. Aufl.). Heidelberg: Carl-Auer.

Schmidt, G. (2018): *Einführung in die hypnosystemische Therapie und Beratung* (8. Aufl.). Heidelberg: Carl-Auer.

Schmidt-Lellek, C. (2015). Die professionelle Beziehung im Coaching – Polaritäten und Paradoxien. In A. Schreyögg & C. Schmidt-Lellek (Hrsg.), *Die Professionalisierung von Coaching. Ein Lesebuch für den Coach* (S. 71–83). Wiesbaden: Springer.

Schmidt-Lellek, C. & Buer, F. (2011). *Life-Coaching in der Praxis. Wie Coaches umfassend beraten.* Göttingen: Vandenhoeck & Ruprecht.
Schreyögg, A. (2012). *Coaching. Eine Einführung für Praxis und Ausbildung* (7. völlig überarb. Auflage). Frankfurt a. Main: Campus.
Schreyögg, A. (2013). Die Zukunft des Coachings. In E. Lippmann (Hrsg.), *Coaching. Angewandte Psychologie für die Beratungspraxis* (S. 406–425). Heidelberg: Springer.
Schreyögg, A. & Schmidt-Lellek, C. (2015). Die Professionalisierung von Coaching als fortdauernder Prozess. In A. Schreyögg & C. Schmidt-Lellek (Hrsg.), *Die Professionalisierung von Coaching. Ein Lesebuch für den Coach* (S. XI–XV). Wiesbaden: Springer.
Schreyögg, G. & Geiger, D. (2016). *Organisation. Grundlagen moderner Organisationsgestaltung.* Wiesbaden: Springer Gabler.
Schulz von Thun, F. (1989). *Miteinander reden 2. Stile, Werte und Persönlichkeitsentwicklung: Differentielle Psychologie der Kommunikation.* (38. Aufl. 2019). Hamburg: Rowohlt Taschenbuch Verlag.
Schulz von Thun, F. (1998). *Miteinander reden 3: Inneres Team und situationsgerechte Kommunikation* (28. Aufl. 2019). Reinbek: Rowohlt.
Scott, W. R. (1991) Organization Theory: An overview and an appraisal. *Academiy of Management Journal* 4(1), 7–26.
Selvini-Palazzoli, M. et al. (1984). *Hinter den Kulissen der Organisation.* Stuttgart: Klett-Cotta.
Senge, P. (2006): *Die fünfte Disziplin. Kunst und Praxis der lernenden Organisation* (10. Aufl.). Stuttgart: Klett-Cotta.
Simon, H. A. (1945). *Administrativ behavior: A study of decision-making processes in administrative organization,* New York: Free Press 1976.
Sparrer, I. (2004). *Wunder, Lösung und System. Lösungsfokussierte Systemische Strukturaufstellungen für Therapie und Organisationsberatung* (3. Aufl.). Heidelberg: Carl-Auer.
Sparrer, I. (2008). *Systemische Strukturaufstellungen. Theorie und Praxis* (3. überarb. Aufl. 2016). Heidelberg: Carl Auer.
Sparrer, I. (2014). *Einführung in Lösungsfokussierung und Systemische Strukturaufstellungen.* Heidelberg: Carl-Auer.
Steinke, I. (2015). Kompetenzanforderungen an Coaches. In A. Schreyögg & C. Schmidt-Lellek (Hrsg.), *Die Professionalisierung von Coaching. Ein Lesebuch für den Coach* (S. 257–283). Wiesbaden: Springer.
Strunk, G. & Schiepek, G. (2006): *Systemische Psychologie. Einführung in die komplexen Grundlagen menschlichen Verhaltens.* Heidelberg: Spektrum Akademischer Verlag.
Titscher, S. (2001). Professionelle Beratung. Frankfurt/Wien: Wirtschaftsverlag Ueberreuter.
Trebesch, K. (Hrsg.). (2000). Organisationsentwicklung – Konzepte, Strategien, Fallstudien. Stuttgart: Klett-Cotta.
Thompson, Ch. (1992). *What a Great Idea! Key Steps Creative People Take.* New York: Harper.

Varga von Kibéd, M. & Sparrer, I. (2002). *Ganz im Gegenteil: Tetralemmaarbeit und andere Grundformen Systemischer Strukturaufstellungen – für Querdenker und solche, die es werden wollen* (10. überarb. Aufl. 2018). Heidelberg: Carl Auer.

Vogel, H.-C., Bürger, B., Nebel, G. & Kersting, H. J. (1994). *Werkbuch für Organisationsberater. Texte und Uebungen.* Vol. 10. Aachen: Kersting, 1994. Schriften des Instituts für Beratung und Supervision.

Vogelauer, W. (2004). *Methoden-ABC im Coaching: Praktisches Handwerkszeug für den erfolgreichen Coach* (3. Aufl.; 6. akt. u. erw. Aufl. 2018). Neuwied: Luchterhand.

Vogelauer, W. (2013). Coach the Coach: Weiter- und Fortbildung von Profis. In E. Lippmann (Hrsg.), *Coaching. Angewandte Psychologie für die Beratungspraxis* (S. 304–315). Heidelberg: Springer.

Von Foerster, H. et al. (Eds.). (1962). *Principles of Self-Organization. The Illinois Symposium on Theory and Technology of Self-Organizing System.* London: Pergamon.

Watzlawick, P., Weakland, J. H. & Fisch, R. (1974). *Lösungen. Zur Theorie und Praxis menschlichen Wandels* (9. Aufl. 2019). Bern: Hans Huber.

Watzlawick, P., Beavin, J. H. & Jackson, D. J. (1979). *Menschliche Kommunikation.* Bern: Huber.

Watzlawick, P. (1985). *Die erfundene Wirklichkeit.* München: Piper.

Wiener, N. (1963). *Kybernetik.* Düsseldorf/Wien: Econ.

Wimmer, R. (2012). Die neuere Systemtheorie und ihre Implikationen für das Verständnis von Organisation, Führung und Management. In J. Rüegg-Stürm & T. Bieger (Hrsg.), *Unternehmerisches Management – Herausforderungen und Perspektiven.* Bern: Haupt.

Stichwortverzeichnis

A

Abhängigkeit und Unabhängigkeit von der Umwelt 26
Agilität 27, 127, 167, 175
Aktives Zuhören 80
Assignment 208
Auftragsklärung 112, 119, 162, 218
Aushandlungsprozess 120, 131
Autonomie 171, 176, 217
Autopoiese 26, 28, 176, 202

B

Bedürfnisse 23, 187, 211
Beobachterperspektive 185
Beobachtung 2. Ordnung 49
Berater
– Aufgabe 210
– externe 130, 201, 205
– interne 129
– Kompetenzfelder 51, 52
Beziehungs- und Kommunikationsstrukturen 154
Bilder 81
Briefe 82

C

Coaching 54, 72
– Ambivalenz- 70
– Anliegen und Anlässe 55
– Evaluation 73
– Methoden 76, 78, 80
– Phasen 58, *siehe* Coaching-Phasen
– Rahmenkonzeption 76
– Tiefe 79
– Ziele 64, 111
Coaching-Phasen
– Anliegen verstehen 63
– Auswertung und Abschluss 72
– Einstiegs- und Kontaktphase 59
– Kontraktphase 60
– Lösungen entwickeln 66
– Transfer 71
– Ziele herausarbeiten 63

D

Demokratisierungsprozess 164
Dynamisches Gleichgewicht 192

E

Einbindung vorgesetzter Instanzen 113
Einführung neuer Arbeitsformen 167
Emotional-körperliches Befinden 198
Entscheidungsfindung 83
Entwicklungsprozess 200, 201
– Faktoren 201

231

Stichwortverzeichnis

- Steuerung 204
- Struktur 202

F

Feedback 84, 113, 140
Fokussierendes Reflecting 103
Fragen 84
Führung 115
- kollektive Verantwortung 116
- neues Führungsverständnis 115
- partizipative Ansätze 116
- -sverständnis 127
Führungskraft 120, 127, 173, 195, 207, 208
- Menschenbild der 23

G

Gemeinsame Zielformulierung 126
Gemeinsamer sprachlicher Bereich 180
Geschichten 87
Gestaltung der Beratungsrolle 37
- Agilitätsberatung 15
- Beratungsprozess 33
- gestaltpsychologische Prinzipien 40
- persönliche Organisationstheorie 16, 17
- Reflexion in der persönlichen Perspektive 33
- Spezifische systemisch orientierte Beratungsmodelle 40
- Verständnis einer Organisation 33
Gestaltung von Beratungsprozessen im Mehrpersonensetting 113
Gestaltungsrahmen 138
Grundordnungen in menschlichen Systemen 139
Gruppale Gesprächsverläufe 134

Gruppendynamik 139
Gruppenprozesse 112, 137

H

Hausaufgaben 88
Hierarchieebenen 121
Human-Relations-Bewegung 21, 22
- Arbeitsbedingungen 21
- Motivation 22
- Partizipation 22
- Widerstand 22
Hypnosystemischer Ansatz 74
Hypothesen 89

I

Innere Konferenz 89
Innere Reise 91
Intra- und interpersonelle Prozesse 112
Iteratives Vorgehen 219

K

Klärungshilfe 116
Klassische Organisationstheorien 18
Kommunikation 31
Kommunikations- und Feedbackprozess 164
Kommunikationsanalyse 91
Kompetenzvorrang 150
Komplexe Systeme 17, 26, 32
- Grenzziehung des Systems 32
- innere Struktur des Systems 32
- offene 192
- Organisationen kultivieren Konflikte 30
- Wechselwirkungen 32
Konfliktanalyse 92
Konfrontieren 93

Kontingenz 50
- Entnormalisieren 51
- Irritationsfähigkeit 52
Kontrakt 130
- mit vorgesetzten Instanzen 133
- sozialer 120, 131
Kontrollparameter 193, 194
Kooperation mit Auftraggebern, Führung und dem Team 128
Kosten-Nutzen-Analyse 69
Kultur 169
Kybernetik 26
- System 26
- Umwelt 26

L

Leerer-Stuhl 93
Loyalität 218
Loyalitätskonflikte 218

M

Magische Dreieck der Organisation 34
Materialienwechsel 94
Mehr-Ebenen-Erleben 94
Mentale Modelle 197
Metakommunikation 96
Metapher 95
Musterveränderung 96

O

Oberflächen- und Tiefenstrukturen 34
Organisation 54, 57
- Aufgaben und Strategie 57
- Kultur 58
- Struktur 57

- Zwecke für unterschiedliche Anspruchsgruppen 30
Organisationen als soziale Systeme 169
Organisationsdynamik 31
Organisationsentwicklung 41, 165, 168, 179, 185, 203
Organisationsform 19
Organisationskultur 168
Organisationsrollen 47
Organisationsspielräume 25
Orientierung 138

P

Panoramaarbeit 98
Person 54, 56
Perspektivenerweiterung 157
Phänomenologische Einstellung 214
Phasen in der Arbeit mit Teams 113
Potenzialtransformation 99
Prämissen systemtheoretischer Erklärungsmodelle 28
Priming 182
Problemlösungsgymnastik 101
Problemlösungsstruktur beschreiben 100
Prozesse reflexiver Wahrnehmung 50
Prozessreflexion 141
Psychische Systeme 37
Psychisches System 196
Psychologische Grundannahmen 112
Psychologische Schulen 37
- psychodynamische Beratun 38
- psychodynamische Konzepte 38

R

Rahmenbedingungen 112
Rangierbahnhof 101
Ratschläge 102
Rolle 54, 212

Stichwortverzeichnis

- Rollenkonflikte 56
Rollen in der Beratung 41
- Arzt-Patient-Modell 42
- Lernfähigkeit 44
- Prozessberatungsmodell 43
- Rollenverständnis 41
- Telling-and-Selling-Modell 42
- Unabhängigkeit und Neutralität 45
Rollenanalyse 104
Rollenklärung 113, 127, 128
Rollenkonzept der Führung 45
- Coaching 46
Rollenspiel 105
Rückkoppelungsprozess 140
Ruman-Relations-Bewegung
- Produktivitätsfaktoren 21

S

Schlüsselbegriffe 182
Seeding 106
Selbstorganisation 164, 190
Selbstorganisierende Systeme 191
- Attraktor 191
- Makroebene 191
- Mikroebene 191
Selbststeuerung 140
Selbstverantwortung 177
Sichtweise 180, 186
Soziale Systeme 31, 171, 179, 193
Steuerungsteam 204
Strukturalistischer Ansatz 24
Strukturaufstellung
- mit den Teammitgliedern 161
- mit Repräsentanten 158
- mit symbolischen Gegenständen 157
- Prozess 155
- Team- 154
Strukturelle Kopplung 179
Synergetik 191

System-Umwelt-Beziehung 26
Systemdarstellungen 106
Systemisch-konstruktivistisches Denken 174
Systemische Haltung 129
Systemische Ordnungsprinzipien 113, 143
Systemische Organisationsberatung 176, 189, 210, 213
- Prinzipien 213
Systemischer Ansatz 166

T

Tagebuch 107
Team 114
- Definition 114
- selbstorganisiert 115
- Sichtweisen 137
Teamberatung
- Auswertung 138
- Settings 113
Teamcoaching 117
Teamentwicklung 117
Teamstrukturaufstellungen 113
Teamsupervision 117
Testverfahren 107
Transfer 71
- WOOP 71
Trivialisierung 49

U

Umdeuten 107
Umwelt 26, 32, 166
Ungewöhnliche Orte 107
Unternehmensleitung 203
Utilisieren 108

V

Verständnis für Organisationen 47
Vertrag mit sich selbst 109
Vertrauen 215
Virtuelles Team 110
Visions- und Zielarbeit 109

W

Wahrnehmung 141
- Fremd- 141
- Selbst- 141
- Subjektivität 16
Wandel 22, 34
Wendepunkt und die Abkehr von der klassischen Sichtweise 20
Werte 170, 171
Widersprüchlichkeiten und Paradoxien 29

Widerstand 188
Wiederholte Prozesse des Organisierens 29
- Entscheidungsprämissen 29
- Entscheidungsprozesse 29
- Kommunikationsprozesse 29
Wirklichkeit 184
- Aspekte der 182, 216
- Erleben von 184
- Erzeugen von 184
- Konstruktion von 141
- subjektive 197

Z

Zirkuläre Fragen 185
Zugehörigkeit 145
Zwickmühle-Aufträge 126